월스트리트 최고 비즈니스 앵커가 만난 성공한 리더들의 이야기
성공을 지켜 주는 10가지 원칙

THE 10 LAWS OF ENDURING SUCCESS

Copyright ⓒ 2010 by Maria Bartiromo
Korean translation copyright ⓒ 2010 by Previewbooks
All rights reserved

The Korean translation published by arrangement with Maria Bartiromo c/o Teri Tobias Agency, LLC through Milkwood Agency.

이 책의 한국어판 저작권은 밀크우드 에이전시를 통해 저작권사와 독점 계약한
도서출판 프리뷰에 있습니다. 저작권법에 의해 한국 내에서 보호를 받는 저작물이므로
무단 전재 및 무단 복제를 금합니다.

월스트리트 최고 비즈니스 앵커가 만난
성공한 리더들의 이야기

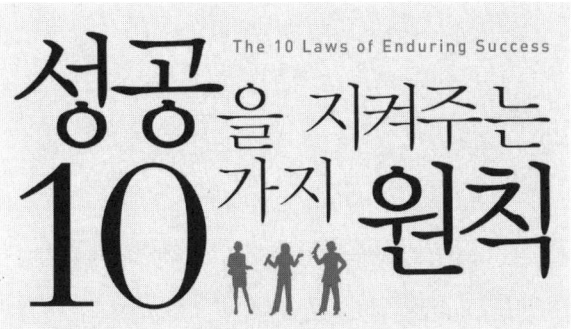

마리아 바르티로모 · 캐서린 휘트니 지음
이기동 옮김

프리뷰

나의 할아버지 카르민 바르티로모께 이 책을 바칩니다.
할아버지는 1919년에 아메리칸 드림을 찾아
렉스 호에 몸을 싣고 대서양을 건너오셨고,
내가 지금처럼 성공할 수 있도록 해주신 분입니다.

| 차례 |

프롤로그
그라운드 제로로 변한 월스트리트에서 – 진정한 성공이란 무엇인가? • 10
시작하는 글
의미있는 삶을 찾아 – 진정한 성공의 10가지 원칙 • 20

1 자각 自覺
내면의 소리에 귀를 기울여라–CNN을 떠나 신생 방송국 CNBC로 • 29

자기 운명은 자기가 지배하라. 안 그러면 남이 지배한다 잭 웰치 • 35
아무리 큰 모험도 피하지 마라 힐러리 클린턴, 빌 게이츠, 에릭 슈미트 • 37
성공의 잣대에서 돈은 제외시켜라 인드라 누이, 칼리 피오리나, 누리엘 루비니 • 40
출신 배경이 장래를 결정짓지는 않는다 우르슐라 번스, 오프라 윈프리 • 45
자신의 개성을 믿어라 골디 혼, 메리 하트, 허브 켈러허, 빌 포드 • 48
지난 시간에 연연해하지 말라 콘돌리자 라이스 • 52
자기 일처럼 하라 마틴 소렐, 크리스 가드너 • 54
고정관념을 버려라 메레디스 휘트니, 소냐 소토마이어 • 57
자기에게 맞는 성공의 척도를 만들어라 오프라 윈프리의 몸무게 • 59

2 비전
현실의 마당에 꿈을 심어라–버락 오바마가 보여준 비전 • 61

비전을 갖고 미래에 대비하라 첼시 설렌버거, 개리 카스파로프, 리뷰 리브레스쿠 • 63
지혜를 길러 허황된 생각을 몰아내라 위즈덤트리 회장 마이클 스타인하르트 • 65
호기심을 키워라 빌 게이츠 • 68
지금과 다른 세상에 대한 비전을 가지라 빌 앤드 멜린다 게이츠 재단 • 70

영감을 주는 사람이 되라 미셸 오바마, 라니아 왕비 • 74
닥쳐올 문제를 미리 해결하라 넬 멜리노, 마이클 폴런, 마이크 밀켄, 프레드 스미스 • 76
단타도 홈런 못지않게 소중하다 데이비드 M. 워커, 란자이 굴라티 • 81
혁신을 두려워하지 말라 로저 생크, 아마르 바이드, 빌 게이츠 • 83
구글의 자유로운 창의성을 배우라 창의력의 낙원 구글플렉스 • 85

3 이니셔티브
계속 문제를 일으켜라—뉴욕증권거래소에서 첫 TV 생방송 시작 • 89

원하는 걸 당당하게 차지하라 크래프트 푸즈 회장 아이린 로젠펠드 • 95
제일 먼저 현장에 도착하라 방글라데시의 희망 그라민 뱅크 • 96
세상에 할 수 없는 일은 없다 유니버설 스튜디오와 론 마이어 • 98
상복을 벗어던져라 잭 웰치, 허브 켈러허 • 101
여자라고 주눅 들지 말라 세라 페일린 • 102
기득권에 안주하지 말라 어머니의 가르침 • 104
무슨 일이든 찾아서 하라 나의 CNN시절 • 106
일단 비행기를 타라 세라 페일린 러닝 메이트 특종 • 107
앞을 내다보고 신뢰를 쌓아라 두바이, 아부다비에서 배운 것 • 109
정보를 놓치지 말라 벤 버냉키 특종 • 110

4 용기
과감하고, 현명하고, 공정하게 처신하라—외할머니의 유산 • 113

떨리는 건 당연한 거야! 뉴욕양키스 시구 • 116
과감하게 도전하라 AIG를 글로벌 기업으로 키운 행크 그린버그 • 117
실패의 두려움을 이겨내라 스티븐 파블류카, 제프 이멜트 • 123
새로운 일에 도전하라 나의 동료 론 인새너 • 125
자기 밥그릇은 반드시 챙겨라 오길비 앤드 매더 CEO 셸리 라자러스의 배짱 • 129

과감하게 큰길에서 벗어나라 하버드를 중퇴한 빌 게이츠 · 130
대범한 눈으로 바라보라 행크 폴슨, 토머스 프리드먼 · 132
모험을 하되 남을 배려하라 누리엘 루비니 교수의 충고 · 133

5 정직
올바른 일을 하라—시스템의 부정직성이 부른 금융위기 · 135

스스로 윤리 규범을 지켜라 하버드 MBA 서약 · 139
자기 검증을 철저히 하라 · 142
더러운 손으로 남을 심판하지 말라 엘리엇 스피처 검찰총장의 경우 · 143
탐욕이 낳은 고액 보너스 넬 미노, 잭 윈돌프 · 146
정직이 최선의 정책이다 앨런 그린스펀, 켄 레이, 제프리 스킬링 · 149
남을 배려하라 너그러운 리더 잭 웰치 · 150
잘못을 감추려고 하지 마라 데이비드 닐먼 · 153
탐욕의 끝 버니 매도프의 사기극 · 154

6 적응
변화를 받아들여라—러시아의 교훈 · 157

진정한 다윈주의자가 되라 변화에 적응하는 종種만이 살아남는다 · 165
과거에 얽매이지 마라 노스탤지어 마비현상 nostalgia paralysis · 167
배움을 멈추지 마라 오프라 윈프리, 잭 웰치 · 169
끊임없이 적응하라 아버지의 레스토랑 · 171
1백 명의 멘토를 만들어라 잭 웰치, 아이린 로젠펠드 · 172
지식의 스펀지가 되라 아스펜 아이디어 페스티벌 · 174
G-20 정상회의에서 본 희망 · 176
열 우물을 파라 평생직장은 없다 · 178
인생의 리셋 버튼을 눌러라 식스 플래그스의 원더 보이 마크 샤피로 · 181

7 겸손
몸을 낮추고 주위를 둘러보라–겸손의 대가들 빌 게이츠, 워런 버핏, 잭 웰치 • 187

있는 그대로 보여주라 누구든 실수는 한다 • 190
염치와 몰염치 메릴 린치 존 테인 회장의 경우 • 192
놀림감이 될 줄 아는 지도자가 되라 백악관 출입기자 만찬 • 194
본분을 잊지 말라 워런 버핏, 잭 웰치, 존 서마 • 196
스티브 잡스도 임시 관리자일 뿐이다 후계자를 키워라 • 201
빌 게이츠 집안의 소박함 • 204
내가 감사하는 열 가지 일 • 205

8 인내
스태미나를 길러라–오래 살고 젊게 죽는다 • 207

페이스를 유지하라 잭 웰치 부부 • 211
보상이 없으면 동기도 없다 • 213
승리에서 배운다 개리 카스파로프 • 215
푹 자라 평정심의 달인들 • 216
기내 승무원처럼 행동하라 위기의 리더십 • 218
수지 웰치 여사의 10-10-10 • 220
프랜시스 포드 코폴라 감독의 프로정신 • 222
세상에 이 사람이 노인네였대! 워런 버핏의 묘비명 • 225

9 목표 의식
가장 중요한 게 무엇인지 재점검하라–프레디 맥 CFO 데이비드 켈러먼의 죽음 • 227

쉬는 기회를 활용하라 펩시코 CEO 인드라 누이 • 230
의미있는 삶과 성공한 삶 디팩 초프라의 충고 • 232

감사하라 진정한 로커 조이 레이먼이 남기고 간 것 • 233
가족의 힘 마틴 소렐 부자父子 • 235
가장 중요한 게 무엇인지 생각하라 타임 워너 CEO 제리 레빈의 변신 • 237
일의 우선순위를 조정하라 삶이 우리를 속일 때 • 239
중요한 건 사랑이야! • 241
아침에 웃으면서 일어나라 조 플루메리의 보이스 메시지 • 242
의미 있는 일에 동참하라 나눔을 실천하는 사람들 • 243
나는 행복한가? 행복과 성공의 공존 • 247

10 끈질김
일어나서 앞으로 나아가라−성공도 실패도 금방 지나간다 • 249

실패에서 배운다 • 254
위기 속에 기회가 있다 제이미 다이먼, 잭 웰치, 조 토리 • 255
실패에서 성공을 낚는 사람들 피터 티엘, 로이드 블랭크페인, 리 아이아코카, 캐시 아일랜드 • 260
끝까지 싸운다 행크 그린버그와 AIG • 263
분노에 몸을 내맡기지 말라 • 264
다시 돌아오는 사람들 마이크 밀켄, 존 체임버스 • 266
매일 묘비명을 써라 어떤 사람으로 기억될 것인가 • 268

감사의 말 혼자 힘으로 성공하는 사람은 없다 • 270
옮긴이의 말 불확실한 현실에서 다시 생각하는 진정한 성공의 의미 • 272
찾아보기 • 276

■ 프롤로그

그라운드 제로로 변한 월스트리트에서
진정한 성공이란 무엇인가?

나는 1967년 9월 11일생이다. 나는 내 생일이 911이라는 사실이 주는 극적인 요소를 재미있게 써먹었다. 이런 식으로 전화를 걸어 친구들을 웃겼던 것이다. "긴급상황 발생, 내 생일파티에 참석하기 바람." 그런데 진짜 9/11이 터지며 사정이 바뀌고 말았다. 전 세계가 잊지 못할 그 사건은 나의 34번째 생일에 일어났다.

그날 아침 일찍 나는 뉴욕증권거래소로 출근했다. 그곳에서 나는 CNBC 방송에 매 시간 시장 상황을 보도한다. 사무실에 도착해서 보니 책상 위에 생일카드와 함께 커다란 꽃다발이 하나 놓여 있었다. 보도국에서 함께 일하는 동료가 보낸 것이었다. 창문 없이 사방이 꽉 막힌 증권거래소 내부에서는 뉴욕시의 화창한 하늘이 보이지 않지만, 그래도 흠잡을 데 없이 멋진 아침이었다. 2층에 있는 작은 사무실에 앉아 있는데 긴급뉴스가 텔레비전 화면에 떴다. 세계무역센터 건물에 비행기 한 대가 부딪쳤다는 소식이었다. 불과 두 블록 떨어진 곳이었다. 뉴저지 주의 CNBC 본사에서 국장이 전화를 걸어와 "즉시 바깥으로 나가 상황을 보도하라"고 했다. 나는 번개같이 일어나 달리기 시작했다. 브로드웨이 모퉁이를 지나 월스트리트 쪽으로 향했다. 쌍둥이 빌딩은 두 블록 떨어진 곳에 위치하고 있는데, 한쪽 타워에서 짙은 연기구름이 자욱하게 지상으로 내려앉고 있는 것이 보였다. 사람들은 모두 놀라 멈춰선 채 입을 딱 벌리고 위를 쳐다보고 있었다. 모여선 사람들 틈에서 눈앞에 벌어지는 광경을 보도하기 시작했다. 섬뜩한 기운이 온몸을 휘감는 게 느껴졌다.

　현장을 지켜보며 휴대전화로 방송을 하는데 또 한 대의 비행기가 바로 머리 위를 지나는 게 보인다 싶더니 곧이어 세계무역센터의 두번째 타워에 가서 부딪쳤다. 다른 사람들과 마찬가지로 나도 눈앞에서 벌어지는 광경이 도저히 믿겨지지가 않았다. 사람들 사이에서 요란한 비명이 터져나왔다. 내 옆에 서 있던 어떤 남자가 낮은 목소리로 이렇게 말했다. "세상이 바뀌는 겁니다." 나는 고개를 돌려 그 남자를 보며 "그게 무슨 말씀이세요?"라고 물었다. 하지만 나 역시 그의 입에서 무슨 답이 나올지 알았다. "이건 사고가 아니라 테러입니다."

　두 건물에서 먼지 구름이 쏟아져 내리는 가운데 길거리에 서서 휴대전화기로 계속 현장을 중계했다. 나는 첫번째 건물이 무너질 때 서 있던 브로드웨이와 월스트리트 모퉁이에 그대로 머물러 있었는데, 사방이 일시에 시커멓게 변했다. 연기에 목이 막히고 파편이 폭풍우처럼 밀어닥치는 바람에 두 눈을 가린 채 필사적으로 도망쳤다. 다음 목표가 될지 모른다는 생각이 들어 증권거래소로는 돌아가고 싶지 않았다. 그래서 길 건너 보이는 어떤 건물 입구로 들어서서 몇 걸음 안쪽으로 들어가니 사람들이 빼곡히 들어차 있었다. 한 여성이 히스테리컬하게 울음을 터뜨렸다. 지금은 겁에 질리거나 눈물을 흘릴 때가 아니라 정신을 바짝 차려야 한다는 생각이 들었다. 그래서 나는 그 여자를 보면서 단호한 어조로 소리쳤다. "진정하세요. 지금은 진정하는 게 제일 중요해요." 내 말에 그 여자는 진정을 했고, 두번째 타워가 무너져 내리면서 그 바람에 우리가 웅크리고 있는 건물까지 흔들리기 시작했다. 34년 평생에 처음으로 내가 생사의 갈림길에 서 있으며, 어쩌면 죽을지 모른다는 생각이 들었다.

　실제로는 20분가량 그렇게 있었는데, 몇 시간은 족히 흐른 것 같은 기분이었다. 천둥 같은 소리가 멎고 사방에 기이한 정적이 찾아들었다. 새까맣게 검댕을 뒤집어쓴 채 거리 위쪽으로 천천히 걸어 올라갔다. 검정색 구두가 먼지 때문에 흰 구두가 되어 있었다. 무너진 건물들에서 쏟아져 내린 잔해들이 길바닥에 흩어져 있고, 타다 만 종이들이 무수히 공중에 휘날리고 있었다. 비틀거리며 길 건너 증권거래소 쪽으로 갔다. 출입문은 모두 굳게 닫혀 있었고, 보안요원인 에릭이 창문으로 나를 보고는 얼른 문 하나를 열어 주었다. 그는 마치 유령이라도 보는 듯한 시선으로 나를 쳐다보더니 울부짖듯이 이렇게 소리쳤다. "마리아, 지금 거기서 뭐하는 거예요?" 그는 얼른 내 한쪽 손을 낚아채고는 문 안으로 끌어들였다.

거래소 안에는 사람들이 꽉 들어차 있었다. 어떤 이들은 건물 안에 그대로 꼼짝 않고 가만히 있었고, 또 어떤 이들은 바깥으로 나가 맨해튼 동쪽 끝에서 비극의 현장이 있는 업타운 쪽으로 이어진 사람들 무리에 끼어들어 발걸음을 옮겼다. 나는 옷매무새를 얼른 고친 다음 그때부터 증권거래소 안에서 하루 종일 방송을 했다. 앞으로 어떤 일이 벌어질지, 증권거래소는 언제 다시 문을 열게 될지 누구도 알지 못했다. 하지만 모두들 믿기지 않을 정도로 말짱한 정신으로 그라운드 제로로 변해 버린 세계의 비즈니스 수도에 자리를 지키고 있었다. 우리를 받쳐 주고 있던 토대가 모조리 무너져 내리는 것 같은 기분이었다. 불과 두 블록 떨어진 곳에서 벌어진 그 끔찍한 살육의 현장은 상상조차 하기 싫었다.

저녁 9시경에 동료인 밥 피사니와 함께 거래소를 떠났다. 그도 나와 함께 그날 하루 종일 방송을 했다. 주변 일대에서는 불을 환히 밝혀 놓고 복구작업이 진행되고 있었다. 우리는 2마일 정도 걸어 14번가로 가서 지하철을 탔다. 지하철 안은 사람들로 붐볐지만 침묵만 흘렀다. 도시 전체가 일종의 쇼크상태에 빠져 있었다. 집에 도착해서 현관문을 여는 순간 그날이 내 생일이라는 생각이 퍼뜩 들었다. 세상에. 집안으로 들어서자 남편이 내게로 다가왔고 우리는 아무 말 없이 서로를 껴안았다. 남편은 텔레비전을 보고 있었기 때문에 내가 안전하다는 것을 알았지만, 직접 얼굴을 보자 우리는 감정이 북받쳤다.

9월 17일에 증권거래소가 다시 개장하자 우리는 완전히 달라진 새로운 일상을 맞이했다. 월스트리트는 엉망이 되어 있었다. 썩는 냄새가 옷에 달라붙어 숨을 쉴 수 없을 정도였다. 며칠 동안 사무실 바깥으로 나갈 때는 경찰이 그 일대 근무자들에게 나누어 준 흰색 마스크를 반드시 썼다. 많은 이들이 뉴욕시를 벗어나고 싶다는 말을 했다. 그렇지만 그날 아침 증권거래소가 다시 문을 여는 것을 보며 사람들은 정말 믿을 수 없을 정도로 가슴 뿌듯한 감격을 맛보았다. 조지 파타키 주지사와 줄리아니 시장, 뉴욕증권거래소NYSE 최고경영자CEO인 딕 그라소를 비롯해 소방관들이 개장을 알리는 오프닝 벨을 함께 울리자 객장을 가득 메운 사람들은 환호성을 터뜨렸다. 우리가 재앙을 딛고 당당하게 다시 일어서는 모습을 전 세계가 지켜보았다. 우리는 그렇게 살아남은 것이었다.

그날 이후 몇 주, 그리고 몇 달에 걸쳐 많은 사람들을 만나 인터뷰를 했는데, 그러는 동안 나는 이것은 미국의 심장과 영혼을 건드린 사건이라는 생각을 떨칠 수가 없었다. 그것은 그동안 알고 있던 우리의 모습을 산산조각낸 끔찍한 사건이었다. 하지만 그것은 결국 우리의 결의를 드러내 보여준 사건이 되었다. 우리는 화염과 잿더미에서 다시 일어나 우리가 어떤 사람인지를 보여주었다.

갖가지 분야에서 일하던 수많은 사람이 9월 11일에 목숨을 잃었다. 비즈니스와 금융문제를 보도하는 게 내 일이기 때문에 그날 테러 공격으로 목숨을 잃은 앞날이 창창하던 젊은 주식중개인들의 생각을 지울 수가 없었다. 그 젊은 남녀들은 매사를 훌륭하게 처리하며 성공적인 삶을 살고 있었다. 훌륭한 직장과 멋진 집이 있었고 사랑스러운 가족이 있었다. 그들은 캔터 피츠제럴드 같은 회사에서 일하는 떠오르는 스타들이었고, 이 회사는 그날 658명의 직원을 잃었다. 모두들 성공했기 때문에 세계무역센터에서 근무하게 되었고 그곳에서 삶을 마감했다. 아무리 흠잡을 데 없이 훌륭한 삶을 살더라도 어떤 일이 일어나 그야말로 모든 것을 한순간에 앗아가 버릴 수 있다는 생각이 뇌리를 스쳤다.

그날 이후 온국민이 진실의 순간 같은 것을 경험했다. 우리 삶에서 정말 중요한 게 무엇인가에 대해 다시 한번 생각해 보게 된 것이다. 삶은 우리를 속일 뿐만 아니라 무차별적인 테러와 파괴행위의 피해자로 만들 수도 있다. 어떻게 하면 그러한 운명에서 비켜나 살아남을 수 있을까? 실로 우리에게 무엇이 중요하고 무엇이 중요하지 않은 일인지에 대해 심각하게 고민해 볼 시점이었다. 나 자신을 포함해 많은 이들이 힘든 시기를 어떻게 이겨낼 것인지에 대해 심각하게 생각하기 시작했다. 그렇게 해서 나는 출발점으로 돌아와 자신을 되돌아보기로 했다. 나는 운 좋게도 깊고 튼튼한 뿌리 같은 것을 타고났다. 생각할 수 있는 최상의 토양에서 자란 것이다.

나의 아버지 빈센트 바르티로모는 이민 1세대 미국인이고 어머니 조세핀은 이민 2세대이셨다. 그래서 나는 이민자들의 몸에 밴 근면함을 보고 배우며 자랐다. 우리는 노동자들이 모여 사는 브루클린의 베이 리지에 살았는데 이탈리아 사람들이 많았고, 대부분이 이민자들의 자녀, 아니면 손자손녀들이었다. 아버지는 렉스 매너라는 이름의 레스토랑을 운영하셨는데, 할아버지 카르민 바르티로모로부터 물려받은 것이었다. 식당 이름은 1919년에 할아버지가 미국으로 건너오실 때 타고온 이탈리아 대양 여객선 렉스호에서 따온 것이었다. 나는 최근에 그 배의 사진을 찾아냈는데, 배에 탄 승객 명단과 할아버지가 발급받은 입국증명서였던 그린카드도 함께 찾아냈다. 당시 할아버지를 비롯한 동료 이민자들이 느꼈을 기분을 생각하니 너무 뿌듯했다. 그분들은 사랑하는 가족과 집을 남겨놓고 꿈을 찾아 미국으로 건너왔다. 자유와 기회에 대한 약속은 그만큼 강하게 그들을 끌어당겼다. 미국으로 건너온 뒤부터 그분들은 한시도 멈추지 않고 노력했다. 할아버지가 일생 동안 보이신 용기를 생각하면 그저 놀라울 따름이다. 처음에는 제1차세계대전 때 조국 이탈리아를 위해 싸우셨고, 그 다음에는 새로운 삶을 시작하기 위해 조국을 떠나 여객선에 몸을 싣고 엘리스섬으로 향하신 것이었다. 할아버지가 자기 소유의 식당을 열기까지 얼마나 많은 고초를 감내하셨을지는 그저 상상만 할 수 있을 뿐이다. 할아버지는 자기를 이곳으로 데려다 주고, 나를 포함해 자신의 가족들에게 지금과 같은 기회를 누리도록 해준 그 배의 이름을 따서 식당 이름을 지으셨다.

아버지는 할아버지의 근면한 정신을 물려받으셨다. 일이 곧 그분의 삶이었다. 아주 어릴 적부터 나는 세상에 지름길이란 없다고 배우며 자랐다. 아메리칸 드림을 이루기 위해선 그에 걸맞은 일을 해야 한다고 배웠다.

유년시절 기억 속의 아버지는 언제나 렉스 매너 식당 주방 한편에서 목에 수건을 감은 채 땀을 뻘뻘 흘리며 요리에 열중하는 모습이셨다. 렉스 매너는 규모가 크고 항상 사람들로 북적거렸는데, 한쪽은 식당이고 한쪽은 연회장이었다. 주말에는 결혼식 피로연과 각종 축하연, 세례식, 성년식을 치르는 손님들로 붐볐다. 주 연회장은 400석, 작은 홀은 200석 규모였다. 아버지는 항상 일을 하셨다. 할 말이 있거나 학비를 타기 위해 찾아갈라치면 아버지는 뜨거운 스토브 앞, 항상 똑같은 그 자리에서 땀을 뻘뻘 흘리며 일하고 계셨다.

엄마에 대한 추억도 항상 일하는 모습이다. 엄마는 경마도박장 OTB에

풀타임으로 다니셨는데, 나이 든 남자들이 가득 모여 경마 베팅을 하는 담배연기가 자욱한 방에서 쉴 새 없이 움직이며 일하셨다. 그러면서 시간을 쪼개 틈틈이 가족을 돌보셨다. 내가 열심히 일하는 노력의 가치와 용기의 소중함을 배우고 지금처럼 성공할 수 있게 된 것은 엄마가 흘리신 땀과 눈물 덕분이다. 일을 마치고 집으로 오는 길에 장을 봐서 장바구니 일곱 개를 용케도 손에 들고 거리를 걸어 내려오는 엄마의 모습이 지금도 눈에 선하다. 엄마는 한번도 멈추신 적이 없다. 엄마는 영원한 나의 영웅이다.

우리 가족의 근면함은 여러 대에 걸쳐 내려오는 가문의 소중한 유산 같은 것이다. 십대 때 나는 방과 후와 주말이면 아버지의 식당에 가서 손님들의 코트를 보관하는 일을 했다. 재미도 있었지만 거기 가면 가족들과 함께 있을 수 있어서 나는 그 일이 좋았다. 팁도 꽤 짭짤했는데 결혼식이 있는 날은 특히 더 그랬다. 옷 보관료는 50센트였지만 대부분의 손님들이 내게 1달러를 주었다. 나는 내 힘으로 돈을 번다는 게 좋았다. 나중에 대학에 들어가서 나는 매주 토요일 경마도박장에서 일했는데, 담배연기가 자욱한 방에서 일해야 한다는 점만 빼면 꽤 벌이가 괜찮은 일자리였다. 패스트푸드 레스토랑에서 일하는 것보다는 한결 수입이 나았다. 자기 힘으로 돈을 벌어 보는 것은 우리가 살아가면서 불가피하게 겪게 될 곤경에 대한 아주 좋은 대비책이다.

부모님은 일이 많다고 불평하시는 법이 없었다. 다른 사람보다 사는 게 고달프다고 생각하시지도 않았고, 노력에 비해 얻는 게 너무 적다는 생각도 하지 않으셨다. 지금도 내가 일이 많다고 불평하는 것을 보면 엄마는 눈을 부릅뜨시며 이렇게 말한다. "무슨 말이니 애야, 그렇다고 네가 나무 베러 다니는 것도 아니잖니."

그러면 나는 웃을 수밖에 없다. 내 불평에 눈곱만큼도 동조하지 않으시는 것이다! "맞아요, 엄마 말이 맞아요. 내가 나무 베는 일을 하는 건 아니죠."

그건 맞는 말이다. 나는 세상에서 제일 멋진 곳에서, 그리고 역사상 가장 흥미진진한 시기에, 내가 좋아하는 일을 하고 있다. 월스트리트는 세상의 중심이다. 수백만 명의 희망과 꿈이 좁은 거리를 따라 몰려드는 곳이다. 건국 초기의 모습이 이랬을 거라는 생각이 든다. 나는 바로 이런 곳의 앞자리에 앉아서 자본주의의 토대가 도전받은 바로 그 위기의 순간을 생생하게 지켜본 증인이다. 내가 월스트리트에서 일한 20년은 마치 롤러코스터를 타는 것처럼 심한 기복으로 점철된 세월이다. 1987년의 경제위기에 이어 찾아온 전례 없는 상승장, 1990~1991년의 경기후퇴, 닷컴 붐과 붕괴, 지구화, 주택붐과 거품 붕괴, 오일 위기와 붐, 2008년의 금융시장 붕괴, 그리고 우리 세대 최악의 금융위기와 경기침체. 이 호된 현실의 깊은 바닥 속을 가만히 들여다보면 중요한 교훈들을 얻을 수가 있다. 내가 이 책을 쓰는 목적은 그러한 교훈들을 어떻게 하면 더 깊이 이해하고, 어떻게 하면 개인적으로 그리고 전문적인 차원에서 현실에 적용할 수 있을지 알아보기 위해서다.

월스트리트에 근무했던 한 친구가 있는데, 자신의 직장과 꿈이 눈앞에서 연기처럼 사라지는 것을 지켜본 사람이다. 그는 내가 쓸 책의 주제에 대해 듣더니 놀란 표정을 지어 보이며 이렇게 말했다. "성공에 대해 쓰기에는 최악의 시기 아니야?" 퉁명스러운 말투였다. "모두들 죽겠다고 아우성인데!" 하지만 내 생각은 달랐다. 나는 '지금보다 더 나은 때'라는 것은 세상에 없다고 생각한다.

물론 나도 그 친구가 말한 의도가 무엇인지는 안다. 실패했다고 느끼는 사람 앞에서 성공에 대해 이야기하기란 쉽지 않다. 내 친구 같은 이들도 낙관적인 상승장일 때는 자신있게 상승 흐름을 탄다. 그런 때는 모든 사람이 볼 수 있는 확실한 증거들이 있다. 직장에서, 은행 계좌에서, 가정에서, 주택에서, 부러워하는 친구들의 눈초리에서 그것을 확인할 수 있다. 하지만 성공이란 한번 왔다고 해서 그대로 머물러 있지만은 않는다. 2008년의 금융위기도 성공의 덧없음을 경고해 주는 하나의 사례로 들 수 있을 것이다. 신화적인 성공을 거둔 기업들이 최정상에서 하루아침에 갑자기 자취를 감추었다. 절대로 쓰러질 것 같지 않아 보이던 사람들이 하루아침에 번 돈을 모두 날려 버렸다. 우리 시대 가장 막강한 이윤 창출 기관 역할을 해왔던 금융서비스업은 바람이 빠지듯 몰락의 길을 걸었다. 모두가 두려움에 떨었고 자포자기의 분위기에 휩싸였다. 리먼 브러더스 파산 하나만 해도 도저히 믿기 어려운 사건이었다. 그런데 베어 스턴스, 패니 메이, 프레디 맥, 노던 록, 시티그룹, 메릴 린치, AIG, 제너럴 모터스, 크라이슬러, 워초비아가 줄줄이 파산하거나 파산 직전으로 내몰렸다. 정말 끔찍한 한 해였다!

그런데 이렇게 줄줄이 무너져내리는 와중에 정말 웃기는 일이 하나 일어났다. 애간장을 녹일 듯한 현실을 마주하자 많은 사람들이 성공의 의미를 보다 구체적이고 절실한 방향에서 재음미하기 시작한 것이다. 사람들은 스스로를 향해 오랫동안 제기해 보지 않았던 어려운 질문들을 던졌다. 자신들에게 정말 중요한 것이 무엇인지, 자신들이 이룬 개인적인 성취의 근본은 어디에 있는지에 대해 묻기 시작한 것이다.

나 역시 CNBC의 클로징 벨Closing Bell 프로그램을 진행하는 뉴욕증권거래소 앞자리에서 금융위기의 드라마를 지켜보면서 성공의 의미를 되짚어 보기 시작했다. 일시적인 성공이 아니라 일생 동안 지속될 성공에 대해 생각한 것이다. 우리가 살아가면서 겪게 되는 난관과 직장, 은행 잔고에 관계없이 지속적으로 적용될 수 있는 성공이란 어떤 것일까에 대해 생각해 보았다. 눈앞에 벌어지는 예측불허의 경제상황을 볼 때 이 같은 물음은 과거 그 어느 때보다도 절실한 것이다. 자로 잴 수 없고, 셀 수도 없고, 눈에 보이지 않는 성공이라는 게 있을까? 우리가 갖고 있는 직위나 명함에 새길 수 없는 성공의 요소이라는 게 있을까? 좀 더 현실적으로 말해, 최악의 상황에 놓이게 되더라도 성공했다고 말할 수 있는 삶이라는 게 있을까? 실패 위에 성공을 세우는 게 가능할까?

금융위기는 우리의 국가적 자존심에 큰 타격을 입혔다. 기존에 있던 이정표는 모조리 사라지고 말았다. '성공의 아버지는 수천 명이지만, 실패는 고아다'라는 말이 실감났다. 바닥으로 내려앉으면 고독하다. 블랙베리 소리는 멎고, 당신 없이도 세계는 굴러간다. 모두들 성공에 가까이 가고 싶고, 성공을 거머쥐고 싶어 한다. 하지만 도대체 성공이란 무엇인가? 어떻게 하면 성공할 수 있고, 어떻게 해야 그 성공을 유지할 수 있을까?

스스로 살아온 길을 되돌아보니 나 역시 이 질문에 대한 답이 절박하게 필요했다. 만약 내일 아침 눈을 떴을 때 (나를 포함해서) 세상 사람들이 나를 성공한 사람으로 생각하게 만드는 여러 외적인 요소들이 모두 사라지고 없다면 어떻게 할 것인가? 그런데도 불구하고 거울에 비친 내 자신의 모습을 보며 "마리아, 너 성공한 거 맞지?"라고 말할 수 있을까?

지금부터 이 물음에 대한 답을 찾아 길을 나선다.

■ 시작하는 글

의미있는 삶을 찾아
진정한 성공의 10가지 원칙

지난 2009년 5월 13일에 나는 양키스타디움 운동장에 내려서서 인산인해를 이룬 채 열광하는 관중들을 올려다보고 있었다. 평소처럼 야구 게임이 진행되는 게 아니었다. 그날은 인생의 게임에 대해 이야기하는 날이었다. 바로 뉴욕대NYU 졸업식이었는데, 워싱턴 스퀘어 파크가 공사중이라 그곳에서 식을 거행하게 된 것이다. 운동장을 가로질러 걸어가자니 추억과 기대감으로 약간 흥분되었다. 나는 1989년에 뉴욕대를 졸업했는데 그게 벌써 20년 전이니 세월이 정말 빠르기도 하다.

뿌듯하고 행복한 날이었다. 뉴욕대 기금이사로서 졸업식에 참석하게 되었으니 설렐 수밖에 없었을 것이다. 나는 캡과 가운 차림으로 희곡작가인 존 패트릭 셴리와 함께 운동장을 가로질러 갔다. 그는 뉴욕대의 1977년도 졸업생으로 유명한 희곡 '다우트' Doubt 를 비롯해 활발한 작품활동을 한 공적으로 그날 명예박사 학위를 받기로 되어 있었다. 힐러리 클린턴 국무장관이 관중석 이층 꼭대기에 마련된 연단에서 졸업생들에게 축하 연설을 했다. 힐러리 자신이 바로 성공의 한 모델이 아니던가. 미국의 퍼스트 레이디에서 상원의원을 거쳐 국무장관이 되었으니 그녀가 거친 직책만 가지고도 가히 역사적이라 할 만하다. 사람들의 롤 모델이 되기에 전혀 손색이 없으며 그건 굳이 정치에 국한되지 않는 이야기다. 힐러리는 학생들에게 이렇게 말했다. "지금 이 순간은 여러분의 것입니다. 여러분은 지금 빅리그로 진출해서 타석에 들어선 것입니다." 그런 다음 이런 말로 학생들을 자극했다. "내가 좋아하는 야구영화 '그들만의 리그' A League of Their Own에 나오는 대사 중에서 제일 마음에 드는 대목이 바로 '그게 쉬운 일이었으면 아무나 다 했어' 라는 것입니다." 그 영화는 제2차 세계대전 중에 잠깐 동안 남자 야구 대신 치러졌던 미국의 여성프로야구리그를 주제로 한 감동적인 스토리를 담고 있다. 나도 그 영화를 아주 좋아하는데 특히 엉성한 여자 선수단이 미국인들의 상상력을 사로잡은 그 아이디어가 너무 맘에 들었다. 나는 힐러리가 그 졸업축사에서 핵심적인 메시지를 완벽하게 전달했다고 생각했으며, 학생들도 같은 생각이었다. 연설이 끝나자 학생들은 열렬한 환호를 보냈다.

졸업하는 학생들은 성공으로 나아가는 출발점에서 필요한 주요 자질들을 이미 모두 갖추고 있었다. 그것은 바로 젊음, 에너지, 두뇌, 그리고 낙관적인 생각이었다. 하지만 그런 자질들 외에도 더 필요한 것들이 있는데, 그것은 바로 지금 그들이 서 있는 자리에 그들보다 먼저 있었던 사람들로부터 지혜라는 지원 시스템의 도움을 받는 일이다.

이 책은 학생들에게, 그리고 진정으로 의미있는 성공의 길을 추구하며 사는 모든 사람들에게 드리는 나의 선물이다. 책을 쓰는 동안에도 나는 매일매일 우리 시대의 위대한 남녀들을 수없이 만나는 행운을 누렸다. 그들이 보여준 통찰력을 모두 이 책에 담았다. 세상에서 가장 성공한 사람들과 인터뷰하고, 그들을 움직이게 만든 동인이 무엇인지, 그들이 어떻게 해서 행복과 성공을 성취하게 되었는지에 대한 이야기들을 여러분과 공유할 수 있게 되어 정말 다행이다. 하지만 막상 책을 쓰려고 자리에 앉으니 다른 사람들의 생각을 한데 모아 놓는 것만으로는 안 되겠다는 생각이 들었다. 그래서 책을 쓰면서 나 자신의 경험을 되새기는 한편 다른 사람들로부터는 지혜를 구했다. 이것은 가슴으로 쓴 책이다.

시대에 따라 성공의 모습도 바뀌어 왔지만 외부 세계의 변화와 상관 없이 지속되는 근본적인 요소들이 있다. 그래서 나는 그 중에서 가장 의미 있다고 생각되는 10가지 요소들을 뽑아 냈다. 이 요소들이야말로 지속적인 성공으로 이끌어 주는 힘이라고 나는 생각한다.

1. 자각 自覺

자각 없이는 아무 일도 할 수 없다. 자각은 여러분 스스로 앞으로 어떤 삶을 살아갈지, 어떤 모습의 성공을 어떻게 추구해 나갈지 정하는 능력이다. 성공은 추상적인 개념이 아니다. 성공의 개념은 여러분이 누구이며, 어떤 자리에 있고, 어떤 것을 사랑하는지에 따라 달라진다. 성공은 눈에 보이는 것이지만, 그렇다고 반드시 돈과 관련되는 것은 아니다. 여러분이 마음속으로 느끼는 만족스러운 상태가 바로 성공이다. 여러분이 설정해 놓은 목표가 무엇인지에 따라 성공은 하버드에서 학위를 따는 것이 될 수도 있고, 아이를 낳아 안아 보는 것이 될 수도 있다. 히트곡을 내고, 인기 있는 자동차를 개발하고, 가족을 부양하고, 혹은 멀리 떨어진 곳에 있는 어떤 오지 마을 사람들의 배를 채워 주는 일이 될 수도 있다. 상을 받고, 암과 싸워 이기고, 승진을 하고, 정원을 가꾸고, 고액 연봉을 받고, 사랑을 얻는 것도 성공이 될 수 있다.

외부로 눈을 돌려 성공한 다른 사람들을 보고 감동을 받는다 해도 여러분이 그들이 될 수는 없다. 여러분은 여러분일 뿐이다. 여러분의 그러한 개체성이야말로 사실은 성공의 가장 중요한 토대이다. 내가 만난 모든 성공한 사람들은 자신의 고유한 능력과 열망에 대한 자각이 아주 강했다. 그들은 자신의 삶을 스스로 이끄는 리더들이었고, 과감하게 자신의 방식으로 자기 꿈을 추구하는 사람들이었다. 그들은 자기가 아닌 다른 어떤 사람이 되려고 애쓰지 않았다.

2. 비전

비전은 앞을 내다보고 가능성을 볼 줄 아는 능력이다. 여러분의 꿈과 여러분이 취하는 행동이 일치하는 곳이 바로 비전이다. 비전을 무슨 고상한 이상처럼 생각할 수도 있겠지만, 비전의 가장 중요한 특성은 초점을 맞추는 것이다. 산탄총을 쏘아대는 식으로 삶과 일에 접근하면 아무것도 이루지 못한다. 나이 든 저널리스트 한 분이 배우와 리포터 모두 되고 싶어 하는 젊은이에게 조언을 해주면서 "고대 동양 속담에 두 마리 토끼를 쫓다간 모두 다 놓친다는 말이 있어요"라고 했다. 옳은 말이다. 초점이 맞춰진 비전이 없으면 그저 갈팡질팡만 하게 될 뿐이다.

비전을 가지려면 주위 세상을 둘러보면서 이렇게 자문해 봐야 한다. "이 세상에서 도대체 무슨 일을 해야 하지? 한번뿐인 이 소중한 삶을 어떻게 써야 하지?" 그런 다음에는 이런 질문에 대해 계획을 세워서 답을 찾도록 한다. 빌 게이츠, 힐러리 클린턴, 잭 웰치 같은 사람들이 바로 그렇게 했다. 이런 거인들이 가진 비전이 다른 사람들의 비전과 어떻게 다른지 알아보자. 그런 다음에는 여러분 자신의 게임 플랜을 짜서 이를 실행에 옮기는 것이다.

3. 이니셔티브

성공한 사람들은 항상 다음 단계로 옮겨가기 위해 어떻게 할 것인지에 대해 생각한다. 이를 위해 필요한 동력이 바로 이니셔티브이다. 첫걸음을 내디딘 다음, 그 다음 걸음을 내딛고, 또 그 다음 걸음을 내딛도록 만들어 주는 동력을 말하는 것이다. 무엇을 원하는 마음만 가지고는 안 된다. 가만히 앉아서 기다리기만 해서도 안 된다. 우리 엄마는 "일찍 일어나는 새가 벌레를 잡는단다"라는 말을 입버릇처럼 하셨다. 이것은 저널리스트들도 신조로 삼을 만한 말이다. 내가 하는 일도 남보다 먼저 현장에 도착하고, 남보다 더 부지런히 돌아다녀야 하기 때문이다.

이니셔티브의 가장 좋은 점은 누구든 마음만 먹으면 얼마든지 할 수 있다는 것이다. 실천은 무슨 일을 하지 않는 것이 아니라, 무슨 일을 하는 것이다. 내 친구 중에 원래는 무슨 일이든 꾸물대기로 유명한 여자가 있었는데, 매일 한 가지씩 실천에 옮겨 새로운 일을 벌이도록 스스로를 단련시켰다는 말을 했다. 전화 걸기, 편지 쓰기, 공과금 납부하기 등 사소한 일이지만 그 전에는 늘 미루던 일인데 이제는 미루지 않고 해치운다는 것이다. 그녀는 이런 간단한 방법이 자기 삶을 바꾸어 주었다고 생각한다.

4. 용기

용기는 난관을 이겨내고, 불가능하게 보이는 일도 힘을 내서 해낼 수 있도록 만들어 주는 내적인 담력이다. 내가 아는 성공한 사람들 대부분은 다른 사람들이 "어떻게 그런 일을 해냈는지 도저히 못 믿겠어"라고 할 정도로 큰 용기를 보인 사람들이다.

옛날 이탈리아 속담에 "아무 일도 안 하면 실패도 안 한다"라는 말이 있다. 용기란 결과가 어떻게 될지 확신이 서지 않더라도 무슨 일을 시도해 보는 것을 말한다. 다른 사람들이 뒤로 숨기에 급급할 때 당당히 나서서 맞서는 것이며, 실패를 무릅쓰고라도 하고자 하는 일을 하는 것이 바로 용기다. 용기는 허세가 아니며 어리석은 만용과도 다르다. 용기란 간단히 말해 두려움에 떠는 대신 가능성을 믿는 자세로 살아가는 것이다. 따라서 용기는 우리가 하는 일상적인 행동 하나하나에 그대로 드러난다.

5. 정직

정직은 옳은 일을 하는 것을 뜻한다. 그렇다면 어떤 일이 옳은 일인가? 단언컨대 그건 여러분도 잘 알 것이다. 직감으로 알 수 있는 것이다. 정직은 자신의 내면을 들여다보는 것을 뜻한다. 다 버리고 오직 자기 자신과 대면할 때 여러분은 어떤 모습일까? 예를 들어 윤리적인 딜레마에 맞닥뜨렸을 때 우리는 어떤 것이 옳은지 마음속으로 안다.

나도 요즘 들어 정직이란 말이 계속 마음속에서 맴돈다. 경제 위기도 따지고 보면 근본적으로 정직하지 않아서 생긴 것이기 때문이다. 어떠한 결정을 내리는 데 있어서 그것이 경제를 호전시키거나 아니면 시대적인 어려움을 이겨낼 수 있을지는 고려하지 않고, 오직 쉽게 돈벌이가 되는 것만 좇다가 그렇게 된 것이다. 정직은 생사를 가르는 거창한 결정을 내릴 때만 중요한 게 아니다. 정직이란 매일매일의 일상사에서 여러분이 하는 행동 양식을 말한다. 정직은 그저 좋은 것일 뿐만 아니라 성공의 주춧돌이 된다. 사람들은 정직함에 마음이 끌린다. 여러분이 정직하다면 사람들이 주위에 몰리고 여러분을 본받으려고 애쓰게 된다. 여러분을 신뢰하게 되는 것이다. 그리고 여러분을 믿기 때문에 여러분에게 기회를 주고 싶어 할 것이다. 돈은 있지만 정직하지 않은 사람도 있고, 명성은 있는데 정직하지 않은 사람도 있다. 멋진 사무실에서 일하면서도 정직하지 않은 사람이 있다. 하지만 정직하지 않으면서 진정한 성공을 거두기는 절대로 불가능하다.

6. 적응

적응은 자만에 반대되는 말이다. 살아남는 자들은 언제나 적응할 줄 아는 사람들이다. 유사 이래 언제나 그러했고 그건 지금도 마찬가지다. 기술의 진보와 함께 그동안 정말 많은 산업이 변화를 겪었다. 언론도 마찬가지다. 신문들이 줄줄이 문을 닫고 웹에는 정보가 넘쳐난다. 제조업은 위기를 맞았고 제조 분야 일자리는 비용이 적게 드는 곳을 찾아 아웃소싱을 하고 있다. 수백만 개의 일자리가 사라졌고,

그렇게 사라진 일자리가 다시 살아날 수 있을지도 의문이다. 답은 변화에 맞서는 게 아니라 변화에 적응하는 우리의 능력에 달렸다. 문을 활짝 열고 새로운 기회를 맞아들이는 데 해법이 있는 것이다. 적응의 핵심은 항상 배우는 자세를 갖추는 것이다. 이러한 자세는 부富의 최정상에 올라 있는 사람도 마찬가지다. 금융위기를 극복하는 데 있어서 장기적으로 제일 유리한 위치에 있는 사람은 변화에 가장 능숙하게 적응할 줄 아는 사람이라는 사실에는 의문의 여지가 없다.

7. 겸손

내가 아는 훌륭한 사람들 대부분은 아주 겸손하다. 겸손은 유약함을 뜻하는 게 아니며, 다른 사람이 자신을 딛고 정상을 향해 올라가도록 내버려두는 것도 아니다. 겸손은 그저 자신이 인간임을 자각하는 것이다. 우리는 겸손한 사람에게서 아주 큰 호감을 느낀다. 예를 들어 "세상에, 내가 일을 완전히 망쳐놨네"라고 말하는 사람을 보면 모두가 호감을 갖게 된다. 스스로를 책망하는 사람을 보면 기분이 좋아진다. 하지만 남을 탓하고 따지려고 드는 사람들은 모두가 싫어한다. 겸손함이 없으면 절대로 자신의 진정한 본모습은 물론 다른 사람의 진짜 모습도 보지 못한다.

나는 어릴 때 루디야드 키플링의 시 '만일'If을 아주 좋아했다. 그 시는 항상 내게 영감을 불어넣어 주었다. '만일'은 겸허함, 다시 말해 이 세상에서 여러분이 차지하고 있는 위치에 대해 노래한 시다. 다음은 내가 특히 좋아하는 구절이다. "만일 모든 사람이 너를 의심할 때 너 자신은 스스로를 신뢰할 수 있다면/그러면서 그들의 의심까지 용납할 수 있다면." 다시 말해 이는 자신을 믿되 자신이 우주의 중심인 양 생각하지는 말라는 것이다.

8. 인내

성공은 덧없이 지나가는 것이기 때문에 한번 성공했다고 해서 그 성공이 항상 유지될 것이라는 보장은 없다. 성공은 하나의 긴 여정이다. 그러니 그것을 지속시켜 줄 수단이 필요하다. 설혹 자기가 좋아하는 일을 하고 있다 하더라도 시간이 지나면 기진맥진할 수가 있다. 인내심을 발휘하기 위해선 페이스 조절, 절제, 장기적인 결과를 위해 단기적인 이득을 희생할 줄 아는 능력 등이 필요하다. 성공을 도로 끝에서 만나는 최종 목표점이 아니라 매일매일 만나는 일상의 한 부분으로 받아들일 수 있는 능력이 바로 인내다. 큰 성공을 거둔 사람들은 그 도로를 작은 승리들로 차근차근 포장할 줄 아는 사람들이다.

9. 목표 의식

나는 어릴 적에 가톨릭학교에 다니면서 그곳 수녀 선생님들을 보고 경외감을 느꼈다. 그분들은 소명召命이라고 부르는 신비로운 덕목을 갖고 계셨다. 적어도 어린 나의 눈에 그것은 신비한 것으로 보였다. 당시 나는 소명을 갖는다는 것은 아주 특별한 사람들에게만 국한되는 일이라고 생각했지만 크고 나서 보니 생각이 좀 달라졌다. 우리 모두가 소명을 갖고 있으며 그것은 직업, 수입, 생활방식이 가져다주는 물질적인 요소를 초월하는 것이다. 내가 만난 많은 사람들이 자기들도 삶에 있어서 정말로 중요한 게 무엇인지 뒤늦게 깨달았다는 말을 했다. 보통은 위기를 겪으며 눈을 뜨게 되는 경우가 많았다. 아프거나 직장을 잃고, 혹은 삶을 송두리째 뒤흔들어 놓은 어떤 일을 겪으면서 정말 중요한 게 무엇인지 정신이 번쩍 들었다고들 했다. 하지만 재앙을 당해야만 삶의 목표가 무엇인지 알게 되는 건 아니다. 우리 모두의 마음속 깊은 곳에는 의미있고 충만한 삶을 살고자 하는 욕망이 자리하고 있다.

10. 끈질김

인생은 시소 타기와 같다. 올라갈 때가 있으면 내려올 때도 있는 것이다. 우리는 성공이란 덧없는 것임을 너무도 잘 안다. 자기 탓이든 아니면 어찌 해 볼 수 없는 불가항력적인 상황 때문이든 한순간에 모든 것을 다 잃을 수도 있다. 하지만 때때로 우리는 다시 돌아오는 사람들을 본다. 마치 무덤 속에서 되살아난 것처럼 다시 일어서는 사람들을 보면 낙관적인 희망이 솟아난다. 그들이 어떻게 해서 다시 일어서게 되었는지 궁금해진다. 어떤 태도와 능력이 그들로 하여금 불가능해 보이던 복귀를 가능케 했을까.

이런 열 가지 요소들은 지속적인 성공에 필요한 기반이다. 이 요소들을 생각하면 한 가지 분명한 사실이 떠오른다. 그것은 바로 이들 요소 가운데 어느 것 하나도 외부 상황에 좌우되는 것이 없다는 사실이다. 진정한 성공은 우리 안에서 만들어진다. 다시 말해 좋은 시절이건 힘든 시절이건 관계없이 누구나 성공하고, 성공을 지속시킬 수 있다는 말이다. 나는 항상 자기 인생은 자기 자신이 책임져야 한다고 믿어 왔다. 그렇지 않으면 다른 누군가가 끼어들어서 그 책임을 대신 지게 된다는 말이다. 여기서 말한 열 가지 요소들은 경제 상황이 어떻게 변하든 여러분이 자기 삶의 주인이 되도록 도와 줄 것이다. 이 책에서 얻을 가장 중요한 교훈을 들자면 그것은 바로 여러분 자신이 자기 인생의 주인이며, 자기가 선택하는 방식으로 자기 인생을 살아갈 수 있다는 사실이다. 나는 내가 아는 친구들을 사례로 들어가며 여러분에게 아주 약간의 도움만 주려는 것일 뿐이다.

1

자각 自覺

내면의 소리에 귀를 기울여라

CNN을 떠나 신생 방송국 CNBC로

만약 기자 생활을 시작한 초기에 누가 내게 "마리아, 당신은 어떤 열정을 갖고 있나요. 정말 하고 싶은 일이 무엇이에요?"라는 질문을 던졌으면 나는 제대로 대답을 하지 못했을 것이다. 당시 나는 막연히 저널리스트가 되고 싶다는 생각을 하고 있었는데, 아주 우연한 기회에 관심도 있고 재능도 있는 비즈니스 리포팅 분야에 자리를 얻게 되었을 뿐이기 때문이다. 하지만 그러한 관심이나 재능을 발휘할 수 있는 길은 그 밖에도 얼마든지 있고, 나는 지금도 내가 이 길을 택한 게 잘한 일인지 생각해 본다. 다행히도 나는 자신의 재능과 관심을 발휘하는 데 적합한 일을 찾은 것 같다.

대학 졸업 후 곧바로 CNN에서 프로덕션 어시스턴트 자리를 얻게 되자 나는 그야말로 꿈이 이루어진 것처럼 기분이 좋았다. 물론 처음에는 내가 얼마나 대단한 기회를 잡은 것인지조차 제대로 몰랐다. 학교에 다닐 때는 모두들 제대로 자리잡은 큰 방송국에서 일하겠다는 생각들만 했다. 하지만 노동조합도 설립되어 있지 않은 CNN 같은 소규모 방송국에서 일을 시작함으로써 나는 온갖 궂은일을 경험해 볼 수 있게 되었다. 메이저 방송국에서 일을 하면 텔레프롬프팅이나 플로어 디렉션처럼 특정한 한 가지 일만 맡게 되어서 업무 영역이 좁아진다. 하지만 CNN에서는 한 사람에게 여러 가지 일을 맡겼기 때문에 나는 방송에 필요한 다양한 일들을 배울 수 있었다.

뉴스 비즈니스, 특히 CNN처럼 활기가 넘치는 신생 방송에서의 뉴스 일은 정말 신났다. 걸프전이 시작된 지 얼마 되지 않아서였고 CNN은 당시 뉴스 리포팅의 역사를 새로 만들어가고 있었다. 뿐만 아니라 비즈니스 뉴스 분야에서도 공격적인 방식으로 새로운 길을 개척해 나가고 있었다. 머니 라인, 비즈니스 데이, 비즈니스 모닝 같은 프로들이 속속 시작되었다. 매일매일 출근길이 마냥 행복했다. 그때는 어떤 일을 하고 싶다는 뚜렷한 목표는 없었지만 긴박하게 돌아가는 뉴스 비즈니스 일이 내 적성에 맞다는 생각은 들었다. 그리고 내게 사람들을 만나 이야기를 나누고, 정보를 얻고, 세상 이치를 터득해 나가는 재주가 있다는 것도 알게 되었다.

몇 년 지나지 않아 어사인먼트 데스크의 에디터로 일하게 되면서 내 적성에 딱 맞는 일을 제대로 찾았다는 생각이 들었다. 대단한 자리는 아니었지만 나는 그 일이 좋았다. 처음에는 CNN 비즈니스국의 스타들인 키티 필그림, 테리 키년, 잰 홉킨스 같은 현장 리포터들을 위해 원고를 쓰고 화면을 제작했다. 루 답스와도 그가 진행하던 인기 프로인 머니 라인에서 함께 일했다.

CNN에서 나는 자기가 하는 일을 사랑하고, 똑똑하고, 그러면서 맹렬하게 일하는 많은 뉴스 리포터들로부터 보고 배웠다. 그들은 자신이 무슨 일을 잘하는지 알았고, 변화하는 뉴스 비즈니스 환경에 적응할 줄 알았다. 특히 전쟁처럼 일이 엄청나게 빠르게 전개되는 상황에서 그들의 능력은 빛났다. 포탄이 펑펑 터지는 전쟁지역에 들어가 리포팅을 하는 그들의 용기를 보고 나는 감탄했다.

나는 내가 맡은 일을 사랑했고 열심히 일에 몰두했다. 그렇게 5년이 지날 무렵 CNN은 갑자기 어사인먼트 데스크 개편 계획을 발표했다. 국장은 "좋은 소식이야"라면서 나를 어사인먼트 에디터에서 심야프로의 프로듀서로 승진시키기로 했다는 것이었다. 승진 소식에도 불구하고 그 말을 듣고 나는 실망했다. 하고 있던 일을 그만두고 싶지 않았기 때문이다. 그때 나는 정말 신나게 일했다. 뉴스원들과의 소통도 잘되고, 인간관계가 원활해서 뉴스메이커들을 방송에 모시는 일도 수월하게 진행되고 있었다. 많은 사람을 만났고, 책상 위에 둔 명함철이 자랑스럽게 차곡차곡 채워지던 때였다.

승진은 내게 좋은 기회였다. 봉급도 많아지고 직책도 한결 더 근사했다. 하지만 그건 내가 원하는 자리가 아니었다. 겉으로 드러내지는 않았지만 기분이 아주 언짢았다. 그래서 나는 건물 22층에 있는 도서관으로 가서 마음 놓고 울었다.

중대한 결단의 시기와 마주한 것이었다. 대부분의 다른 동료들처럼 나 역시 직장에서 한 단계씩 위로 올라가야 하는 처지이고, 중요한 것은 계속 위로 올라가는 것이었다. 더 나은 직책과 더 많은 봉급을 거머쥘 수만 있다면 일을 얼마나 사랑하는지는 사실 큰 문제가 아니었다. 그런데 갑자기 그런 상황이 내게 닥친 것이었다. 하지만 마음속으로 나는 이건 내가 좋아하는 일이 아니라는 것을 똑똑히 알았다. 그건 나에게 맞는 일이 아니었다.

어떻게 해야 돼? 비틀거리며 화장실로 걸어 들어가 세면대 앞에 서서 눈가에 묻은 자국을 지우고 있는데 키티 필그림이 들어왔다. 나보다 불과 몇 살 위이지만 나는 항상 그녀를 우러러보았다. 그녀는 남성 전용 클럽인 비즈니스 뉴스계에 당당히 진입해서 활약하고 있었고, 언제 봐도 자신만만한 모습이었다. 지금까지도 키티는 CNN에서 최고의 비즈니스 앵커와 리포터들 가운데 한 명이다. 어떻게 하면 그런 자신감과 확신을 갖게 될 수 있는지 궁금했다. 물론 당시 내게는 그런 자신감이 없었다.

내 기분이 좋지 않다는 것을 알고 키티는 걸음을 멈추고 말을 걸었다. 나는 이렇게 털어놓았다. "키티, 어떻게 해야 좋을지 모르겠어요. 나는 지금 하는 일이 너무 좋고 떠나고 싶지 않아요. 승진한 것은 좋지만 새로 맡게 되는 일은 내가 싫어할 게 틀림없어요. 그만둬야 해요? 아니면 승진하니 좋다고 그냥 덥석 받아 먹어요?"

키티는 정말 현명한 사람이었다. 이렇게 말하는 것이었다. "마리아, 앞으로 5년 뒤에 당신이 어디에 가 있을지를 생각해 봐요. 그 모습이 그려진다면 그 목표를 향해 나아가야 해요. 내가 당신한테 해줄 수 있는 최선의 충고는 이 말이에요."

　다른 사람으로부터 자신의 앞날에 대해 장기적인 안목을 가지라는 충고를 들은 건 그때가 처음이었다. 그날 나는 내가 무엇을 향해 나아가는지에 대해 심각하게 고민하기 시작했다. 내가 좋아하는 일이 무엇인지에 대해 먼저 생각해 보았다. 뉴스 일의 중심에서 다양한 분야의 사람들과 소통하고, 원고 쓰는 일을 나는 정말 좋아한다. 감히 입 밖에 낸 적이 없는 열망이 내 안에 있다는 사실도 깨달았다. 그건 바로 내가 직접 카메라 앞에 등장하는 것이었다. 최종 목표를 실현시키기 위한 노력을 계속한다면 이 시점에서 새로운 직책을 받아들이고, 그걸 나의 미래를 위한 징검다리로 활용하자는 생각이 들었다. 나는 실제로 그렇게 했고, 그 과정에서 다른 크루들의 도움을 약간 받았다.

　새 직책을 받아들인 다음 심야프로 제작일을 시작했다. 하지만 내게는 자신의 포트폴리오를 만들어 나가고, 방송 경험을 쌓는다는 더 큰 계획이 있었다. 국장에게 부탁해 정규 일과 후에도 남아서 일을 더 할 수 있도록 허락을 받았다. 정규 일이 끝나면 나는 아침 뉴스 크루들을 따라 증시 개장시간에 맞춰 현장으로 나가서 뉴스거리와 사운드 바이트를 챙겼다. 크루들만 있을 때는 내 손으로 직접 스크립트를 쓴 다음, 직접 방송을 해볼 테니 카메라에 담아 달라고 부탁했다. 그렇게 해서 클립 몇 편을 만들었다. 크루들을 구슬리기도 하고 애원도 했다. "십분이면 돼요. 스크립트도 써놓았는데 한번만 찍어 주면 안 돼요?" 크루들은 내게 정말 친절하고 우호적으로 대해 주었다. 그들의 도움으로 내 클립 포트폴리오가 만들어졌다. 나는 실제 방송에서 하는 것처럼 이렇게 멘트를 덧붙였다. "마리아 바르티로모, 리포팅 포 CNN 비즈니스 뉴스."

　그렇게 하니 내가 정말 하고 싶은 일이 무엇인지 더 명확해졌다. 클립이 어느 정도 모아지자 나는 테이프를 CNBC를 포함해 몇 군데 방송사로 보냈다. 비즈니스 뉴스를 중점적으로 보도하는 방송사로 가고 싶었는데 CNBC에서 회신이 왔다. 내가 보낸 테이프가 마음에 든다는 것이었다.

그래서 어느 날 아침에 밤샘 일을 마친 나는 마음의 준비를 단단히 하고서 당시 CNBC의 피터 스터트번트 사장, 회장으로 취임한 지 얼마 되지 않은 로저 에일스와 면담을 갖기 위해 뉴저지주 포트 리에 있는 그들의 사무실로 향했다. 면담은 잘 진행된 것 같았다. 그 사람들과 서로 의기가 투합했기 때문이다. 이런 일에서는 직감이 항상 들어맞지는 않는다는 것을 모르는 바 아니나, 그날은 아직 스물여섯밖에 안 된 어린 나이였지만 내 직감이 맞을 것이라는 생각이 들었다. 면담을 끝낸 뒤 나는 새 직장으로 옮겨가게 될 것이라는 확신이 얼마나 강했던지 곧바로 맨해튼으로 나가서 드레스 두 벌을 새로 샀다.

집에 오자 녹초가 되었다. CNN으로 밤근무를 하러 나가기 전에 몇 시간이라도 눈을 붙이려고 잠을 청했다. 한참 자고 있는데 전화벨이 울려 비몽사몽간에 수화기를 들었다. CNBC에서 걸려온 전화였다. 같이 일하자는 것이었다. 현장 리포터로 와달라는 것이었다. 그 길로 잠자리에서 일어나 버렸다. 너무 흥분되어 더 이상 잘 수가 없었다.

벌써 16년 전의 일이지만 지금도 그 젊은 시절의 내가 택한 길이 생생하게 기억난다. 나는 지금도 그때 배운 진리를 잊지 않고 있다. 그것은 바로 자신을 정확하게 알고, 자신이 진정으로 원하는 길을 따라가라는 것이다. 직책, 위신, 돈도 좋다. 하지만 여러분이 좋아하는 일을 하는 게 아니라면 그런 건 아무 짝에도 소용없다.

자기 운명은 자기가 지배하라. 안 그러면 남이 지배한다
잭 웰치

　　잭 웰치는 내게 중요한 멘토 역할을 해준 분이다. 내가 1993년에 CNBC로 옮길 당시에 그는 모회사인 제너럴 일렉트릭의 회장 겸 최고경영자CEO였다. 그는 툭하면 이런 말을 했다. "당신의 운명은 당신이 지배하라. 안 그러면 남이 지배한다." ('당신의 운명을 지배하라' Control Your Destiny or Someone Else Will 라는 제목으로 노엘 티치와 스트래트퍼드 셔먼이 잭 웰치에 대해 함께 쓴 책도 있다.)

　이 말이야말로 가장 기본적인 개념, 다시 말해 성공의 핵심이 되는 말이다. 물결에 몸을 맡기면 내가 가고 싶어 하는 곳으로 데려다 주겠지 하는 사고방식으로는 절대로 인생을 살아갈 수 없다. 스스로 헤엄쳐서 가고자 하는 곳으로 나아가야만 한다. 경제 환경이 어렵다 보니 "짤리지 말아야 할 텐데, 어떻게든 붙어 있어야 하는데"라고 말하는 사람들을 많이 본다. 정말 무능하기 짝이 없는 태도이다. 눈앞의 폭풍우는 근근이 버텨서 살아남을 수 있다고 치자. 하지만 그 다음에는? 그저 최악의 상황만 모면하겠다는 생각으로 생을 허비하겠다는 것인가? 나도 그저 물결 따라 흘러가겠다는 태도를 가진 사람들과는 같이 일하고 싶은 생각이 없다. 힘차게 헤엄치는 사람들과 같이 일하고 싶다. 가끔씩 좌절을 겪더라도 자기 자리를 지키며 발길질을 계속해서 앞으로 나아가는 사람이면 나는 오케이다.

　요즘은 자신의 운명을 자기가 지배하지 못하고 있다고 생각하는 사람들이 너무도 많다. 그런 사실에 나는 너무 놀랐다. 크게 성공한 전문 직업인들 가운데서도 매일 사무실 책상에 앉아 상사로부터 호출 전화벨이 울릴까 전전긍긍하며 시간을 보내는 경우가 많다. 나는 개인적으로 혹은 취재하면서 그런 사람들과 이야기를 많이 나누었다. 그들은 기업합병과 파산 등 월스트리트에서 일어나는 일들을 보면서 자신이 감원 바람의 희생자가 되지 않을까 두려워하고 있었다. 외부 상황에 대해 사람들이 보이는 반응에는 두 가지 유형이 있다. 어떤 사람들은 주변 상황이 쳐놓은 덫에 걸려 옴짝달싹할 수 없게 되어, 그저 일이 잘되기를 손 놓고 기다리는 것 외에는 다른 방법이 없다고 생각한다. 그런가 하면 또 어떤 사람들은 행동에 나선다. 자기가 갖고 있는 기술을 더 연마하고, 다른 분야로 진출해 볼 가능성은 없는지 알아본다. 이 후자 그룹에 속하도록 노력하면서, 어려운 시기에 자신의 운명을 스스로 지배하는 사람이 되는 게 정말 중요하다.

키티 필그림이 내게 해준 충고도 같은 맥락이다. 도끼날이 목에 떨어지기를 대책 없이 기다리거나, 제발 그런 일이 일어나지 말았으면 하며 요행을 기다리지 말고 "5년 후의 나는 어떤 사람이 되고 싶은 거지?"라고 한번 자문해 보라. 그런 다음에는 그 목표를 향해 움직이는 것이다. 그리고 그것을 위해 매일 실질적인 조치를 취해 나가도록 하고, 어떤 일을 할지를 정한다. 실력을 더 쌓고 동료, 친지들로 인맥을 더 넓히고 필요하면 멘토도 만든다. 구체적인 사항이 정해지면 선행학습식으로 곧바로 준비에 들어간다.

자기 미래는 자기가 책임지겠다는 결심을 하는 것만으로도 감정을 다스리는 데 도움이 된다. 패배자라는 피해의식에 싸여 두려움에 떨기는 쉽다. 두려움은 파급효과를 일으킨다. 두려움을 느끼면 우울해지고, 우울해지면 최상의 컨디션을 유지할 수 없다. 그래서 기회가 오더라도 그것을 제대로 살려 활용할 준비를 갖추지 못하게 된다. 아무리 불가항력적인 상황을 맞이하더라도 침착하게 자기 뜻대로 대응 방식을 선택할 수가 있다. 나는 9/11 테러 때 3000명 넘게 사망자가 발생한 바로 그 쌍둥이 건물에서 남편을 잃은 여성들과 시간을 보낼 기회가 있었다. 그들이 제일 먼저 보인 반응은 충격과 절망이었다. 그들은 끔찍한 충격뿐 아니라 남은 가족들이 앞으로 어떻게 살아나가야 할지에 대한 경제적인 불확실성과 불안감에 떨고 있었다. 하지만 이 여성들은 스스로를 추스르고 일어나 다른 희생자 가족들을 돕겠다고 팔을 걷어붙이고 나섰다. 그것은 끔찍한 비극이 남긴 하나의 영적인 유산이라고 할 만하다. 이들 미망인은 9/11 위원회를 탄생시키는 데 핵심적인 역할을 했고, 이들의 끈질긴 요구는 테러가 어떻게 일어났는지에 대한 진실을 밝히고, 추가 테러 방지책을 마련하는 데 큰 힘이 되었다. 이들은 남편의 죽음을 헛되이 만들지 않겠다는 다짐을 통해 자기들이 당한 이루 말할 수 없는 고통에 맞선 것이다. 그들은 자신뿐만 아니라 나라 전체를 다시 일으켜 세웠다. 그들의 리더십은 다른 사람들에게도 맞서 싸우고 행동에 나설 용기를 불어넣어 주었다.

아무리 큰 모험도 피하지 마라

힐러리 클린턴, 빌 게이츠, 에릭 슈미트

스스로 택한 길을 가다 보면 여러 가지 위험이 따른다. 닥치는 위험은 이겨낼 수도 있고, 이겨내지 못할 수도 있다. CNN을 떠나 CNBC로 옮기기로 하고 나는 상사인 루 답스를 찾아가 그 말을 했다. 그는 굳은 표정으로 나를 쳐다보면서 이렇게 말했다. "마리아, 당신은 지금 당신 인생에서 제일 큰 실수를 하는 것야." 그는 나를 믿었기 때문에 그런 말을 한 것이다. 그는 내가 CNN에 남아 있으면 앞으로 최고의 기회를 맞게 될 것이라고 믿었다. 당시 CNBC는 반짝 뜨는 방송사였기 때문에 루는 내가 짧은 안목으로 그런 결정을 내렸다고 생각했을 것이다. 존경하는 사람에게서 그런 소리를 들으면 정신이 아찔해질 수가 있다. 하지만 나는 자신을 믿었고, 실패하는 한이 있더라도 자신이 내린 결정을 밀고 나가겠다는 생각이었다. 루의 말이 옳을지 모른다는 생각도 들었다. 하지만 나는 실패에 대한 두려움을 바탕으로 결정을 내린다면 인생에서 내가 원하는 것은 절대로 이루어내지 못할 것이라고 생각했다. 내가 CNBC로 옮기기로 한 것은 경솔하게 내린 결정이 아니라 다음의 두 가지 요소를 확고하게 감안해서 내린 조치였다. 첫째, 나는 자신이 하고 싶은 일을 택했다. 둘째, 이번에 일이 잘못되면 툴툴 털고 잊어버리고 다음 기회를 또 노리면 된다는 생각을 했다.

대부분의 성공한 사람들을 보면 이와 유사한 경우가 많다는 것을 알 수 있다. 주위 사람들이 한목소리로 "그건 안 돼!"라고 외치는데도 그들은 "내 생각대로 해볼 테야"라고 답했다. 힐러리 클린턴이 상원의원 출마 계획을 발표했을 때를 한번 생각해 보자. 그때 사람들은 남편의 덕을 보려고 하느냐, '진짜 뉴요커'도 아니지 않으냐, 상원의원 자질이 있느냐는 등 부정적인 말들을 했다. 하지만 그녀는 그런 말에 귀를 기울이지 않았고, 그런 말을 하는 사람들이 틀렸음을 입증해 보였다. 빌 게이츠가 하버드를 중퇴하고 조그만 회사를 설립해 나중에 마이크로소프트로 키운 과정도 마찬가지다. 처음에 그의 가족들은 크게 실망했다. 어떻게 허황된 꿈을 좇겠다고 그토록 많은 기회가 보장된 하버드를 그만두느냐는 것이었다. 시간은 힐러리와 빌 게이츠의 결단이 옳았다는 것을 입증해 주었지만, 그들이 주위의 부정적인 말들을 물리치고 자기 내면의 소리를 따르기로 한 데는 자기 확신과 결단력이 필요했다.

미지의 영역에 뛰어들어 성공한 사람들을 만나면 물어보고 싶은 게 너무 많다. 그들은 그 일을 시작하기 전에 '내가 지금 무슨 일을 하려는 거지?' 하는 질문을 스스로에게 던진 사람들이다. 구글 회장 겸 CEO인 에릭 슈미트에게 2001년 구글에 들어올 때의 일에 대해 물어 보았다. 당시 그는 46세였고 구글의 젊은 창업주인 래리 페이지나 세르게이 브린보다 나이가 거의 한 세대는 더 많았다. 두 사람 모두 28살이었다. 당시 슈미트는 엔지니어로서 그리고 전문경영인으로서 확고한 경력과 명성을 누리고 있었다. 구글에 들어가기로 했을 때 그는 테크놀로지 기업인 노벨의 CEO였다. 그에 비하면 구글 창업주들은 미지의 모험에 나선 어린애들이나 마찬가지였다.

"구글로 옮기기로 한 게 큰 모험이 아니었나요?" 나는 슈미트 회장에게 이렇게 물었다.

그는 래리와 세르게이 두 사람과의 첫 면담 장면을 내게 이야기해 주었다. "두 사람이 있는 사무실로 걸어 들어갔더니 래리와 세르게이가 프로젝터를 손에 들고 서 있었습니다. 벽에는 이미지로 만든 내 약력이 크게 올라 있었어요." 그는 이렇게 말을 이었다. "내 눈에는 두 사람 모두 어린애들 같아 보였습니다. 우리는 허심탄회하게 대화를 나누었고, 각자 하는 일에 대해 서로 의견을 교환했어요. 그 자리를 떠날 때 나는 '지금까지 이렇게 자신만만한 젊은이들은 본 적이 없어'라는 생각을 했어요. 한편으로는 '정말 독특한 자들이야. 하여튼 나중에 한번 더 봐야겠어'라는 생각을 했습니다."

슈미트 회장은 이렇게 말을 이었다. "당시에는 큰 모험이라고 생각했지만 한번 해볼 만한 모험이었어요. 왜냐하면 나도 정말 흥미있는 일을 하고 싶었기 때문이지요. 당시 나는 서치나 광고 비즈니스 쪽은 잘 알지 못했어요. 그리고 구글이 엄청난 성공을 거두리라고 생각지도 않았어요." 그런데 왜 그리로 옮겼다는 말인가? 그는 두 젊은이가 갖고 있는 엄청난 창의력에 매력을 느꼈기 때문에 구글로 옮기게 되었다는 말을 했다. "천재성은 간혹 이상한 포장지에 싸여 배달되지요." 그는 웃으면서 이렇게 말했다. "모차르트를 비롯해 여러 괴짜 천재들을 생각해 봐요. 래리나 세르게이와 같은 천재들과 함께 일하게 된 것은 어떤 특권을 누리는 것과 마찬가지라고 생각해요. 그 두 사람은 지금도 회사를 설립할 때와 마찬가지로 천재성을 번뜩입니다. 두 사람과 같이 일하기 시작할 당시 나는 그들을 '애들'이라고 불렀지만 이제는 '애들'이 아닙니다. 두 사람은 테크놀로지 분야의 노련한 베테랑들이고, 조직을 이끌고 세계를 변화시키는 일에 대해 탁월한 식견을 갖고 있습니다."

에릭 슈미트 회장은 자신이 모험을 하며 구글로 옮긴 것을 아주 잘한 결정이었다고 생각한다. 그 모험은 그에게 부를 가져다 주었을 뿐만 아니라 행복도 가져다 주었다. 그는 매일매일 출근길이 즐겁다.

성공의 잣대에서 돈은 제외시켜라

인드라 누이, 칼리 피오리나, 누리엘 루비니

얼마 전 웨이크 포리스트대에서 졸업을 앞둔 비즈니스 스쿨 학생들에게 강연할 기회가 있었다. 강연 도중에 한 학생이 이런 말을 했다. "앞으로 무슨 일을 해야 할지 모르겠습니다. 비즈니스 스쿨에 들어올 때는 모든 사람들이 참 잘한 결정이라는 말을 해주었어요. 앞으로 많은 돈을 벌 수 있는 첫걸음을 내디딘 것이라고들 했어요. 지난해 금융위기가 강타하기 전까지는 나도 졸업하면 곧장 고액 연봉을 받는 직장으로 직행할 것이라는 기대를 가졌습니다. 학자금 대출

갚으려면 고액 연봉을 받아야 하고, 그동안 열심히 공부했으니 그런 대우를 받을 만한 자격도 있다고 생각합니다. 그런데 이제 어떻게 해야 합니까?" 그 젊은이를 보니 참 안됐다는 생각이 들었다. 똑똑하고 유능한 사람임에 틀림없어 보였지만, 동시에 오늘날 진로를 찾지 못해 방황하는 젊은이들의 전형적인 모습을 보는 것 같았기 때문이다. 이런 젊은이들은 너무 오랫동안 다른 사람이 만든 각본에 따라 살아왔기 때문에 돈벌이 이외의 다른 분야에서는 자신의 미래를 생각할 줄을 몰랐다.

내가 대학 졸업 후 처음 받은 연봉은 1만 8000달러였다. 그렇게 오래 전 일도 아니다. 당시 나와 동료들은 금방 큰돈을 벌겠다는 생각은 하지도 못했다. 우리가 가진 꿈은 그저 사회에 첫발을 내딛고, 꿈을 따라 나아가는 것이었다. 요즈음 학생들은 졸업하자마자 자신이 받을 보상에 대해 아주 높은 (때로는 비현실적인) 기대치를 갖고 있다. 많은 돈을 받아 마땅한 사람이란 세상에 없다.

강연을 마친 다음 나는 펩시콜라의 CEO를 지내고, 당시 웨이크 포리스트 비즈니스 스쿨 학장으로 있던 스티븐 레인문트와 자리를 같이했다. 그는 많은 졸업생이 일류 기업에 고액 연봉을 받고 들어가야 그것을 보고 학생들이 많이 모여들 텐데 일이 아주 힘들어졌다는 말을 했다. 학생들의 생각은 오로지 앞으로 고액 연봉을 받는 데만 있다는 것이었다. 돈을 많이 벌겠다는 생각이 잘못되었다고 할 수는 없지만, 성공의 의미를 따지는 데 있어서 돈이 차지하는 비중을 지나치게 중요시하는 것은 잘못이다. 내가 그 강연을 하던 당시에는 상위권 기업들 다수가 신규 채용을 하지 않았다. 우물이 말라 버린 것이다. 나는 그 학생들 앞에서 펩시콜라 CEO인 인드라 누이와 무대 위에서 공개 인터뷰를 진행했다. 누이 여사는 아주 솔직하게 이야기를 해주었다. 오늘날과 같은 경제 환경에서 학생들에게 해줄 충고가 무엇이냐고 물었더니 그녀는 지금이야말로 좋은 기회라고 했다. 가슴이 시키는 일과 돈벌이를 위해 하는 일을 동등한 자리에 올려놓고 저울질해 보기에 지금보다 더 좋은 기회가 또 언제 오겠느냐는 것이었다. 그녀는 지금이야말로 세계로 눈을 돌려 어려움에 처한 사람들을 돌아보고, 가진 것을 나누어 줄 때라고 말하며 학생들에게 학교를 졸업하면 1~2년은 자원봉사를 하거나 여행을 다니라고 충고했다. 다시 말해 어려운 취업시장 상황을 자신의 시야를 넓히는 기회로 활용하라는 것이었다.

스티븐 레인문트 학장도 힘든 비즈니스 환경이 대학에 미치는 여파에 대해 많은 생각을 하고 있었다. 그는 내게 이렇게 말했다. "비즈니스 스쿨도 변해야 합니다. 지금은 학교의 순위를 재는 최상의 척도가 채용 전문기관이 우리 학생들에게 고액 연봉의 일자리를 얼마나 많이 제시하느냐에 달려 있습니다. 나는 이런 척도는 잘못되었다고 생각합니다. 우리는 학생들에게 자기가 정말 좋아하는 일, 잘하는 일, 국가와 세계에 유익한 일을 하라고 가르치는 게 아니라 어떻게든 돈을 많이 벌어야 한다고 가르치고 있습니다." 이런 척도가 버블을 만드는 데 일조했고, 그 거품이 터져 2008년 금융시장 위기가 일어난 것이다. 비즈니스 스쿨을 졸업한 똑똑한 MBA 학위 소지자들이 제조업, 보건의료, 테크놀로지 등 경제의 토대가 되는 다양한 분야에서 일자리를 구하는 게 아니라 큰돈을 벌기 위해 골드만 삭스, 그리고 블랙스톤 그룹과 같은 사모펀드 회사들로 모여들었다. 왜 그랬을까? 사랑이 아니라 돈을 좇아서 그렇게 몰려간 것이다.

우리는 어떤 대학의 성공 여부를 재는 척도가 졸업생들의 수입과 연결되어 있는 게 아니라, 그보다 더 깊고 지속적인 가치와 연관되어야 한다는 점에 대해 의견을 나누기 시작했다. 이미 그런 현상들이 조금씩 나타나고 있다. 웨이크 포리스트 같은 대학에서는 학생들에게 티치 아메리카

Teach America, 아메리코Americorps, 평화봉사단Peace Corps 같은 프로그램에 참여해서 봉사활동 경력을 쌓으라고 권장하고 있다. 여러 대학에서 직업 카운슬러들이 학생들에게 월스트리트 외에 다른 곳에서 일자리를 찾는 데 도움을 주고 있었다.

나는 뉴욕대 비즈니스 스쿨의 누리엘 루비니 경제학 교수에게 학교 문을 나서는 졸업생들이 성공의 길로 들어설 수 있도록 어떤 충고를 해주겠느냐고 물었다. 누리엘 교수는 대단한 통찰력의 소유자다. 그는 2008년 금융위기가 닥치기 만 2년 전에 미국이 엄청난 주택가격 폭락, 석유 위기, 경기후퇴를 향해 나아가고 있으며, 그로 인해 세계 경제에 대 지각변동이 밀어닥칠 것이라고 예견한 사람이다. 당시에는 아무도 그가 하는 말에 귀를 기울이지 않았다. 뉴욕타임스는 비관적인 전망만 한다며 그에게 '닥터 둠' Dr. Doom 이라는 별명을 붙여 주었다. 이제는 누리엘 교수의 예언이 옳았음이 입증되었다. 그의 메시지는 자주 들을 수 있는 것은 아니지만, 그는 경제의 흐름에 촉각을 곤두세우고 있는 몇 안 되는 사람 가운데 하나다. 누리엘 교수는 학생들이 금융분야로만 모여선 안 되며, 그동안 닦은 지식과 경험을 다른 분야와 공유해야 한다고 생각한다. "미국은 보다 많은 사람들이 기업가가 되고, 제조업에 종사하고, 장기적으로 경제성장에 기여할 분야들로 진출해야 한다고 생각합니다"라고 그는 말했다. "이 나라 최고의 인재들이 모조리 월스트리트로만 모인다면 인력 자산 분배가 왜곡되어 결국 비효율성을 낳게 될 것입니다."

누리엘 교수는 대단히 중요한 문제점을 지적하고 있다. 우리는 성공의 의미를 재평가하고, 특히 자신의 앞날에 대해 결정을 내려야 하는 젊은 이들에게 성공에 대해 말할 때 신중하게 다시 생각해 보아야 한다. 지난 25년 동안 금융 서비스 분야의 중요성은 꾸준히 상승해서 이제 우리 경제에 핵심적인 분야로 자리잡았다. 엄청나게 매력적인 분야로 성장하며 비즈니스 스쿨에서 배출되는 대부분의 인재들이 고액 연봉을 받으며 금융 서비스 시장으로 뛰어들었다. 이들은 경제의 넓은 틀에 대해서는 더 이상 생각하지 않고 제조업, 생명공학을 비롯해 여타 기초산업 분야는 쳐다보지도 않았다. 하지만 이제 금융 시스템에 충격이 밀어닥치며 그런 매력은 사라졌고, 일자리도 함께 사라져 버렸다.

나는 학생들에게 항상 이렇게 말한다. "부자가 되겠다는 생각 때문에 직업을 택하지 마세요. 수입이 가장 좋을 것이라는 기대 때문에 직장을 택하지 마세요. 그 일을 사랑하기 때문에 그 직업을 택하도록 해야 합니다. 돈은 많이 벌지만 자기가 하는 일을 사랑하지 않는다면 비참해질 것입니다. 일을 하며 행복을 느끼지 못한다면 여러분은 그 일을 계속하고 싶지도 않을 것입니다."

그리고 한 걸음 더 나아가 학생들에게 이렇게 물어본다. "만약에 모든 직업이 똑같은 보수를 준다고 가정한다면 여러분은 어떤 일을 하며 살고 싶겠어요?"

여러분도 지금 당장 스스로에게 이런 질문을 한번 던져 보고 솔직하게 답을 해보라. 똑같은 보수를 받는다면 여러분이 가장 하고 싶은 직업이 무엇인가? 그렇게 해서 얻은 답이 지금 여러분이 실제로 하고 있는 일, 혹은 배우고 있는 일과 다르다면 여러분은 심각한 딜레마에 직면하게 될 것이다. 바로 자기 이익의 상호 충돌 현상이다. 이런 점을 고려하여 여러분이 바라는 일과 지금 하고 있는 일 사이의 간격을 측정하여, 그 격차를 줄이는 작업에 착수하도록 해보라. 여러분은 자신이 좋아하는 일을 하기 위해 어느 정도의 희생을 치를 각오가 되어 있는가? 여러분이 열망하는 일에 금전적인 성공이 포함된다면 더 말할 나위 없이 좋은 일이다. 출발점이 어디건 상관없이 번영을 가져다 주는 기회를 잡는 것이 바로 자본주의의 핵심 전제이기 때문이다. 하지만 이와 달리 우리 사회에서 크게 성공한 부자들의 배경을 살펴보면 밑바닥에서부터 하나하나 이룩해 간 성공 스토리를 들을 수가 있다. 오프라 윈프리는 테네시 주에 있는 지방 라디오 방송국 리포터에서부터 시작했다. 스티븐 스필버그 감독은 유니버설 스튜디오에서 무보수 인턴으로 일을 시작했고, 휼렛 패커드의 CEO를 지낸 칼리 피요리나는 여러 해 동안 금융회사 이곳저곳을 전전하며 비서 일을 했다. 워런 버핏은 오마하 시에서 투자 세일즈맨으로 일했고, 론 마이어 유니버설 스튜디오 회장은 자가용 운전기사로 시작했다. 이와 같은 사례는 몇 백 개라도 들 수 있다. 지금 당장 눈앞에 있는 성공한 모습만 보다간 그 사람들이 그 성공을 이루기 위해 어떤 과정을 거쳐왔는지를 잊기 쉽다.

출신 배경이 장래를 결정짓지는 않는다

우르술라 번스, 오프라 윈프리

맨해튼 로어 이스트 사이드의 빈민가에서 자란 우르술라 번스는 어릴 적부터 엄마에게서 "네가 자라는 곳이 너의 장래를 결정짓지는 않는단다"라는 말을 수없이 들었다. 우르술라는 제록스의 CEO가 되었고, 포천지 선정 500대 기업을 이끄는 미국 최초의 흑인 여성이 되었다. 그녀는 이제 어려운 가정에서 자라 위대한 미래를 꿈꾸는 사람들의 중요한 롤 모델이다.

   우르술라는 자신의 성공 비결을 성별이나 인종이 아니라 업무 능력 덕분이라고 말한다. 그녀는 제록스의 엔지니어링 분야에서 거의 30년 동안 눈부신 재능을 발휘했다. 그녀는 자기가 가진 혁신적인 사고력은 자신의 독특한 삶에서 우러나오는 것이라는 말을 내게 했다. 그녀는 제록스에서 일하는 다른 대부분의 임원들과는 전혀 딴판인 삶을 살아왔다. "정상적인 것과는 거리가 먼 곳 출신이다 보니 어떤 문제나 기회에 대해 비정상적인 방식으로 접근하는 게 내게는 자연스러운 일이 되었어요." 그녀는 이렇게 말했다. "나는 맨해튼 로어 이스트 사이드에서 홀어머니와 함께 자랐어요. 내게는 그게 정상적인 것이었지요. 우리 업계의 지도자들 대부분은 나와 다른 배경을 갖고 있습니다. 그래서 내가 가진 독특한 시야가 내가 하는 일에 도움이 됩니다. 나는 자신이 처하게 되는 상황을 항상 이런 식으로 받아들입니다. 그리고 제록스는 개성을 존중하기 때문에 나 같은 사람이 일하기에 정말 멋진 곳입니다." 우르슐라는 제록스가 이미 1960년대부터 앞장서서 종업원들의 다양성을 중시하는 프로그램을 도입했다는 사실을 가리켰다. 그리고 그녀는 그 프로그램의 혜택을 보았다. 지금은 제록스의 간부 가운데 3분의 1이 여성인데, 이는 미국내 업계에서는 대단히 놀라운 숫자이다. 우르슐라는 다양성을 다양한 배경을 가진 사람들의 인생 경험이 합쳐지는 것으로 받아들인다. 그래서 그녀는 다양성이 회사의 겉모습은 물론 잠재능력까지 강화시켜 준다고 믿는다. 자신의 뿌리, 그리고 그 뿌리와 관련된 여러 불리함을 자기가 맞서 싸워야 할 상대로 보는 게 아니라, 성공으로 나아가는 길에 자신의 장점으로 받아들이는 것이다.

오프라 윈프리 역시 자신의 가치를 통해 성공의 비결을 발견한 여성의 모범적인 사례로 단연 돋보이는 사람이다. 현재 폭스 네트워크에서 일하는 데니스 스완슨은 ABC의 시카고 방송국 사장으로 일할 때 오프라를 '발굴해낸 사람'으로 유명하다. 그는 젊은 시절의 오프라에 대해 내게 말하기를, 당시 그녀는 전통적인 TV의 틀에는 맞지 않았다고 했다. 처음에 뉴스 읽는 일을 맡겼더니 제대로 되지 않았다. 어색하고 뻣뻣했으며, 한마디로 영 어울리지가 않았다. 하지만 데니스는 그녀에게서 다른 가능성을 보았다. 그리고 이렇게 주문했다. "오프라, 지금부터 텔레프롬프터를 보지 말아요. 자연스럽게 당신 내면에 들어 있는 것을 그대로 보여주도록 해봐요." 그녀는 그 말대로 했고, 단번에 모두를 압도해 버렸다. 오프라는 자기 자신을 있는 그대로 보여줌으로써 순식간에 성공을 거두었다.

자신의 뿌리를 인정하고 자신에게 충실하는 것은 강력한 기반이 된다. 이 책을 쓰는 동안 내가 만나서 이야기를 나눈 성공한 사람들은 하나같이 이 점을 이야기했다. 나는 그들의 출신 배경을 다 안다. 나도 그들과 마찬가지이기 때문이다. 베이 리지에서 어린시절을 보내면서 나는 내 얼굴이 방송 프로그램 안내에 나올 줄은 꿈에도 생각지 못했다. 정계, 금융계, 학계의 지도자들이 내가 거는 전화를 받아 주고, 나와 만나고, 내 의견을 묻는 날이 올 줄은 정말 상상도 못했다. 유치원 교실에 앉아서 내가 꾼 꿈은 텔레비전에서 일하는 게 아니었다. 하지만 우르슐라 번스처럼 나의 삶도 부모님과 선생님들이 계속해서 보내 주신 다음과 같은 메시지가 만들어냈다. 그 메시지는 바로 "출신 배경이 너의 장래를 결정짓지는 않는다"는 것이었다. 그리고 그것 못지않게 중요한 것은 지금의 성공을 어떻게 이루었고, 자신이 어디서 왔는지를 절대로 잊지 않는 것이다. 출신 배경은 내게 아주 특별한 의미를 지닌다. 나는 이탈리아계 미국인이라는 나의 뿌리를 정말 자랑스럽게 생각한다. 근면을 소중하게 생각하는 우리의 가치관이 성공의 토대가 되어 주었기 때문이다. 아무리 일이 바쁘고, 출장으로 바쁜 와중에도 우리 커뮤니티의 일을 소홀히 하지 않으려고 애쓰는 것도 바로 이런 이유에서다. 내가 물려받은 유산을 사랑하기 때문에 컬럼버스 데이 주말 퍼레이드와 갈라 축제의 사회는 웬만하면 내가 맡아서 진행한다.

자신의 개성을 믿어라
골디 혼, 메리 하트, 허브 켈러허, 빌 포드

연예계 사람들과 이야기를 하다 보면 가끔 숨어 있는 걱정거리를 들을 수 있다. 여성들이 특히 더 그런데, 자기보다 더 젊은 여성들이 뒤쫓아 오는 것을 보면 자기는 유통기한이 다해 간다는 기분을 늘 갖게 된다는 것이다. 지금 누리는 인기를 더 이상 누릴 수 없게 되는 종착점이 다가온다는 느낌을 갖고 사는 셈이다. 이러한 심리상태는 우리 문화에 만연해 있으며 연예계에만 국한된 것도 아니다. 나는 정말 많은 여성들로부터 영감을 받았는데, 그중에서도 골디 혼과 메리 하트 두 사람을 특히 꼽고 싶다. 두 사람은 엄청난 부담감 속에서도 놀라우리만치 냉정을 유지했다.

골디는 몇 년 전 포천 매거진이 주최한 '비즈니스계의 가장 강한 여성들' 연례 회의 때 만났다. 그녀는 영감으로 가득찬 연설을 하는 사람 가운데 한 명인데, 나는 그녀가 지도하는 요가 교실에도 가입해 봤다. 우리는 금방 죽이 맞아 이메일도 주고받고 틈만 나면 만나고 하면서 친하게 지냈다. 골디는 함께 있으면 상대의 기분을 좋게 만들어 주는 사람으로 63세인 지금도 젊음과 긍정적인 사고방식이 넘쳐난다. 한번은 저녁을 함께 하면서 이렇게 물어보았다. "당신보다 더 젊고 싱싱한 얼굴들이 당신 자리를 넘보는 할리우드에서 성공한 사람의 자리를 계속 유지하는 비결이 무엇인가요?" 그녀는 웃으며 이렇게 대답했다. "내가 했던 영화 대사 한 대목이 생각나는군요. '모두들 내 자리를 차지하려고 해.' 그게 무슨 영화였더라?"

영화를 너무 많이 찍다 보면 어떤 영화였는지 일일이 다 기억할 수가 없다. 그래서 무슨 영화였는지 내가 알려 주었다. "조강지처 클럽First

Wives Club이에요." 내 말에 우리는 같이 웃었다. 그런 다음 골디는 표정을 고치며 이렇게 말했다. "마리아, 그건 아주 간단해요. 내 뒤를 따라오면서 결국에는 '나를 밀어내고' '내 자리를 대신 차지하게 될' 사람들이 많이 있어요. 하지만 그런 건 아무 상관없어요. 나는 그저 지금 내가 하고 있는 일에 관심을 집중할 뿐이에요. 그건 내맘대로 할 수 있는 일이니까요." 그녀는 자신의 처지를 편안한 마음으로 받아들인다. 뒤를 돌아보기 시작하는 순간 앞에 가는 것과 충돌하게 된다는 것을 그녀는 안다. 그녀는 자기가 좋아하는 영화만 찍는다는 고집 때문에 7년 동안 영화를 단 한 편도 찍지 않은 적이 있다. 대본도 정말로 자기 마음에 드는 것만 골라서 읽는다. 그녀는 26년간 함께 살아온 남편 커트 러셀을 비롯해 세 자녀인 케이트, 올리버, 와이어트와 함께 아주 단란한 가정을 꾸리고 있다. 또한 아이들의 정서적인 건강과 복지 증진을 목적으로 하는 재단도 설립했다. 내가 아는 골디를 한마디로 표현하자면 이렇다. 그녀는 자신에게 충실함으로써 항상 행복한 삶을 누리는 사람이다. 자기 자신을 좋아하며, 자기 아닌 다른 사람이 되려고 하지 않는다.

58세의 메리 하트는 멋있고, 강하고, 자상하다. 그녀는 지금도 엔터테인먼트 투나잇의 인기 진행자로 활동하고 있다. 최근 메리에게 이런 말을 했다. "이토록 오래 이 일을 하신다는 게 정말 믿겨지지가 않네요. 연예계라는 게 워낙 젊은 사람 중심으로 굴러가는 곳인데 말이에요. 솔직하게 말해 보세요. 얼마나 많은 젊고 예쁜 금발들이 당신 자리를 넘보고 있나요?" 내 말에 웃으면서 그녀는 이렇게 말했다. "항상 더 젊고, 싱싱한 애들을 눈앞에 들이밀어서 우리를 흔들려고 하지요. 나는 그런 데 개의치 않습니다. 그저 내가 하는 일을 할 뿐입니다. 시청자들이 그걸 알고, 그리고 새로 오는 사람들은 내가 아니잖아요. 나라는 사람은 나 한 명뿐이지요!" 정말 정곡을 찌르는 말이었다. '나는 나 한 명뿐이다.' 여러분이 갖고 있지 못한 자질을 갖춘 사람들은 있기 마련이다. 하지만 여러분이 자기 자신에 대해 편안한 마음을 갖고, 자기가 가진 특별한 자질을 소중하게 생각한다면, 다른 어떤 사람도 여러분을 대신할 수 없는 것이다.

자기 자신이 되라는 충고에 대해 회의적인 생각을 가질 수 있다는 것은 나도 안다. 예를 들어 여러분이 이제 갓 일을 시작한 초년생일 때, 특히 큰 기업에서 일하게 된 경우에는 그런 생각이 들 수도 있을 것이다. 잭 웰치가 GE를 이끌던 시절에 사람들이 그를 높이 평가한 이유 가운데 하나는 그가 개인의 창의성을 엄청나게 중시했다는 점이다. 그는 어떤 참신하거나 혁신적인 일을 한 사람이 있으면 개인적으로 쪽지를 보내는 것으로 유명했다. 나는 그의 쪽지를 몇 차례 받아 보았는데 그걸 받으면 정말 자신감이 솟구쳤다. 하지만 그는 그 쪽지가 사원들의 사기를 북돋우기 위한 전술은 아니라고 내게 말했다. "쪽지는 받는 사람들에게 자극을 주는 것과 마찬가지로 쪽지를 쓰는 나 자신도 자극을 받습니다." 그는 자신의 역할을 오케스트라 지휘자에 비유했다. "오케스트라에는 바스도 있고 바이올린도 있지요." 그는 이렇게 말했다. "지휘자가 할 일은 단원 한 명 한 명에게 자유롭게 기량을 발휘하도록 맡겨주면 더 잘할 수 있다는 자신감을 갖도록 도와주는 것입니다."

카리스마가 넘치는 사우스웨스트 에어라인의 공동 창업주인 허브 켈러허는 개성 존중의 문화를 중시한 사람으로 평가를 받는다. 그는 그것을 이렇게 간단한 말로 설명했다. "우리는 사원들에게 이렇게 말합니다. '자기만의 개성을 발휘하라. 즐겨라. 겁먹지 말고 하고 싶은 일을 하라. 우리가 여러분을 채용한 것은 여러분이 여러분 자신이기 때문이다. 우리는 로봇이나 오토마톤처럼 일하는 여러분을 보고자 하는 게 아니다. 우리는 직장에서 여러분이 여러분 자신이기를 바란다.'" 이 말은 이 항공사의 승리 방정식이 되었다.

자신의 모습에 충실하고, 자신의 진면목이 어떤 것인지 파악하려면 힘든 노력이 필요할 수 있다. 빌 포드 회장과 인터뷰했을 때 나는 그가 가문의 훌륭한 유산을 이어받았지만, 포드 가문 출신이라는 점과 가문의 전통 때문에 겪는 어려움도 많다는 말을 듣고 놀랐다. 그는 자신의 정체성을 세우고, 또한 물려받은 기업에 자신의 고유한 인상을 심기 위해 힘든 노력을 해야만 했다. 그는 자신에게 "어떻게 하면 회사에 나만의 독창적인 기여를 할 수 있을까?" 하는 질문을 수없이 반복해야만 했다. 그는 단순한 관리자로 머무는 데는 관심이 없었다. 그는 친환경 기술을 공격적으로 추진한 최초의 미국 자동차 회사 대표가 되었다. "나는 평생 환경론자로 살아 왔습니다." 그는 내게 이렇게 말했다. "포드 자동차에서도 처음 30년간은 숱하게 싸웠습니다. 실제로 처음 포드의 임원이 되었을 때는 유명한 환경론자나 그런 부류의 사람들과 어울리면 안 된다는 말을 들었지요. 그 말에 나는 '무슨 소리냐. 나는 그렇게 못해'라고 잘라 말했지요. 사람들이 나보고 볼셰비키 같은 면이 있다고 하는 말을 많이 들었어요." 극심한 반대에도 불구하고 빌 포드는 소신을 굽히지 않았다. 그렇게 해서 오랜 전통의 루즈 공장을 지상에서 가장 친환경적인 공장으로 탈바꿈시켰고, 미국 최초의 하이브리드카 에스케이프를 개발했다. 사람들의 반대를 무릅쓰고 자신의 소신을 지킴으로써 빌 포드 회장은 오랜 전통의 자동차 회사에 지워지지 않을 업적을 남겼다.

　성공한 비즈니스 리더들은 사람을 냉정하게 '인적 자원'으로만 보는 게 아니라, 개개인의 독특한 스타일과 열정, 그리고 삶에 대한 각자의 태도가 정말로 중요하다는 사실을 안다. 일단 이런 점을 이해한다는 것은 이전에 누구도 밟아 본 적이 없는 장소에 가고, 이전에 존재하지 않았던 기회를 생각해 낼 수 있는 면허를 손에 쥔 것과 마찬가지다.

지난 시간에 연연해하지 마라

콘돌리자 라이스

콘돌리자 라이스와는 그녀가 국무장관을 할 때도 그랬고, 국무장관을 그만둔 다음에도 가끔 만나 같이 시간을 보낸다. 그녀는 아주 인상적인 여성이다. 똑똑하고, 자신감에 넘치고, 국제적인 사고방식을 갖고 있다. 하지만 콘디가 그처럼 성공하게 된 가장 큰 요인은 자신의 출신을 한번도 잊은 적이 없기 때문이다. 그녀는 보잘것없는 집안 출신이다. 부모들이 두 개로 나누어진 세상을 오가며 살아야 했던 앨라배마 주 버밍햄에서 그녀가 보낸 어린시절 이야기를 들으면 가슴이 찡해진다. 그녀의 부모들은 인종차별이 최악이던 시절을 그곳에서 보냈다. 하지만 그런 와중에서도 그들은 교육을 받았고, 변화의 기류를 앞서서 감지한 사람들이었다. 그들은 딸 콘디를 낡은 세상이 아니라, 아직 도래하지는 않았지만 앞으로 다가올 새로운 세상에서 살도록 키웠다. 한마디로 그들은 믿음을 갖고 딸을 키웠으며 그 믿음은 보상을 가져다주었다. 콘디는 부모가 자신에게 베풀어 준 사랑과 지지, 그리고 자신을 그런 식으로 키워 준 데 대해 한없이 감사했다. 그 사랑과 지지는 그녀를 단단히 잡아주는 동시에 날아오르도록 해준 힘이 되었다.

그녀가 장관직에서 물러나기 직전에 인터뷰를 가졌는데, 앞으로 자신의 신분 변화에 어떻게 대처할지 궁금해서 물어보았다. 나는 항상 행정부의 고위직에 있다가 평범한 시민으로 돌아가는 사람들을 보면 그 기분이 어떨지 궁금했다. 분명히 힘들 것이라고 생각했다. 외국 지도자들을 만나고, 국가의 미래를 비롯해 여러 사람들에게 엄청난 영향을 미치는 정책 결정을 내리다가, 하루아침에 갑자기 자기가 아닌 다른 사람이 그 일을 대신하는 것을 지켜보는 처지가 되는 것이 아닌가. 그녀는 부시 행정부에서의 일이 끝나는 것에 대해 느끼는 점이 많다는 사실은 인정했다. 하지만 국무장관이 자신의 정체성을 나타내는 유일한 직책은 아니라는 점을 분명히 했다. 항상 그랬던 것처럼 그녀는 자신의 정체성과 열정을 그대로 갖고 있었다.

그녀는 내게 이렇게 말했다. "나의 본분은 교육자입니다. 나는 무엇을 변화시키는 교육의 힘을 믿는 사람입니다. 지금까지 그런 사실을 절감하며 살았습니다. 나는 교육이야말로 보다 나은 삶으로 나아가는 통로라는 사실을 알고 있습니다." 재임 시절의 일을 회고하면서 그녀는 이렇게 말했다. "미국의 가장 위대한 점은 여러분이 정말 보잘것없는 상황에서 출발하더라도 정말 멋진 일들을 할 수 있는 나라라는 점입니다. 하지만 그것도 교육의 혜택이 없이는 불가능합니다."

앞으로 콘디는 교육의 기회를 강화하는 일을 할 계획이다. 하지만 그녀는 그것을 정부에서 하던 것과 전혀 다른 길을 가는 것이라고 생각지 않는다. 사실 그녀는 원래 자기는 정치인이 아니라는 점을 분명히 말했다.

내가 콘디의 말에서 무엇보다도 감동을 받은 것은 자기가 나아가는 여정의 다음 단계에 대한 열정, 그리고 자신의 정체성에 대한 강한 확신이었다. 그녀는 자신이 놓인 상황이 바뀐다고 그것을 삐걱거리는 불협화음으로 받아들이지 않는다. 지난 일에 연연해하지 않는다. 제대로 교육받은 피아니스트답게 콘돌리자 라이스는 한 동작에서 다음 동작으로 넘어가는 전환에 한치의 오차도 없다. 자기 인생의 매 단계가 심포니 전체를 이루는 일부분이라는 사실을 알고 있는 것이다.

자기 일처럼 하라

마틴 소렐, 크리스 가드너

어떤 회사의 주인은 아닐지라도 여러분은 모두 자기 인생의 주인이다. 지금 하는 일이 정말 하고 싶은 일이 아닐 수도 있다. 하지만 여러분은 매일 그 일을 열심히 자기 일처럼 해야 하고, 자기가 하는 일이 중요한 결과를 낳는다는 사실을 알아야 한다. 나는 일찍부터 그러한 가르침을 배웠다. 고교시절에 나는 신부 용품점에서 일을 했는데 툭하면 드레스를 입고 거울 앞에 서서 혼자 중얼거렸다. '좋아, 지금은 비록 돈을 벌기 위해 무거운 드레스를 나르고 있지만, 언젠가는 내 결혼식날 이런 드레스를 입고 뽐낼 거야. 생각만 해도 신나네.' 나는 그 일을 진지하게 생각하지 않았고, 그저 시간만 때우려고 했다. 드레스도 입어 보고 하면서 마음은 딴 데 가 있었던 것이다. 하지만 내게는 중요한 일이 아니었을지 몰라도, 그 일은 고객들에게는 매우 중요한 일이었다. 결국 쫓겨나게 되었는데, 나는 너무 놀랐다. 그리고 울면서 생각했다. 어떻게 나를 쫓아낸단 말이야? 답은 간단했다. 그들은 그저 시간만 때우는 게 아니라 그 일을 자기 일처럼 해줄 사람이 필요했던 것이다.

나는 내가 진행하는 쇼의 작가들에게 항상 이렇게 말한다. "여러분이 써서 방송에 내보내는 말들은 많은 사람들에게 영향을 미칠 것입니다. 사람들은 그 말들을 기초로 해서 중요한 결정을 내리게 됩니다. 이 점을 절대로 잊어서는 안 됩니다." 나는 시간이나 때우려는 사람에게는 절대로 일을 맡기지 않는다. 자기 일처럼 그 일을 할 사람을 찾아서 맡긴다.

영국 기업인으로 세계 최대 광고회사인 WPP 그룹의 회장 마틴 소렐 경과 인터뷰를 했는데, 그는 자기 일처럼 하는 게 어떤 의미를 갖는지에 대해 이런 이야기를 해주었다. 그는 비교적 늦은 나이에 그걸 절실히 깨달은 사람이다. "나이 사십에 권태기 같은 것을 겪었지요. 그동안 내가 해온 일과, 하고 싶었던 일이 무엇이었는지를 되돌아 보고는 내 사업을 시작하기로 결정을 내렸어요." 그는 이렇게 설명했다. "일단 다른 사람 두 명과 방 하나짜리 사무실에서 WPP를 시작했어요. 심리적으로나 정서적으로 남자가 애 낳는 것과 비슷할 정도로 힘들었어요. 그리고 그게 바로 성공의 열쇠였습니다. 회사 설립자가 갖는 사업에 대한 집착과 사랑, 열정이 그랬다는 말입니다. 자기가 하는 일에서 즐거움을 느낄 때 여러분의 인생은 가장 성공한 것입니다. 케케묵은 말로 들릴지 모르나, 만약에 돈벌이만 생각하고 일을 시작한다면 성공하기 어렵다는 게 내 생각입니다. 하지만 자기가 하고 싶은 일, 꿈꿔 온 일을 시작했다면 이야기가 달라집니다. 나는 그런 일을 하려고 사표를 썼습니다. 평생 그렇게 하고 싶은 일을 하면서 살겠다면 여러분의 성공은 이미 보장된 것이나 다름없습니다. 나는 백만 달러나 억 달러, 십억 달러를 번다고 무조건 성공한 삶이라고 생각하지 않습니다. 그건 단지 숫자일 뿐입니다. 여러분도 자기 일처럼 할 때가 제일 편안할 것입니다. 나는 창업자입니다. 여러분도 창업자의 입장이 되면 자기가 하는 일에 누구보다도 애착과 애정, 열정을 가질 것입니다. 남의 회사에 취직해서 출퇴근하는 것이 아니라, 하루 24시간 일주일에 7일 일하는 곳이고 모두가 내 일입니다. 나는 뉴 미디어의 도전을 좋아하고, 소비자들이 보여주는 통찰력을 좋아하며, 밑바닥에서부터 사업체를 키워나가는 일이 좋았습니다." 두 사람과 함께 시작한 마틴 경의 회사는 지금 종업원 13만 3000명에 시장가치가 70억 달러에 이르고, 전 세계 106개국에서 활동하는 기업이 되었다.

"아주 멋있게 표현하자면 이렇습니다." 마틴 경은 이렇게 덧붙였다. "영국의 유명한 축구감독인 빌 샌클리는 리버풀 감독 시절 '축구는 죽느냐 사느냐의 문제가 아니다. 그보다 더 중요하다' 라는 말을 자주 했습니다. 사실입니다. WPP도 내게는 죽느냐 사느냐의 문제가 아니라 그보다 더 중요한 문제입니다. 우리 회사에서 일어나는 모든 일은 바로 내 일이기 때문입니다."

가드너 리치 앤드 컴퍼니의 CEO인 크리스 가드너도 이런 정신으로 일하는 사람이다. 그의 감동적인 이야기는 윌 스미스가 주연한 영화 '행복을 찾아서' The Pursuit of Happyness의 소재가 되기도 했다. 그는 고전하는 세일즈맨에서 시작해, 노숙자 신세를 거쳐 마침내 자산 규모가 수백만 달러에 달하는 투자회사를 시카고에 세웠다. 그러는 동안에 그는 항상 아들 곁에 있겠다고 한 약속을 한번도 어기지 않았다. 여러 번의 파산을 겪으며 노숙자가 되기도 했다. 월스트리트에 있는 회사들을 모조리 찾아다니며 면접을 보았지만 번번이 퇴짜를 맞다가 간신히 딘 위터의 연수생 프로그램에 들어갔는데, 물론 눈에 띄는 우수한 연수생도 아니었다. 마땅히 머물 집도 없었다. 이렇게 물어보았다. "딘 위터 연수생 프로그램에 있을 때 당신의 어려운 처지에 대해 아는 사람이 있었나요? 회사 책상 밑에 들어가 밤을 새우는 날이 하루 이틀이 아니었다는 사실을 사람들이 알았습니까?"

"아니요." 그는 이렇게 대답했다. "그 사람들이야 알 필요도 없었지요. 그 사람들이야 내가 매일 제때 출근해서 일만 하면 그뿐이었지요. 나는 매일 출근해서 소매 중개인 일을 하며 그 일을 시작했습니다. 그 일이란 모두 숫자를 다루는 것입니다. 다시 말해 하루에 2백통의 전화를 하는 것이지요. 나는 전화기를 들 때마다 내가 빠져 있던 구덩이에서 빠져나와 우리 아이들에게 더 나은 삶을 만들어 주고 있다는 생각을 했습니다."

성공의 비결을 묻자 그는 이렇게 말했다. "하늘에 맹세코 솔직히 말한다면, 절대적으로 사랑하는 일을 찾는 것입니다. 너무 설레는 나머지, 어서 일하러 나가고 싶어서 아침 해가 솟을 때까지 기다릴 수 없는 일을 말합니다. 부富의 의미를 규정짓는 데 있어서 돈은 정말 아무것도 아닙니다. 지금 내게 한 가지 문제가 생겼는데요, 마리아. 세계 제일의 부자들 가운데 몇 명은 겪고 있지 않은 문제입니다. 그건 바로 하루 종일 미소를 지으며 다니다 보니 밤에 얼굴 근육이 아파 잠을 제대로 잘 수 없다는 것입니다."

고정관념을 버려라
메레디스 휘트니, 소냐 소토마이어

남성들이 지배하는 금융업에서 여성 리포터로 일하는 게 어떠냐는 질문은 아마 천 번도 더 들었을 것이다. 좋은 질문이다. 뉴욕증권거래소의 플로어를 한 바퀴 돌아 보면 짙은 색 정장 차림의 남자들 바다 위에 여성은 불과 몇 명밖에 눈에 띄지 않는다. CNBC의 어떤 동료는 이런 조크를 했다. "증권거래소에서 일하는 여성의 99%는 우리한테 호의적인 것 같아." 월스트리트에서 여성이 일하는 데는 어려움이 있는 게 사실이다. 하지만 나는 항상 그 가운데서도 얼마든지 잘해 나갈 수 있고, 즐거운 마음으로 도전해 나갈 수 있다는 믿음을 갖고 일해 왔다.

나는 가장 예리한 금융 애널리스트 가운데 한 명으로 손꼽히는 메레디스 휘트니가 취하는 방식을 좋아한다. 그녀는 오펜하이머 펀드의 매니징 디렉터를 지냈고, 지금은 자신의 이름을 딴 메레디스 휘트니 어드바이저리 그룹이라는 회사를 직접 세워 운영하고 있다. 메레디스는 흐름을 앞서 읽어내는(그리고 그것을 입 밖에 내는 배짱도 지닌) 신비한 능력의 소유자로 많은 사람들과 다른 소수 의견을 내는 것을 두려워하지 않는다. 시티그룹을 비롯해 많은 은행들이 어려움에 처하게 될 것이라는 예견을 남들보다 먼저 내놓았으며, 금융시장 붕괴로 그 예견이 맞아들어가기 전까지는 엄청난 욕을 먹어야 했다. "이 분야에서 여성으로 일한다는 것은 말입니다." 메레디스는 내게 이렇게 말했다. "훌륭한 아이디어가 있고, 사람들에게 돈을 벌게만 해준다면 아무리 박색이라도 상관이 없어요." 그건 맞는 말이다. 나처럼 그녀도 일에만 집중하고, 남이 뭐라고 수군거리든 신경쓰지 않는다. "결국 중요한 것은 열심히 일하고, 기회가 오면 두려워하지 않고 잡아채는 자세입니다." 그녀는 이렇게 말을 이었다. "시장 상황이 좋지 않으면 사람들은 훌륭한 조사 보고서를 더 보고 싶어 합니다. 나는 그걸 만들기 위해 쉬지 않고 일했어요. 나는 잠을 많이 자지 않습니다. 쇠는 달았을 때 쳐야 하니까요."

  그렇다고 여자들은 업무만 알고, 기분전환할 시간도 가질 필요가 없다는 말은 아니다. 사람들은 가십, 특히 사람의 외모를 가지고 하는 가십을 좋아한다. 하지만 자기가 맡은 업무에 대해 제대로 모르면 아무것도 이룰 수가 없다. 잘생긴 외모는 기회의 문을 열어 주기도 한다. 미디어나 연예 분야에서 일하는 경우에는 특히 더 그렇다. 하지만 여러분을 그 자리에 계속 머물 수 있도록 해주는 것은 지식, 경험, 그리고 업무에 대한 성실성 같은 요소들이다. 여성을 외모로 판단하는 것은 어떤 집단을 칸막이해서 분리하는 것과 마찬가지다. 2009년에 소냐 소토마이어가 미국 최초의 라틴계 연방대법관으로 발탁되었을 때의 이야기를 예로 들어 보자. 당시 내셔널 어번 리그의 회장 겸 CEO인 마크 H. 모리얼은 소토마이어 판사가 연방대법관으로 지명된 데 대해 내게 흥미로운 코멘트를 해주었다. 그것은 역사적인 의미를 갖는 사건임에 틀림없지만, 수백만 명에 달하는 어린이들에게 삶의 출발점이 어디에서 시작되었건 자기들도 열심히 노력하면 꿈을 이룰 수 있다는 희망을 준 것은 그녀의 인종적인 배경이나 여성이라는 점이 아니라는 것이었다. 그것은 바로 소토마이어 판사가 보여준 뛰어난 학업성적, 법률적인 전문성, 판사로서의 탁월한 업무수행 능력이라는 말이었다.

나는 비즈니스 뉴스 분야에서 스스로 여러 가지 장벽을 극복해 냈다는 사실을 자랑스럽게 생각한다. 하지만 그것은 나의 외모나 성별 때문이 아니라 열심히 일하고, 열심히 공부한 때문이었다. 열심히 갈고닦고 열심히 취재했다. 끝. 그게 전부다.

자기에게 맞는 성공의 척도를 만들어라
오프라 윈프리의 몸무게

성공의 의미는 사람마다 다르다. 그렇기 때문에 각자 자신에게 있어서 성공의 의미는 무엇인지 생각해 보아야 한다. 오프라 윈프리가 체중이 자꾸 늘어서 자신에게 얼마나 실망하고 있는지 모른다고 하는 글을 읽었다. 이 말을 듣고 당장 이런 반응을 나타내는 사람들이 있을 것이다. 잠깐, 무슨 소리야. 그녀는 오프라가 아닌가. 세상에 남부러울 게 없는 사람이 무슨 소리야. 그런 사람이 자신의 성공을 재는 척도로 몸무게를 이야기한단 말이야? 맞는 말이다. 오프라의 성공을 재는 척도는 몸무게 말고 다른 게 얼마든지 있다. 하지만 나는 그녀의 기분을 이해할 수 있다. 전 세계 시청자들 앞에서 체중이 몇 킬로그램 느는 게 어떤 기분일지 분명히 알 것 같다. 우리는 모두 스스로를 평가하는 어떤 척도들을 갖고 있으며, 오프라는 체중을 자신의 성공을 재는 척도 중 하나로 생각하는 것이다. 그날 하루 보람있게 보냈는지에 대한 판단은 자기 자신만이 내릴 수 있다.

스스로 자신의 성공 여부를 측정할 때 적용해 볼 수 있는 유용한 방법 한 가지를 소개한다. 자기 운명의 주인은 자기 자신이라고 할 때, 성공에 대한 자신의 개인적인 척도는 무엇인지 스스로 한번 물어보라. 그 물음에 답할 수 있다면 아무리 힘든 일이 닥쳐도 그 기준이 여러분을 지탱해 줄 수 있을 것이다.

성공의 척도를 따질 때는 두 가지 핵심적인 요소를 염두에 두어야 한다. 첫째는 실현 가능한 것이어야 한다. 만약에 키가 160cm 정도인 사람이 '내가 만약 NBA에서 뛰게 된다면 성공한 것으로 생각하겠어'라는 말을 한다면 곤란하다. 다시 강조하지만 자신을 제대로 아는 자각이 중요하다. 두번째 요소는 그 척도는 가능한 한 자기 자신의 것이어야 한다는 점이다.

성공의 척도가 어떤 것인지 정해지면 그것을 적어놓는다. 주말마다 그것을 보면서 주중에 자기가 한 행동, 태도, 성과가 스스로 판단할 때 최선을 다한 것인지 평가해 본다. 다른 사람의 판단은 신경쓰지 말고 자신의 내면으로 눈을 돌린다. 이것을 매주 습관처럼 되풀이하다 보면 조만간 제 2의 천성이 될 것이다.

살다 보면 골대의 위치가 여러 번 바뀌게 될 것이다. 하지만 자신이 누구인지 제대로 자각하는 게 중요하다. 그렇게 하면 진정한 나의 모습은 무엇이고, 내가 진정으로 원하는 것은 무엇인지를 나타내는 중앙 골대는 변하지 않고 유지될 것이다.

2

비전

현실의 마당에 꿈을 심어라

버락 오바마가 보여준 비전

버락 오바마의 취임식에 참석하기 위해 2009년 1월 20일에 나는 워싱턴 D.C.에 가 있었다. 엄청나게 추운 날씨였지만 길거리에 몰려나와 있는 인파들 가운데 있으니 추운 줄도 몰랐다. 모두들 행복하게 미소를 지었고 동지애로 뭉쳐 있었다. 정말 그토록 마음에서 우러나는 낙관적인 분위기는 일찍이 본 적이 없었다. 그날 하루만 따로 떼어놓고 보면 "미국민이라는 게 정말 자랑스러워"라는 말이 나올 만했다. 정치적인 수사가 아니라 자긍심에서 저절로 우러나는 말이었다.

취임식을 지켜보면서 이것이야말로 비전을 가진 리더십이 보여 줄 수 있는 장면이라는 생각이 들었다. 그 멋진 하루가 지나고 곧바로 힘든 현실이 이어졌다. 경제는 곤두박질쳤고 나라는 아직 전쟁 중이었다. 하지만 비전에 의해 이끌려 가는 새로운 행동양식이 온 나라에 자긍심과 결의를 불어넣고 있었다. 비전은 사람을 끌어모은다. 개개인의 정치적 성향에 관계없이 그날은 모든 이들이 동지애로 뭉쳐져 있었다. 그것은 대통령 오바마의 비전이 우리에게 안겨준 희망에 대한 믿음이었다.

성공의 자질로 비전을 꼽는 것은 세계 지도자들에게만 해당되는 게 아니다. 비전은 단순한 수사가 아니며 카리스마보다도 훨씬 더 깊이가 있다. 비전은 여러분을 창조적이고, 열정적이고, 영감에 넘치고, 생산적인 사람으로 만들어 주는 자질이다. 비전은 여러분으로 하여금 한쪽 눈을 미래에 두고, 다른 한 눈으로는 현실의 일들을 지켜보게 한다.

2008년 민주당 경선과정에서 버락 오바마에 대해 유치원에 다닐 때부터 대통령 출마 계획을 세우기 시작했을 거라며 조롱하는 사람들이 있었다. 유치원생이 그처럼 장기적인 일을 계획할 수는 없겠지만, 오바마가 어린시절부터 자신의 인생에 대해 비전을 가졌던 건 분명한 것 같다. 어려운 가정환경에 굴하지 않고 그는 앞을 내다보며 자신이 가고 싶은 곳을 향해 계획을 세워서 나아갔다. 우리도 모두 그렇게 할 수 있다.

비전을 갖고 미래에 대비하라

첼시 설렌버거, 개리 카스파로프, 리뷰 리브레스쿠

또 하나의 잊을 수 없는 사건이 2009년 1월에 있었다. 1월 15일에 뉴욕시를 출발해 노스캐롤라이나의 샬롯으로 향하던 유에스에어웨이 1549편기가 이륙한 지 불과 몇 분 만에 기러기떼와 부딪쳐서 엔진이 완전히 멎는 고장을 일으켰다. 지금은 유명인사가 된 57세의 첼시 (설리)설렌버거 기장은 비행기를 차디찬 허드슨 강에 비상착륙시켰다. 탑승객 모두 안전하게 구조되었기 때문에 그 사건은 허드슨 강의 기적으로 불리게 되었다.

그 사건이 일어나고 며칠 뒤에 나는 개리 카스파로프와 저녁식사를 같이 했다. 그와 나는 거의 십년 전에 어떤 모임에서 만나 줄곧 친한 친구로 지내온 사이다. 그는 사려 깊고, 용기와 멋진 영감으로 내게 끊임없이 감명을 주는 사람이다. 세계 체스 챔피언으로 러시아에서 영웅 대접을 받는 그는 명성을 이용해 조국에서 활발한 정치활동을 했다. 2007년에 푸틴에 반대하는 시위를 하다 체포된 다음에 나는 그를 만나 이렇게 물었다. "왜 러시아에서 목숨이 위태로울 짓을 계속 하고 있어요? 미국에도 집이 있잖아요. 아내와 딸도 여기 있고요. 여기서도 하고 싶은 일은 다 하며 지낼 수 있을 텐데." 그는 간단하게 이렇게 답했다. "마리아, 난 그렇게 할 수밖에 없어요. 조국을 사랑하니까요." 개리는 그런 사람이다.

2009년 1월에 가졌던 그 저녁자리에서 개리와 나는 '허드슨 강의 기적'에 대해 이야기했다. 그는 이런 말을 했다. "설리는 그 순간을 위해 평생 준비해 온 것입니다."

그 말을 듣는 순간 나는 말문이 막혀 버렸다. 얼마나 흥미로운 관점인가. 그것은 의심의 여지도 없이 맞는 말이었다. 설리는 삼십 년 동안 조종사로 일해 왔고, 그 전에는 전투기 조종사였으며, 당시 은퇴를 얼마 남겨 놓지 않은 시점이었다. 그는 평생 무사고 기록을 갖고 있으며 평생 쌓아 온 경험과 노련함, 지혜, 내적인 담력이 한순간에 발휘되었고, 놀라운 결과를 가져온 것이었다. 그런 순간이 오리라고 예상하지도 못했고 미리 대비도 하지 않았지만, 생사의 순간이 닥치자 순간적으로 실력을 발휘했던 것이다.

개리와 식사를 하고 난 한참 뒤까지도 그가 한 말이 귓전에 맴돌았다. 나의 삶은 어떤 일을 준비하고 있을까 하는 의문이 들기 시작했다. 그건 정말 짜릿할 정도로 유쾌한 질문이었다. 모든 사람이 사색해 봐야 할 질문이라는 생각이 들었다. 항공기 조종사, 경찰관, 군인같이 예기치 않은 돌발상황이 생기면 곧바로 행동에 나서야 하는 특별한 직업들이 있다. 하지만 예기치 않은 상황에 대비하고 있다가 일이 닥치면 단호하게 행동에 나서야 하는 것은 모든 사람이 훈련과 일생의 경험을 통해 체득해야 할 중요한 요소다. 언제 위기의 순간이 닥칠지는 아무도 모른다. 2007년 버지니아공대 캠퍼스에서 총기 난사 사건이 일어났을 때 총격범과 학생들 사이에 뛰어든 76세의 리뷰 리브레스쿠 교수가 생각난다. 그는 나치의 홀로코스트에서 살아남은 사람이었다. 그는 학생들의 목숨을 구했지만 자기 목숨은 잃고 말았다. 리브레스쿠 교수는 루마니아의 나치 수용소에서 혹독한 훈련기를 보낸 사람이지만 자신이 가르치는 미국의 대학 강의실에서 그런 폭력사태가 일어날 것을 예상하며 살았는지는 모르겠다. 대부분의 직업은 돌발상황에 대비한 훈련을 받지 않지만, 앞으로는 그래야 될지도 모르겠다.

갑작스러운 사건을 맞닥뜨렸을 때 신속하게 대처하는 능력은 비전의 한 요소다. 비전은 거창하고 고매한 개념처럼 보이는 경우가 많다. 하지만 실제로 비전은 사소한 일에 관한 것이다. 보다 큰 목표를 향해 나아가면서 여러분이 매일매일 최선을 다해 행동에 옮기는 사소한 일들이 바로 비전과 관련이 있다. 여러 인터뷰에서 설리는 자기는 그저 할 일을 했을 뿐이라는 말을 되풀이했다. 하지만 그게 바로 우리의 삶이다. 계획을 갖고 사는 게 바로 비전이다. 비전을 갖지 않은 채 어떤 팀을 맡아서 성공적으로 이끌기는 어렵다.

지혜를 길러 허황된 생각을 몰아내라
위즈덤트리 회장 마이클 스타인하르트

세상은 변했다. 최근에 일어난 금융 위기는 우리를 무방비 상태로 몰아넣었다. 대부분의 사람들이 이 같은 금융위기를 겪어 본 적이 없고, 새로운 현실에 적응하는 데 어려움을 겪고 있었다. 금융 쇼크가 한창일 때 나는 우리 회사에서 최고 높은 위치에 있는 제너럴 일렉트릭 회장 겸 CEO 제프 이멜트씨를 위해 저녁 자리를 마련했다. 미국 전역에서 모인 주요 투자자 20여명이 저녁 자리를 같이했다. 모두들 전대미문의 어려운 경제위기와 마주하고 있었다. 나는 그들이 어떤 생각을 하고 있고, 또한 앞으로 어떻게 될 것이라고 예상하고 있는지 알고 싶었다. 말할 필요도 없이 테이블에서는 활발한 대화가 오갔지만 대화의 주조는 이미 들어서 잘 아는 내용들이었다. 어떤 사람은 시장이 오르락내리락 거듭하겠지만 결국에는 안정을 찾을 것이라는 말을 했다. 또 어떤 사람은 장기간 기다려야 될 것이라는 의견을 내놓았다. 하나같이 과거에 시장 상황이 요동칠 때마다 전문가들이 내놓았던 의견들이었다.

바로 그때 유명한 투자자로 헤지펀드 매니저이며 자선사업가인 마이클 스타인하르트가 나지막한 목소리로 입을 뗐다. 우리 남편이 다니는 위즈덤트리의 회장이기도 한 사람이다. 그는 조용조용 이야기했으나 앞서 나온 어떤 말들보다도 큰 반응을 이끌어냈다. 그는 이렇게 말했다. "우리가 하는 말들 가운데서 지혜는 보이지 않는군요. 우리는 지금 과거에 경험한 적이 없는 힘든 시기를 보내고 있습니다. 이 위기는 과거에 겪었던 일들과는 질적으로 다른 것입니다. 그러니 해결책도 같을 수가 없을 것입니다. 전혀 다른 성질의 일을 놓고 우리는 지금 어떤 해결책을 구하고 있는가요? 과감하게 고정관념의 틀을 깨는 '아웃사이드 더 박스' outside-the-box 사고는 어디 있나요?"

테이블에 앉은 모든 사람은 마이클 회장의 말에 입을 다물었다. 그 다음부터 대화의 분위기는 마이클 회장이 한 말에 따른 해법 찾기로 바뀌었다. 그 저녁식사 자리에서 어떤 새로운 해법이 제시되었다고 할 수는 없지만, 마이클 회장 덕분에 우리는 적어도 계속 낡은 전제에 기대는 대신 새로운 현실을 놓고 고민하기 시작했다.

곰곰이 생각해 보니 나 역시 낡은 패러다임을 가지고 이 금융위기를 이해해 보려고 고민하고 있었다는 사실을 깨달았다. 나는 경력의 대부분을 강세 시장을 지켜보며 보냈기 때문에 이 새로운 현실은 완전히 생소한 것이었다. 내가 일한 대부분의 기간 동안 자유 시장 자본주의는 잘 굴러갔다. 내 경험으로는 큰 위기가 닥치면 낡은 룰은 더 이상 쓸모가 없어진다는 사실을 받아들이기가 매우 어려웠다. 그래서 나는 친숙한 가정들을 뛰어넘어야 한다고 자신을 다그쳤다.

역설적이지만 변화의 시기에는 새로운 비전이 필요한 것과 마찬가지로 역사의 교훈도 되새겨봐야 한다. 사람의 기억이란 얼마나 짧은가! 위기가 끝나면 우리는 순식간에 편안한 옛날 방식으로 되돌아간다. 허리케인에서 간신히 살아남은 사람이 다시는 허리케인이 오지 않을 것이라고 생각하는 것과 마찬가지다. 1999년 이래 우리는 닷컴 버블과 유가 버블, 주택가격 버블, 금융 버블 등 네 번의 버블 붕괴를 지켜보았다. 매번 충격을 받으면서도 우리가 과연 제대로 교훈을 얻은 적이 있었던가? 매번 위기의 근원이 무엇인지 충분히 파악했던가? 주택가격의 경우를 한번 보자. 주택가격이 치솟을 때는 모두가 미국 전역의 도시들 위로 요정의 가루가 반짝이기라도 하는 듯이 생각했다. 가격은 계속 올랐다. 하지만 왜? 더 좋은 도로가 들어서나? 더 좋은 학교가 들어서나? 아니면 집들이 더 좋아졌나? 아니었다. 그건 순전히 투기 바람 때문이었다. 주택가격이 서서히 회복되고 있는 지금 흐름이 또다시 뒤틀리는 걸 막으려면 어떻게 해야 할까? 한 가지 확실한 방법은 개개인이 허황된 속임수를 버리고 지혜롭게 현실적인 선택을 하는 것이다. 저명한 국제 투자자이고 금융 해설가인 짐 로저스는 내게 이런 말을 한 적이 있다. "항상 반대 의견을 내는 사람이 되려고 노력해야 합니다. 다수가 말하고 행동하는 것에 의문을 갖도록 하세요." 2008년의 금융 위기와 그 전의 닷컴 버블 붕괴를 생각해 보면 두 가지 공통점이 있다는 사실을 알 수 있다. 두 경우 모두 장기간에 걸쳐 행복에 도취된 기간이 지난 다음 일어났다. 모든 게 계속 좋아지기만 할 것이라는 기대가 한동안 지속된 다음 일이 터진 것이다. 사람들에게 냉정을 찾으라고 말해 줄 소수 의견자는 보이지 않았다. 모두가 행복감에 도취되어 휩쓸려 갔다.

  면밀히 들여다보면 신용에 대해 우리가 취한 태도는 구조적인 붕괴를 초래하는 데 일조했을 뿐만 아니라, 그로 인해 수천 명에 달하는 사람들의 개인적인 기회를 날려 버렸다. 신용카드 부채는 지혜의 붕괴가 어떤 결과를 초래하는지 보여주는 하나의 예다. 신용카드는 잘못된 구매력이다. 그것은 가짜 돈이다. 그것은 우리가 실제로 감당할 수 있는 것보다 더 많은 구매력이 있다고 자신에게 속삭이는 거짓말이다. 나는 신용카드를 좋아하지도 않고, 쓰는 일도 거의 없다. 살 물건이 있으면 나는 현금카드를 꺼낸다. 현금카드는 내가 은행에 넣어둔 현금과 진짜 관계를 갖고 있다.

신용카드를 쓰는 행위의 배후에 자리한 심리는 우리의 금융 시스템을 거의 망가뜨려 놓은 조직적인 버블의 배후에 자리잡고 있는 잘못된 태도와 같은 것이다. 소비자의 기회에 대한 새로운 모델이 분명히 필요하다. 여러분도 겉치레만 보지 않고 정신을 바짝 차린다면 이 새 모델 만들기에 기여하게 된다. 장래를 모색하는 학생이건, 다음 단계를 생각하는 고참 직장인이건, 주택을 구입하는 소비자이건, 아니면 시장 상황을 주시하는 투자자이건, 잠시 멈춰서서 근본적인 질문들을 던져 보도록 하라. 성공의 그림이 어떻게 바뀐 것이지? 끝난 것은 무엇이고 새로 시작되는 것은 뭐지? 어떤 것이 진짜 좋은 것이고, 어떤 것이 겉만 번드르르한 가짜지? 과거의 일들이 남긴 증거를 뒤져 보라. 체제나 사람이 왜 흥하고 망하는지에서 어떤 교훈을 배웠는가? 만약에 배운 것이 있다면 그것을 자신이 처한 상황에 어떻게 적용할 것인가? 여러분은 얼토당토않은 기대의 버블 속에 살고 있지는 않은가? 자기가 갖고 있지도 않은 것을 소비하며 살지는 않는가? 우리가 가진 지혜를 총동원해 두 발을 땅에 굳건히 붙이고 살도록 해보자.

호기심을 키워라

빌 게이츠

빌 게이츠와 멜린다 게이츠 부부가 사는 저택은 시애틀의 레이크 워싱턴 호수가 내려다보이는 곳에 있는데, 입이 딱 벌어지는 시설들이 수두룩하게 갖춰져 있다. 하지만 그중에서도 지적으로나 정서적으로 가장 핵심이 되는 곳은 바로 도서관이다. 일일이 깎아 만든 목재 서가와 돔 천장이 눈길을 끄는 엄청나게 큰 방으로 들어서면 그야말로 역사 속으로 걸어 들어가는 기분이 든다. 컴퓨터는 단 한 대도 눈에 띄지 않는다. 대신 역사 속 위인들과 관련된 자료들이 진열되어 있다. 링컨의 노예해방선언문 사본을 비롯해 레오나르도 다 빈치가 그린 그림들, 벤저민 프랭클린이 쓴 편지 같은 자료의 사본들이다. 벤저민 프랭클린이 쓴 편지 가운데 '일찍 자고 일찍 일어나면 건강하고, 부유하고, 현명해진다'는 문구가 들어 있는 것도 이곳에 있다.

얼마 전에 그 도서관을 둘러보며 정말 주인을 많이 닮았다는 생각을 했다. 그날 나는 빌 게이츠가 주최하는 CEO들을 위한 연례 테크놀로지 서밋에 참석하기 위해 그곳에 갔다. 경제의 미래에 관한 패널 사회를 맡아달라는 초청을 받았기 때문이다. 빌은 이제 마이크로소프트 회장 자리에서는 물러나 재단 일에 몰두하고 있지만, 지금도 자기가 사랑하는 업계에서 여전히 리더로 활동하고 있다.

이곳에 오면 주위의 물리적인 환경도 대단하지만 무엇보다도 돋보이는 것은 바로 그 집 주인이다. 빌과는 여러 번 인터뷰를 했지만, 그때마다 이 사람은 내가 그동안 살아오면서 만난 대부분의 사람들과는 차원이 다르다는 생각을 하게 된다. 왜 그런 생각이 들었느냐 하면, 우선 그는 제기되는 모든 주제에 대해 엄청난 관심을 갖고 있다는 점을 들 수 있다. 이러한 자질은 저녁을 함께하기 위해 그의 집에 모인 사람들 앞에서 한껏 빛을 발했다. 비즈니스와 업계의 지도급 인사들로 가득찬 방에서 빌의 목소리는 모두를 압도했다. 한순간 법인세 이야기를 하다가, 또 한순간에는 대체 에너지 이야기를 하고, 그런가 하면 또 기술의 미래, 아프리카의 말라리아 위기 상황에 대한 이야기를 한다.

그는 세상을 변화시키는 일을 하는 사람이다. 그리고 엄청난 호기심과 어떻게 하면 더 나은 세상을 만들 것인가에 대해 쉼없이 묻는 자세 때문에 그 일을 성공시키고 있는 것이다. 그는 지적인 도전을 사랑하는 사상가이다. 그 도전의 대상은 새로운 소프트웨어 프로그램을 디자인하는 것이기도 하고, 말라리아 치료약을 안전하게 운송하는 데 필요한 냉장 시스템을 만드는 일, 혹은 친구인 워런 버핏과의 브리지 게임에서 이기는 것일 수도 있다. 그의 주위에는 그처럼 호기심이 많은 사람들이 둘러싸고 있다. 그리고 마이크로소프트와 빌 앤드 멜린다 게이츠 재단에서 일하려는 사람은 그와 비슷한 수준의 열정과 열성을 갖추어야만 한다.

모든 사람이 이러한 높은 수준의 호기심을 타고나지는 않지만, 호기심은 키울 수 있다. 그 첫걸음은 우선 여러분이 머물러 온 안락한 지역을 벗어나는 것이다. 그렇게 해서 여러분이 그동안 해온 것과 다른 경험을 가진 사람들과 어울리고, 독서 범위를 자신의 전공 분야 바깥으로 넓히고, 그리고 자기와 다른 생각을 가진 사람들과 대화하는 것이다. 그동안 가능한 일이고, 옳다고 생각해 온 전제에 대해서도 다시 생각해 볼 수 있어야 한다. 하여간 끊임없이 무엇인가를 만지작거리며 움직여야 한다.

지금과 다른 세상에 대한 비전을 가지라

빌 앤드 멜린다 게이츠 재단

빌 게이츠의 아버지는 2009년에 책을 한 권 썼다. '쇼잉 업 포 라이프' Showing Up for Life: Thoughts on the Gifts of a Lifetime라는 제목의 이 책은 영감을 주는 깊이 있는 생각들로 가득하다. 그는 아들에게 책의 머리말을 써달라고 부탁했는데 아들은 다음과 같이 딱

두 문장을 썼다.

아버지, 다음에는 누가 아버지께 당신이 진짜 빌 게이츠냐고 물으면 "그렇다"고 하세요. 아버지야말로 아들 게이츠가 그토록 닮고 싶어 한 모든 것을 갖춘 바로 그 사람이라고 말씀하세요.

정말 감동적인 머리말이다. 빌 게이츠의 아버지는 그럴 만한 자격이 있는 사람이다. 그는 공개적으로 사람들의 주목을 끌지 않았고, 본인이 그걸 원했다. 하지만 2009년 5월에 그와 인터뷰하면서 나는 세상 물정에 밝은 이 83세의 노인이 바로 게이츠 재단을 초창기부터 소리 없이 움직여 온 막후 엔진이라는 사실을 알게 되었다. 그와 이야기를 해보니 분명히 알 수 있었다. 그는 아들이 어렸을 적에 박애주의 정신의 씨를 어떻게 심어 주었는지, 자신의 부모와 조부모가 항상 세상 속에서 자신이 맡은 역할이 무엇인지를 이해하고 받아들이려고 어떻게 애쓰셨는지, 그러한 정신을 어린 아들에게 물려주기 위해 그가 어떤 노력을 했는지에 대해 이야기해 주었다.

빌 시니어는 1925년에 태어난 대공황의 어린이다. "나는 브레머튼(시애틀에서 퓻 사운드만 건너편에 있는 마을)에서 태어나 다른 아이들과 마찬가지로 끔찍하게 힘든 시절을 보냈지요." 그는 내게 이렇게 말했다. "엄청나게 많은 사람들이 일자리를 잃었고, 도시 외곽에는 집 없는 빈민들이 모여들어 세운 판자촌이 곳곳에 생겨났어요. 멀쩡한 사람은 아무도 없는 것 같았어요. 그런 분위기에서는 누구라도 부자와 가난한 사람을 가르는 유일한 잣대는 우연이나 운일 뿐이라는 생각을 하지 않을 수가 없었지요. 나도 가난한 사람이 될 수 있다는 것을 알게 된 것입니다."

아이 치고는 꽤 깊은 생각을 했던 셈이다. 이런 생각과 어린시절에 받은 교육이 이 사람에게 평등주의 철학의 토대를 만들어 주었고, 그러한 철학은 자녀들에게로 이어졌다.

빌 시니어는 평생 법률가로 살았고 자수성가한 사람이다. 그리고 자신의 전문 분야 활동을 통해서 자선활동을 했다. 빌 시니어와 부인 메리 여사(1994년에 사망)는 세 명의 자녀인 크리스티, 빌, 리비에게 커뮤니티를 생각하는 마음을 갖도록 키웠다. "메리와 나 두 사람 모두 커뮤니티를 배려하는 가정 분위기에서 자랐습니다." 그는 이렇게 말했다. "우리는 부모님이 커뮤니티에 기부하시는 것을 보면서 자랐기 때문에 기부에 익숙해졌고, 우리 아이들에게도 그대로 물려줄 습성으로 생각했습니다. 크리스티, 빌, 리비는 모두 그게 바로 세상 돌아가는 이치라고 배우며 자랐습니다. 좋은 일은 모두 함께 나누어야 한다는 것이지요."

그러한 가르침에서 윌리엄 H. 게이츠 재단(나중에 빌 앤드 멜린다 게이츠 재단으로 이름을 바꿈)이 탄생된 것이었다. 빌 시니어는 다음과 같은 이야기를 들려 주었다. "1994년 가을이었어요. 그때 나는 변호사 일을 차츰 줄여가던 때였습니다. 극장에 들어가기 위해 줄을 서서 기다리는 중이었는데, 빌이 마이크로소프트로 들어오는 자선기부 요청이 너무 많아 다 처리하기가 벅차다는 말을 했어요. 그 말을 듣고 내가 이렇게 제안했어요. '받은 편지와 요청서를 내게 보내렴. 그러면 내가 한 달에 한 번 정도 네게 가서 이야기를 해주마. 그렇게 처리하면 되지 않겠니?' 처음에는 그런 식으로 하려고 했던 것입니다. 그런데 일주일도 채 안 돼 아들이 전화를 걸어와서는 '아버지, 아버지 말씀을 듣고 나서 어제 저녁에 멜린다와 얘기를 했는데 재단을 만들기로 했어요' 라고 하는 것이었어요." 빌의 제일 큰 걱정은 자기가 그 일을 맡을 시간이 없다는 것이었고, 그래서 아버지가 아들 일을 돕기로 나섰다. 마이크로소프트는 첫 기부금으로 1억 달러를 내놓았다.

나는 세계가 앓고 있는 가장 큰 문제 몇 가지를 조용히 떠안은 이 가족에 대해 궁금한 게 많았다. 물론 그럴 만한 돈이 있는 건 사실이지만 일이 굴러가게 하는 것은 돈만 있다고 되는 게 아니다. 어떻게 그런 비전을 착상하게 되었을까? 어떻게 해서 자기들이 가진 에너지와 돈을 그런 곳에 쓰겠다는 생각을 하게 되었을까?

빌 시니어는 내게 이렇게 말했다. "처음에는 구체적으로 정해둔 목표가 없었어요. 우리는 그저 마을에 사는 몇몇 사람들처럼 자선 활동을 하는 착한 시민이 되자는 생각만 했던 것입니다. 우리가 사는 곳에서 하는 일 정도만 생각한 거지요. 이런 생각을 완전히 바꾸도록 만든 몇 가지 사건이 있었습니다. 가장 큰 계기는 빌과 멜린다가 뉴욕타임스에 난 기사를 읽은 것입니다. 빈국과 선진국들 사이에 존재하는 엄청난 보건의료 불균형에 관한 기사였습니다. 미국이나 다른 서방 국가에서는 문제조차 되지 않는 문제로 빈국에서는 수백만 명이 목숨을 잃는 현실을 파헤친 기사였지요. 그 기사를 보고 빌 부부는 정말 큰 충격을 받았습니다. 두 사람은 내게 '아버지, 이 문제에 대해 우리가 뭔가 할 수 있을 것 같습니다'라고 했어요. 그 말에 나도 '물론이지'라고 대답했어요. 그게 하나의 전환점이 된 것입니다."

바로 이러한 인식에서 '모든 생명은 평등하게 창조되었다'는 빌 앤드 멜린다 게이츠 재단의 핵심 철학이 탄생되었다. 두 사람은 이러한 신념을 체득하고 난 다음 재단의 비전에 초점을 맞추었다. 그들은 지금과는 다른 세상을 마음속에 그렸고, 그러한 목표를 실현시키기 위한 방안에 착수했다. 그리하여 매년 15억 달러의 기부금을 내놓기로 했다.

빌과 멜린다 부부는 모든 사람은 평등하다는 생각을 마음에 새겼다. 이러한 신념은 빌이 2009년 2월에 열린 기술연예디자인 콘퍼런스에서 행한 연설에 아주 생생하게 나타나 있다. 그는 실내를 가득 메운 기술계, 정계,

연예계의 스타들 앞에서 자기 재단이 아프리카에서 말라리아로 인한 재앙을 끝내기 위해 기울이고 있는 노력을 열정적으로 소개했다. 청중들은 조용히 듣고 있었다. 그런 연설은 전에도 많이 들어 보았을 것이다. 빌은 보다 구체적인 실증이 필요하다고 생각했다. "말라리아는 모기가 퍼뜨립니다." 그는 모기가 들어 있는 병을 들어 보이며 이렇게 말했다. "그래서 여기 몇 마리 가져왔습니다. 지금 이 놈들을 풀어서 돌아다니게 해보겠습니다. 가난한 사람들만 감염이 되란 법은 없으니까요." 이렇게 말하며 그는 병뚜껑을 열어 모기들을 실내에 풀어놓았다. 청중들은 놀라서 입을 다물지 못했다. 빌은 그 모기들은 말라리아균을 옮기는 모기가 아니라고 서둘러 진화했지만, 그 자리에 모인 부유한 청중들에게 '신의 은총이 없는 곳에 버려진' 기분이 어떤 것인지 맛보게 해주려고 했던 것이다. 그들의 상상력을 자극해 모기떼가 진짜 위험 요인이 되는 곳에 사는 사람들의 처지를 잠시나마 느껴보라고 한 것이다. 그렇게 하면서 한편으로는 그곳에 모인 사람들에게 지금과 다른 세상에 대한 비전을 보여주려고 했다.

영감을 주는 사람이 되라
미셸 오바마, 라니아 왕비

나는 2009년 3월 런던에서 열린 G-20 정상회의를 취재하러 가서 주목할 만한 일들을 많이 목격했다. 하지만 나를 정말로 사로잡은 일은 회의장 바깥에서 일어났다. 퍼스트 레이디 미셸 오바마가 런던 북부에 있는 개릿 앤더슨 랭귀지 스쿨을 방문해 200여명에 달하는 빈민가 여학생들 앞에 모습을 드러냈을 때였다. 미셸 여사는 진심에서 우러나는 표정으로 이렇게 말했다. "여러분은 모두 보석입니다. 여러분을 보니 내 마음이 정말 흐뭇하군요. 여러분과 같은 멋진 소녀들이 있다는 사실을 온 세상에 반드시 알려야겠어요." 그 소녀들이 앞으로 살아가면서 얼마나 많은 장애물들을 이겨나가야 하는지를 아는 미셸 여사는 자신의 뿌리에 대해 이야기해 주었다. "나는 자라면서 나중에 내가 이 자리에 서게 될 것이라고 예상할 수 있게 해주는 일은 단 한 가지도 겪어 보지 못했어요." 그러면서 소녀들을 향해 이렇게 말했다. "나는 여자애들이 태어난 첫날부터 주위에 있는 사람들로부터 사랑받고 보살핌을 받을 때 어떤 일이 가능한지를 보여주는 하나의 예입니다. 우리는 여기 있는 여러분 모두가 빠짐없이 최고의 사람이 되기를 바랍니다. 여러분이 그렇게 될 수 있다는 것을 우리 모두 믿습니다. 우리는 여러분 모두를 사랑합니다." 그리고 나서 그녀는 그곳에 모인 소녀들에게 다가가서 최대한 많은 소녀들과 포옹을 나누었다.

미셸 오바마 여사를 지켜보면서 나는 다시 한번 말의 힘이 얼마나 위대한지 실감했다. 출신 배경에 관계없이, 젊은이들이 얼마나 격려를 필요로 하고, 가능성이 있다는 말을 얼마나 듣고 싶어 하는지 다시 한번 실감했다. 그곳에 모인 소녀들 가운데 많은 수가 미국의 퍼스트 레이디가 한 말을 결코 잊지 않을 것이라고 나는 확신한다. 그리고 지금부터 십년이나 이십년 뒤, 그들이 자라서 그날을 자기들이 무엇인가를 이룰 수 있다는 것을 깨우치게 해준 순간으로 기억하는 말을 듣게 될 것이다.

큰 영감을 불러일으켜 준 또 다른 좋은 예는 요르단의 라니아 왕비이다. 여성에게 그렇게 평등하지 않은 세상에 살면서도, 그녀는 여성과 어린이들의 권리와 지위를 강화시키기 위해 적극 노력해 왔다. 그녀는 전 세계 모든 여성들의 진정한 롤 모델이다. 그녀는 이런 말을 자주 했다. "젊은 여성을 교육시키면 그 가족 전부를 교육시키는 것이 됩니다. 소녀들을 교육시키는 것은 바로 미래를 교육시키는 것입니다."

영감을 주는 말은 개인은 물론 문화 전체에 일종의 변형효과 transformational effect를 가져온다. 한 친구가 내게 이런 말을 한 적이 있다. "마틴 루터 킹 목사는 '내게 비즈니스 플랜이 있다'는 말을 한 적은 없어. 대신 '내게는 꿈이 있다'라고 했지." 킹 목사의 꿈은 평등에 대한 비전이었다. 킹 목사가 분명히 말했듯이 어디로 나아가고 싶은지 방향이 분명해지면, 다른 사람들도 그곳으로 안내할 수가 있다. 우리 모두가 자라나는 세대들에게 미칠 수 있는 영향에 대해 한번 생각해 보자. 매일매일 우리는 젊은이들에게 다가가 그들의 삶을 바꾸어놓을 수 있는 기회가 있다. 지극히 평범한 순간에도 우리는 가능성의 손길을 내밀 수 있다. 그건 우리 능력으로 할 수 있는 일이다. 돌이켜 생각해 보면, 우리 모두 누군가가 자신의 삶을 바꾸어 놓은 순간이 있다는 것을 알 수 있을 것이다.

내가 터득한 한 가지 비결을 소개해 보겠다. 반드시 성공을 해야 다른 사람에게 영감을 주는 인물이 되는 것은 아니다. 당신이 지금 서 있는 위치가 어디든 상관없이, 당신을 우러러보는 사람은 있을 수 있다. 만약에 여러분이 젊은 사업가라면 모교로 찾아가서 후배 학생들에게 이야기하라. 만약에 대학생이라면 다녔던 고등학교로 가면 된다. 기업인이라면 여러분이 사는 커뮤니티를 둘러보라. 다른 사람들이 기억하는 사람이 되도록 하라. 그리고 그들 스스로 비전을 갖도록 도와주라.

닥쳐올 문제를 미리 해결하라

넬 멜리노, 마이클 폴런, 마이크 밀켄, 프레드 스미스

넬 멜리노는 여성들의 문제 해결을 돕는 데 일생을 바친 사람이다. 엄청나게 창의적인 사고를 하는 사람이고,

'일터에 딸을 데려갑시다' 처럼 그녀가 내놓은 아이디어들은 미국 사회를 이루는 중요한 하나의 구성요소처럼 되었다. 넬은 레이저를 쏘듯이 정확하게 숨은 문제를 집어내서 실질적인 해결책을 찾아내는 능력을 갖고 있다. 1999년에 그녀는 여성 기업인들에게 자금지원과 도움말, 교육 서비스 등을 지원하는 온라인 서비스 기관인 '여성의 경제적 독립을 위한 카운트 미 인' Count-Me-In for Women's Economic Independence을 공동설립했다. 하지만 사업을 하는 여성들 가운데 수지를 맞추는 경우가 극히 드물다는 현실이 그녀는 너무 안타까웠다. 하루는 너무 가슴 아픈 통계를 봤다며 내게 이렇게 말했다. "1050만 개에 달하는 여성 소유 사업체 가운데서 연 매출이 1백만 달러가 되는 업체가 불과 24만 3000개밖에 되지 않는다는 통계를 보고 너무 놀랐어요. 같은 규모의 매출업체 중에서 남자가 하는 기업은 1백만 개였거든요."

그래서 그녀는 해결책을 실행에 옮기기로 하고 2005년에 '내 사업체를 백만 달러 규모 기업으로 만들기' M3 캠페인을 시작했다. 대단히 의욕적인 목표였다. 1백만 명의 여성 기업인이 매출 1백만 달러를 달성하도록 돕겠다는 것이었다. 전국 여러 대도시에서 매출이 25만 달러 수준에 머물고 있는 여성 사업가들을 상대로 잇달아 공개경쟁을 시켰다. 심사위원단이 우승자를 가려서 재정지원과 비즈니스 코치 등 여러 지원책을 제공해서 1백만 달러 목표를 달성할 수 있도록 돕자는 것이었다. 한 여성의 신념에 의해 시작된 이 야심찬 계획은 성공적으로 진행되었고, 그녀는 상황을 바꾸어 놓았다.

그녀가 한 일 중에서 가장 인상에 남는 것은 단순히 여성 개개인이 성공하도록 돕는 데 그치는 게 아니라는 점이다. 그녀는 자기가 하는 일이 내리막길을 걷고 있는 국가경제를 되살리는 데 일조하는 것이라고 생각했다. 장기적으로 원하는 게 무엇이냐고 물었더니 그녀는 이렇게 대답했다. "1백만 명의 여성이 매년 1백만 달러를 벌어들이면 4백만 개의 일자리가 새로 생기고, 7000억 달러가 국가경제로 흘러들어 갑니다. 분명히 그렇게 될 것입니다. 내 눈에는 그게 보입니다."

비전은 앞을 내다보고 닥쳐올 문제를 앞서 해결하는 통찰력을 갖는 것을 말한다. 진정한 비전을 가진 사람들은 자신이 쓰고 있는 월계관에 자족하지 않고, 겉으로 드러나 보이는 해결책에 의지하지도 않는다. 그들은 익숙한 문제들도 항상 새롭게 비틀어서 생각한다. 베스트 셀러 '잡식동물의 딜레마' The Omnivore's Dilemma의 저자인 마이클 폴런이 자신의 저서 '음식수호' In Defense of Food: An Eater's Manifesto에 대해 이야기하는 것을 보고 나는 다이어트 음식 이야기를 하는 줄 알았다. 하지만 그가 진짜 전달하려고 한 메시지는 건강보험에 관한 것이었다. "건강보험 시스템을 만드는 사람들이 우리가 먹는 음식이 건강보험의 미래에 얼마나 중요한 영향을 미치는지 모른다"는 것이었다. 나는 그가 비전을 갖고 접근한다는 것을 알아챘다. 우리가 음식 접시에 무엇을 담아야 할지에 대한 단순 메시지 전달을 넘어서서, 미래의 보건정책에 대한 입장을 강력하게 나타낸 것이었다.

밀켄 연구소를 설립한 마이크 밀켄도 건강보험에 대해 비슷한 비전을 가진 사람이다. 건강보험에 관한 전국 토론회에 참석해서 모두가 어떻게 하면 적은 비용을 들여 4700만 명에 달하는 건강보험 미가입 국민들에게 혜택이 돌아가게 할 것인지에 대해 논의를 진행할 때, 그는 초점을 엉뚱하게 비만에다 맞추었다. "여러분은 비만을 가진 사람이 흡연자보다 회사에 4배가 넘는 비용을 발생시킨다는 사실을 아십니까? 왜냐하면 그런 사람은 당뇨병과 심장병을 앓을 가능성이 훨씬 더 높기 때문입니다." 그의 계산에 따르면 건강보험에 지출되는 예산의 70%는 생활습관과 행동양식의 문제와 관련이 있다. 그는 민간 보험이냐 공공 보험이냐에 논의를 집중하는 식이 아니라, 어떻게 하면 우리들 개개인이 각자의 책임을 다할 수 있도록 할 것이냐는 쪽으로 시선을 돌리도록 한 것이다. 그렇게 함으로써 그는 우리가 문제 해결에 기여할 수 있는 요점이 무엇인지를 정확하게 짚어냈다. 마이크의 비전은 모든 사람을 대화에 끌어들여 건강보험 문제가 우리들 개개인에게 얼마나 중요한 사안인지를 보여주려고 한 것이었다.

자신이 가진 비전을 실행에 옮기는 데 큰 재력이 있어야 되는 것은 아니다. 위대한 생각은 아주 평범한 곳에서 나올 수 있다. 프레드 스미스는 예일대 학생일 때 뉴헤이븐 공항을 근거지로 많은 하이테크 기업들을 상대로 운행되는 전세기 파일럿 일을 했다. 그리고 날로 늘어나는 컴퓨터 부품 수요를 신속하게 공급하는 일이 얼마나 어려운지 직접 목격했다. 거기서 그는 간단하면서도 깊이 있는 관찰을 했다. "그것은 바로 세계가 이제 자동화되고 있다는 것이었어요." 당시를 회상하며 그는 내게 이렇게 말했다. "그리고 자동화된 세계에서는 전국을 대상으로 골고루 물건을 배달할 수 있는 지금과는 다른 형태의 운송 시스템이 필요할 것이라고 생각했어요." 그는 학기말 논문에 새로운 종류의 운송 회사를 세우는 사업계획을 상세히 써서 제출했다. 담당 교수는 그 논문을 보고 별 감동을 받지 않았는지 신통찮은 점수를 주었다.

그때 그는 아이나 다름없었고, 자신의 아이디어를 행동에 옮길 만한 밑천이 없었다. 하지만 그는 그 생각을 한번도 멈추지 않았다. 졸업 후에 그는 해병대에 들어가 베트남에서 복무했다. 군대의 병참 시스템을 관찰한 끝에 그는 그 지식을 자기가 계획하고 있는 회사에 어떻게 적용할 수 있을지에 대해 생각했다. 제대 후에 그는 자신의 계획을 행동으로 옮기기 시작했다. 1971년에 그는 물려받은 적은 액수의 유산과 자기를 믿고 투자한 몇몇 투자자들의 돈을 가지고 페더럴 익스프레스를 설립했다. 이후 그가 이룩한 모든 일의 토대가 된 것은 그의 명쾌한 비전이었다.

경고 한마디만 하겠다. 일단 비전을 가진 다음에는 그 비전을 반드시 제품으로 뒷받침하라는 것이다. 최근 몇 십년 동안 미국은 물건 만드는 일을 돈 버는 일로 대체해 버린 나라였다. '진짜' 제품의 뒷받침도 없이 창의적인 '금융 상품'을 만들어 이익을 창출하는 것이 곧 혁신인 양 생각한 것이다. 이러한 금융 상품들은 일시적으로 돈을 벌어다 주었으나 결국은 더 이상 팔 물건이 없는 지경에 이르렀다. 그러다 바닥이 내려앉고 만 것이다. 정말 끝도 없이 내려앉았다. 진정한 비전은 단단하고 지속적인 것, 손으로 만질 수 있는 물건을 만들어낸다. 매거진 워스Worth를 만든 W. 랜들 존스는 최근에 낸 저서 '마을에서 제일 부유한 남자:부의 12계명' The Richest Man in Town: The Twelve Commandments of Wealth을 소개하면서 다음과 같은 이야기를 들려 주었다. 그는 미국내 1백 곳에 달하는 마을과 도시를 대상으로 가장 부유한 남자들(여자도 몇 명)을 찾아내서 그들의 성공 비결이 무엇인지 조사했다. 그렇게 해서 알아낸 한 가지 일관된 요소는 대상자들이 목표를 세우는 데 그치는 게 아니라, 그 목표를 실행에 옮기는 사람들이라는 사실이었다. "실행에 옮기지 않는 비전은 망상일 뿐입니다." 그는 이렇게 말했다. "무엇보다 중요한 것이 바로 행동입니다. 마스터 플랜조차 꼼꼼하게 세우지 않는 사람들이 있다는 것을 보고 놀랐습니다. 그저 무엇이든 하겠다는 의욕만 가지고는 아무 일도 안 됩니다."

단타도 홈런 못지않게 소중하다

데이비드 M. 워커, 란자이 굴라티

미국은 원대한 꿈들로 이루어진 나라다. 클수록 더 좋다는 생각은 한동안 미국을 이끄는 하나의 지도 원칙이었다. 그것은 우리 의식 속에 너무도 깊이 자리잡고 있어서, 성급하게 이루어진 성장은 지속될 수 없다는 경고 사인을 본 사람이 거의 없었다. 하지만 데이비드 M. 워커는 그 경고를 보았다. 금융시장 붕괴가 일어나기 전인 2007년 중반에 당시 미국 행정부 회계감사원장comptroller general으로 있던 그는 정부의 방만한 재정지출이 초래할 위험성에 대해 경고하기 시작했다. 그는 미국이 처한 현실이 멸망 직전의 로마제국과 똑같다고 정말 흥미로운 비유를 했다. 계속되는 대외 침략과 방만한 재정운용으로 고대 세계에서 가장 위대한 제국의 탄탄한 기반이 무너져 내린 것과 흡사하다는 것이었다. 그는 "현실화되고 있는 베이비부머 세대들의 퇴장, 치솟는 건강보험 비용, 곤두박질치는 저축률, 대외 부채 의존 비중의 상승 등으로 미국에는 지금 전대미문의 금융위기가 다가오고 있다"고 경고했다. 지당하면서도 신랄한 그의 경고에 많은 사람들이 불편한 심기를 드러내 보였다. 하지만 2008년 금융위기를 통해 그의 예측은 현실로 나타났다.

2008년에 그는 행정부를 떠나 피터 G. 피터슨 재단 CEO로 자리를 옮겼다. 현재 그는 이 재단에서 재정 책임성에 대한 인식을 전파하고 재정 책임성을 증진시키기 위한 교육에 힘을 쏟고 있다. 성공의 롤 모델이 누구냐고 물었더니 그는 이렇게 답했다. "시어도어 루스벨트입니다. 그분은 어릴 적에 앓은 병을 극복하고 위대한 일들을 해냈습니다. 그분은 진취적이면서도 재정면에서는 보수주의자였고, 국제주의자이면서 환경주의자였습니다. 자기가 옳다고 생각한 일은 국민들 사이에 인기가 없어도 밀고 나갔습니다."

하버드 비즈니스 스쿨의 란자이 굴라티 경영학 교수는 우리가 어떤 비전을 실행에 옮길 때 큰 변화에만 집착하는 경향이 있다는 점을 지적했다. 정말 뛰어난 통찰력이다. 그는 이렇게 말했다. "변화가 일어나도록 하는 것도 중요하지만, 크고작은 변화 사이에 균형을 취하고, 그 변화들이 함께 일어나도록 하는 것도 우리 삶에 있어서 중요한 일입니다. 란자이 교수는 스포츠에서 쓰는 '단타 이론'을 가지고 자신의 입장을 설명한다. "인생에서 우리는 어쩌다 한두 번 장외 홈런을 날릴 수가 있습니다." 그는 이렇게 말했다. "하지만 그런 경우를 제외하고는 살아남는 게 중요합니다. 일이 굴러가도록 해야 하는 것이지요. 따라서 '장외 홈런을 날릴 거야'라고 말하는 것과 '단타나 2루타를 치겠어'라고 말하는 것 사이에 균형을 취하는 게 중요합니다." 중요한 것은 득점하는 것이고, 단타와 2루타를 많이 치면 점수가 쌓이는 것이다.

살다 보면 홈런도 필요하고 단타도 필요하다. 많은 사람들이 성공을 하나의 최종 목적지라고 생각한다. 그런 사람들은 '반드시 성공하고 말 거야'라는 말을 한다. 하지만 진정한 성공은 매일매일 일어나는 삶의 한 방식이다. 인생이라는 긴 여정에 계속 머물러 있기 위해서는 도중에 여러 개의 작은 성공들이 필요하다. 그래야 삶을 계속할 동기부여가 이루어지는 것이다. 작은 성공들을 인정하고, 홈런 못지않게 소중하다고 생각하는 법을 배운다면 여러분은 항상 성공한 사람이 될 것이다.

혁신을 두려워하지 말라

로저 섕크, 아마르 바이드, 빌 게이츠

나는 2007년에 CNBC에서 '혁신 비즈니스'란 제목으로 특집 시리즈를 진행했다. 시리즈는 업계 최고의 인재들이 활발한 토론을 통해 자기 회사의 성공 비결에 대해 생각해 보는 소중한 기회가 되었다. 우리는 다음과 같은 질문을 제시했는데, 보물처럼 소중한 통찰력이 담긴 정말 뜻깊은 이야기들이 나왔다. 왜 어떤 기업은 스스로를 변화시키며 진화하는데, 어떤 기업은 시대가 변하면 우왕좌왕하다가 사라져 버리는가? 시리즈를 진행하면서 나는 이 질문이 기업들뿐만 아니라, 우리들 개개인에게도 근본적인 고민을 해보게 만드는 질문이라는 점을 깨닫게 되었다. 여러분 주위를 한번 돌아보라. 잿더미에서 살아 돌아오는 사람들과 잿더미에 묻혀 사라지는 사람들의 태도에 어떤 차이점이 있는가?

참여자 가운데 한 명인 로저 섕크는 오랫동안 기업교육 분야의 최고 전문가로 꼽혀온 사람이다. 그는 노스웨스트대에 유명한 학습과학연구소를 설립했고, 지금은 기업체와 학교들을 대상으로 수준 높은 이러닝을 제공하는 회사인 소크래틱 아츠Socratic Arts를 운영하고 있다. 로저는 개인이건 기업이건 자신이 하고 있는 일과 목표의 진정한 의미가 무엇인지를 아는 게 무엇보다 중요하다고 강조했다. 그는 전통도 딱딱하게 굳어 버리면 나쁜 것이라고 생각한다. 만약에 "우리는 이런 회사야." 혹은 "나는 이런 사람이야"라는 말을 한다면 그건 스스로에게 제약을 가하는 게 될 수 있다. 그는 진정한 혁신을 실행하기 위해서는 부차적인 내용들이 아니라, 자신의 핵심적인 임무가 무엇인지 분명하게 파악하고 있어야 한다고 말한다. 특히 미디어 업계에서는 이런 점이 한층 분명해졌다. 만약 십

년 전에 NBC 사장에게 "그곳이 무슨 일을 하는 곳입니까?"라고 물었다면 그는 "텔레비전 방송국입니다"라고 대답했을 것이다. 하지만 지금 그렇게 대답한다면 그건 완전히 틀린 답이다. NBC는 이제 콘텐츠 회사가 되었다. 그리고 콘텐츠는 뉴스, 연예, 스포츠, 비즈니스 등 어떤 형태로 만들어지건 여러 가지 다양한 방식을 통해 제공될 수 있게 되었다.

컬럼비아 비즈니스 스쿨의 아마르 바이드 교수는 위기가 혁신을 자극할 수 있다고 생각하는 사람이다. 그는 내게 이런 말을 했다. "위기가 새로운 기술 개발의 촉매제가 되는 경우가 많습니다. 아는 사람이 많지 않겠지만, 20세기에 가장 높은 생산성 증가를 이룬 시기는 1930년대였습니다. 사람들이 생산성을 향상시키기 위해 국면전환을 모색했고, 그래서 많은 신기술이 개발되었기 때문입니다. 예를 하나 더 들자면 컴퓨터 혁명이 일어난 것도 우리가 경기침체를 겪고 있던 1980년대 초였습니다. 크레디트 마켓은 당시 죽어 있었고, 혁신을 하는 데 크레디트 마켓은 꼭 필요한 게 아니라는 게 입증되었습니다. 마이크로소프트는 크레디트 없이 출발했습니다. 결국 경제를 성장시키는 것은 혁신입니다. 다시 말해 새로운 상품과 서비스를 만들어내는 혁신가들, 그리고 그것을 사용하는 소비자들의 모험정신입니다."

'모험정신'이라는 말을 들으니 빌 게이츠의 아버지가 내게 들려 준 이야기가 생각났다. 1968년에 자기 아들이 컴퓨터를 처음 접했을 때의 이야기였다. "아내와 나는 그 아이를 레이크우드 스쿨에 보내기로 했어요. 왜냐하면 보통 애들과 조금은 다르다고 생각했고, 그래서 공립학교에 보내면 잘할지 확신이 서지 않았기 때문입니다." 그는 계속해서 이렇게 말했다. "그때 우리가 그런 결정을 내리지 않았더라면 빌 게이츠의 세계는 크게 달라졌을 것입니다. 레이크우드 스쿨에는 지하실에 컴퓨터가 한 대 있었기 때문이지요. 마치 구식 텔레타이프 기계같이 생긴 커다란 박스 모양이었어요. 빌과 서너 명의 사내아이들은(그 가운데 폴 앨런도 있었다) 그 컴퓨터에 완전히 빠져서 지냈지요. 하루에 몇 시간씩 매달려 소프트웨어에 관해 자기들 힘으로 배울 수 있는 건 모조리 다 배웠어요. 중독이 된 거지요."

그 이야기를 들으며 나는 빌 게이츠가 컴퓨터를 접하게 된 것은 한편으로는 운이었다는 생각이 들었다. 하지만 그가 그 컴퓨터를 가지고 한 행위는 모험정신이었다. 그는 먼지를 뒤집어쓴 헌 기계를 가지고 시작해, 그것을 기술 시대에 상업적으로 가장 성공한 사업으로 바꾼 것이다.

여러분은 어떻게 혁신을 실천하고 있는지 스스로에게 한번 물어 보라. 여러분의 인생에서 '모험정신'은 어디에 있는가? 여러분은 자신의 개인적인 성장과 경제의 성장에 어떻게 기여하고 있는가? 여러분이 매일매일 하고 있는 일이 제대로 작동하지 않는 모델을 개선하는 데 어떤 영향을 미치고 있는가? 최근의 금융위기가 그동안 도저히 불가능하다고 생각했던 일에 도전해 보도록 여러분에게 어떤 자극을 주었는가?

구글의 자유로운 창의성을 배우라

창의력의 낙원 구글플렉스

지난 2009년 6월에 캘리포니아주 마운틴뷰에 있는 '구글플렉스'를 방문했다. 마운틴뷰는 새너제이의 베드타운이다. 내가 그곳을 찾아간 목적은 구글이 어떻게 해서 그렇게 큰 성공을 거둘 수 있었느냐에 대한 답을 얻기 위해서였다.

리포트를 하면서 나는 CEO인 에릭 슈미트를 포함해 많은 핵심 인사들과 인터뷰를 가졌다. 그리고 단지를 돌아다니며 여러 부서에서 일하는 직원들과도 이야기를 나누었다. 구글의 아름다운 업무단지는 공원처럼 꾸며놓은 야외 쉼터와 체육관, 배구장을 비롯해 곳곳에 마사지 시설이 갖춰져 있고, 모든 카페테리아에서는 공짜로 먹을 것을 제공한다. 단지 한가운데는 거대한 공룡 조각상을 세워 놓았는데, 혁신하지 못하는 자는 멸망한다는 무서운 메시지를 담고 있다.

구글은 직원들의 사기를 북돋워 즐겁게 일할 수 있도록 해주는 데 많은 돈을 쓴다. 지금처럼 기술이 발달된 세상에서는 작업 시간만 다르게 하면 하루 24시간, 일주일에 7일 연중 내내 일이 돌아가도록 할 수 있다. 직원들은 몇 시간 일한 다음 마사지를 받고, 배구를 하면서 시간을 보내다가 다시 일하러 갈 수 있다. 그리고 자전거 1000대를 구입해서 단지 곳곳에 배치해 놓아 직원들이 이 건물에서 저 건물로 이동할 때 이용할 수 있도록 해놓았다.

구글플렉스에 있는 모든 시설은 직원들의 인적 네트워킹을 도와주도록 고안되어 있다. 똑똑한 사람들이 자유롭게 생각을 주고받으면 창의력이 생겨난다는 철학 때문이다. 많은 회사에서 흔하게 볼 수 있는 밀실 공포 같은 분위기는 있을 수가 없다. 폐쇄적인 분위기는 성장을 저해하고 업무 효과를 떨어뜨린다. 구글은 햇볕이 마음껏 쏟아져 들어오게 한다. 예를 들어 이 회사에는 '20퍼센트 타임'이라는 개념이 있다. 직원들 각자 근무시간의 5분의 1은 자기가 가장 중요하다고 생각하는 일을 하도록 맡겨 둔다는 것이다. 구글과 관계 있는 일이건 아니건 상관없다. 일부 비판자들은 이를 정신 나간 정책이라고 비웃는다. 왜 회사 생산량의 20%를 버리느냐는 것이다. 하지만 직원들이 마음껏 이것저것 해보고, 그런 과정을 즐기도록 해줌으로써 실제로는 생산성이 더 는다는 사실을 구글은 알고 있었다. 그런 방침을 통해 직원들은 회사가 자기들의 생각을 신뢰하고 존중한다는 생각을 갖게 되었다. 한 가지 분명한 사실은 성공하는 기업들에 있어서 최고의 자산, 가장 중요한 자산은 바로 사람이라는 것이다. 구글은 직원들 개개인이 사랑받고, 존중받는다는 느낌을 갖도록 만들어 준다. 이는 성공한 기업들 사이에 흐르는 하나의 일관된 특징이다. 잭 웰치가 내게 여러 차례 이야기해 준 바 있는 다음의 신념을 구글도 그대로 실천하고 있었던 것이다. '탁월한 업적을 내면 보상해 주고, 직원들의 기분을 좋게 해주라. 그러면 그들은 더 열심히, 그리고 더 오래 일한다.'

나는 단지 내 곳곳을 돌아다니며 많은 직원들에게 구글의 성공 이유가 어디 있다고 생각하느냐는 질문을 던져 보았다. 창업자인 래리 페이지와 세르게이 브린의 이름이 많이 거론되었다. 너나 할 것 없이 모든 직원들이 구글 창업자들이 회사에 창의력과 비전을 중시하는 문화를 워낙 많이 주입시켜 놓았기 때문에 이런 문화가 정착되기 쉬웠다는 말을 했다. 사람들은 "우리 모두 그 비전이 무엇인지 알고 이해해요"라는 말을 여러 차례 되풀이했다. 창업자들이 다음과 같이 영감으로 넘치는 목표도 설정해 놓았다고 했다. '악을 행하지 말고, 더 나은 세상으로 바꿔 나가자. 작은 변화나 만지작거리고 있지 말고 큰 문제에 매달리자.' 어떤 직원은 구글로 옮겨오기 전에 일했던 다른 미디어 회사의 경우를 이야기했다. "그곳에서는 우리가 맡은 임무가 무엇인지 이해하기가 매우 어려웠어요. 하지만 이곳에서는 목표가 분명해요. '세상의 모든 정보를 조직화하자'는 것입니다."

에릭 슈미트 회장은 구글의 문화를 이렇게 설명했다. "래리와 세르게이는 회사를 세우면서 가족 같은 회사를 만들겠다는 생각을 갖고 있었습니다. 가족이라는 게 무엇입니까? 같이 먹고 같이 즐거워하는 게 가족이지요. 그 두 사람 나이 또래면 기숙사 같은 분위기를 만드는 것입니다. 나는 구글을 대학원 생활의 연장이라고 생각합니다. 비슷한 종류의 사람들이 한데 모여서 비슷하게 미친 짓을 하며 지내는데, 하나같이 대단히 똑똑하고, 동기가 엄청나게 강하고, 변화에 대한 센스, 낙관적인 센스를 갖고 있지요. 구글에서 일한다는 것은 풍족한 환경에서 산다는 말입니다. 음식과 각종 편의시설, 라바 램프들을 보셨지요? 직원들도 이런 문화 속에서 지내면 무엇인가 이룰 수 있겠다는 자신감이 생길 것입니다. 그리고 이곳에서 일을 하면 무엇인가 자신이 원하는 바를 이룰 수 있겠다는 생각이 들면, 그 회사에 남게 되지요."

　방문 취재를 마치며 나는 구글이 첨단 기술사회에서의 새로운 비즈니스 모델을 만들었다는 결론을 내렸다. 그것은 공개와 창의력에 바탕을 둔 모델이었다. 이곳을 세운 설립자들의 비전은 분명히 다른 기업들도 따라 할 것이라는 생각이 들었다. 그 비전은 앞으로 나아가는 것을 두려워하지 말고, 열린 자세로 아이디어를 받아들이고, 큰 기회를 잡으라는 것이었다. 오늘날 구글의 근무환경은 많은 이들로부터 부러움의 대상이다. 하지만 내일이면 그것은 당연한 일처럼 받아들여질 것이다.

3

이니셔티브

계속 문제를 일으켜라

뉴욕증권거래소에서 첫 TV 생방송 시작

나는 1994년에 뉴욕증권거래소 플로어에서 텔레비전 생방송을 한 최초의 기자가 되었다. 그것은 나 자신뿐 아니라 플로어에 있는 남자들에게도 엄청나게 큰 사건이었다. 나는 그들만이 누리던 성스러운 전용 피난처 같은 곳을 세상에 드러내 보였을 뿐만 아니라, 직접 대단히 배타적인 남자들의 클럽 속으로 뛰어들어간 것이다. 그곳의 모든 이들이 나를 적극 반긴 것은 아니다. 증권거래소의 CEO인 딕 그라소 회장은 새로운 실험을 적극 지지했지만, 모두들 레드 카펫을 깔고 나를 환영하지는 않았다. 여자 화장실은 지하층에 있었다.

무슨 일이든 처음 하는 사람을 보면, 과연 제대로 할까 하고 의문을 제기하고, 실패하기를 바라는 사람들이 있게 마련이다. 그게 사람 사는 세상이라는 것 정도는 나도 안다. 하지만 남성 위주로 되어 있는 전문 직업에 뛰어든 다른 대부분의 여성들처럼 나는 열심히 일하고, 친절하고, 악착같이 하면 존중받을 수 있다는 것도 알고 있었다. 나는 남자들이 내 주위에 몰려들도록 만들 자신이 얼마든지 있었다.

그 일을 시작한 지 몇 주 뒤에 나는 CNBC의 모회사인 GE의 전문 마켓 메이커로 일하는 조지를 만났다. 조지는 멋진 사람이었다. 그는 시간을 내어서 내게 트레이딩 일이 어떻게 돌아가는지 설명해 주며 좋은 선생님 역할을 해주었다. 나는 조지가 고마웠고 보답을 해주고 싶었다. 마침 GE의 CEO인 잭 웰치 회장이 플로어를 방문한다는 소식을 듣고 기회가 왔다고 생각했다. 나는 웰치 회장을 조지한테 데리고 가서 인사를 시켜 주었고, 회장은 그가 일하는 모습을 보고 감탄했다. 특히 내가 직접 회장을 모시고 GE의 포스트를 포함해 거래소 플로어를 안내해 주게 되어서 기분이 짜릿했다.

웰치 회장이 거래소를 방문하기 며칠 전에 나는 조지가 일하는 포스트로 찾아가 회장이 찾아올 것이라는 소식을 귀띔해 주었다. 그의 자리로 다가갈 때 주위에 스무 명쯤 되는 남자들이 함께 있었다. 조용하기에 나는 크게 바쁘지 않은가 보다 생각하고 다가가서 조용히 불렀다. "조지…"

작은 패드에 메모를 하고 있던 나이 든 트레이더들 가운데 한 명이 내 목소리에 머리를 번쩍 쳐들었다. 그의 얼굴은 분노로 가득차 있었다. "꺼져!" 그는 소리를 꽥 질렀다. "여기는 오면 안 돼. 누가 당신더러 여기 오랬어. 다시는 여기 얼씬거리지 말아. 당장 꺼져!" 어찌나 크게 소리를 지르던지 근처에 있던 트레이더들이 모두 이쪽을 쳐다보았다. 스물다섯 명 정도 되는 트레이더들이 이어폰을 낀 채 쳐다보았다. 너무 창피했다.

'꺼지라고?' 너무 기가 찼다. 기자로 일하면서 그런 모욕스러운 말은 들어 본 적이 없었다. 한동안 나는 꼼짝도 할 수가 없었다. 얼굴이 불에 덴 것처럼 화끈거렸다. 남자들이 떼거리로 모여서 나를 쳐다보며 내가 어떻게 나올지 기다리고 있었다. 한바탕 싸움이 일어날 것이라고 생각하는 듯했다. 속이 뒤집힐 것 같았지만 나는 끝까지 참고서 떨리는 목소리로 한마디 했다. "내게 그딴 식으로 이야기하지 마세요." 그러고는 발길을 돌려 나와 버렸다. 조지가 따라나와서 사과했고, 몇 명은 내가 옆을 지나갈 때 위로하는 말을 웅얼거렸다. 끝까지 이름을 밝히지는 않겠지만, 내게 도발한 그 남자는 그대로 둘 수가 없었다.

나는 딕 그라소 회장에게 전화를 걸어 "이번 일은 도저히 그냥 넘어갈 수가 없어요"라고 말했다.

딕 회장은 한숨을 푹 내쉬었다. "마리아, 당신이 이곳에 나오는 걸 좋아하지 않는 사람들이 있다는 사실을 이해해 줘야 해요." 그러고는 이렇게 말했다. "우리가 시작한 일은 여기 일하는 사람들 모두에게 생소한 일입니다." 내가 이곳에 나타나는 걸 좋아하지 않는 사람들이 있는데, 그것은 내가 여자라서뿐만은 아니고 카메라를 든 리포터이기 때문이라고 그는 설명했다. 그 사람들은 자기들이 하는 일이 텔레비전 화면에 요란하게 비치는 걸 원하지 않는다는 것이었다. "그게 현실이에요." 딕 회장은 이렇게 말했다. 나는 화가 나서 이렇게 대꾸했다. "이것 보세요. 내가 계속 이곳에 있을 수도 있고 그렇지 않을 수도 있어요. 하지만 만약 이곳에 남는다면, 내가 내 일을 하는데 사람들이 그걸 보고 소리를 질러대는 건 용납할 수 없습니다."

딕 회장은 나와 나의 적을 자기 사무실로 불러 대화 자리를 마련했다. 그 사람은 거래소의 간부였다. 옳거니. 대화 자리는 재앙으로 막을 내렸다. 그 남자는 심지어 나를 쳐다보지도 않았다. 엄청나게 성질이 나 있었던 것이다. 그러더니 마침내 이렇게 으르렁거렸다. "나는 당신이 하는 별 것 아닌 TV 쇼는 보지도 않아요. 당신이 무슨 일을 하는지도 몰라요. 하지만 어쨌든 내 앞에 얼씬거리지 말아요. 내 자리 근처로는 올 생각도 마시오." 그 말에 면담은 그대로 끝나고 말았다.

대단한 일이 아닐 수도 있다. 트레이더 한 명이 나를 싫어한다. 그게 무슨 상관이야? 하지만 그 남자는 나의 적이 되기로 작심했고, 이후 몇 년 동안 나의 생활을 아주 힘들게 했다. 그는 내가 자기 포스트를 지나갈 때마다 헐뜯는 소리를 해댔다. 솔직히 말하면 나는 그가 뭐라 떠들어 대든 그냥 내버려 두었다. 그 앞을 지나갈 때는 얌전하게 발뒤꿈치를 들고 살금살금 지나갔다. 나는 그가 무서웠고 어떻게 했으면 좋을지 몰랐다. 한동안은 그 사람과 마주치기 싫어서 멀리 돌아서 다니기도 했다. 5년 동안이나 그를 피해 다녔고, 그가 해대는 심한 말을 듣고, 그가 나에 대해 퍼뜨리는 험담을 들었다. 그러고 나서 어느 순간부터 나는 머리를 꼿꼿이 세우고 다니기 시작했다. 그가 뭐라고 하면 그대로 되갚아 주겠다는 마음의 각오도 단단히 했다. 닷컴 붕괴로 수많은 사람들이 투자금을 날리고 있던 어느 날 등뒤에서 그가 외치는 소리가 들렸다. "마리아, 돈은 빼서 갖고 있는 게 좋을 걸." 다시 말하자면 '이런 장에서 네가 할 수 있는 건 아무것도 없으니, 돈으로 갖고 있는 게 나을 거야'라고 하는 말이었다. 이번에는 나도 맞받았다. "당신이나 빼세요." 그는 고교 시절의 짓궂은 남학생처럼 나를 괴롭혔고, 더 이상은 참고 들어 줄 수 없을 정도로 심하게 굴었다.

몇 년에 걸쳐 증권거래소에도 정말 큰 변화가 있었다. 닷컴 폭락 때는 시장이 서서히 가라앉는 것 같았다. 모든 사람이 돈을 잃고 직장을 잃었다. 나를 괴롭히던 그 남자도 마찬가지였다. 그 사람을 몇 년 동안 못 보았는데 어떤 모임에서 우연히 마주쳤다. 그는 내게 다가오더니 친절한 미소를 지으며 이렇게 인사를 건넸다. "마리아, 내가 당신을 힘들게 했다는 걸 잘 알아요. 미안합니다." 그는 마치 오랜 친구라도 되는 듯이 한 손을 내밀며 악수를 청했다. 운명의 장난이었다. 뉴욕증권거래소에서 오랫동안 일하는 동안 나는 많은 친구를 만났고 동료도 만났다. 하지만 이 남자는 이유 없이 끝까지 나를 배척했다. "괜찮아요." 나는 이렇게 말했다. "가 보세요."

대중의 주목을 받는 사람이 되고 나면 사람들은 여러분도 인간이라는 사실을 잊는 경우가 더러 있다. 다른 사람들과 마찬가지로 여러분도 자기 일을 하는 것뿐이라는 사실을 잊어버리는 것이다. 무슨 일을 남보다 먼저 하려면 이니셔티브와 스태미나가 필요하다. 성공한 여성들 중에서 나와 같은 우여곡절을 겪지 않은 경우는 보지 못했다. 하지만 목적을 이루기 위해서는 도전을 이겨내고 그들을 딛고 일어서야 한다. 하지만 여러분이 맡은 일을 잘하면 그러한 갈등은 결국 사라진다. 이제는 거래소 플로어에 가면 내집처럼 편안하다. 그 자리는 내가 싸워서 얻어낸 것이다. 그렇게 하는 과정에서 나는 내 뒤를 따라 온 다른 리포터들에게 길을 만들어 주었다.

  이니셔티브를 취하는 데는 항상 위험이 따른다. 위험도 무릅써야 한다. 웃음거리가 될 위험, 조롱당할 위험, 더 나쁜 건 틀릴 위험을 무릅써야 한다. 하지만 자신이 하는 일을 믿고, 매순간 옳은 일을 하려고 노력한다면 궁극적으로 승리는 여러분의 것이 된다.

원하는 걸 당당하게 차지하라
크래푸트 푸즈 회장 아이린 로젠펠드

뉴욕대 다닐 때 저널리즘을 가르치신 마저리 맨들 교수를 나는 잊을 수가 없다. 그녀는 특집 기사 작성법을 가르쳤는데 젊고 박식했으며, 나는 기사 추적하는 법의 기초를 그 시간에 배웠다. 그녀는 트럼프 타워에 가서 그곳을 드나드는 사람들에 관해 기사를 써오라는 등의 과제를 내서 나를 세상 바깥으로 내몰았다. 뉴욕대 캠퍼스 가까이에 있는 퍼블릭 시어터로 가서 쇼를 본 다음 관객들에게 소감을 물어오라는 과제도 내주었다. 그러한 간단한 과제물을 통해서 나는 저널리즘의 기초를 배웠던 것이다. 그 수업을 통해 나는 용기를 키웠고 기사거리를 보면 과감하게 달려드는 배짱을 길렀다.

성공하기 위해서는 자기가 원하는 바가 무엇인지 파악한 다음 그것을 쟁취하기 위해 덤벼들어야 한다고 생각한다. 망설이며 뒤로 빠져서는 절대로 안 된다. 이는 크래프트 푸즈의 회장 겸 CEO인 아이린 로젠펠드에게서 배운 교훈이기도 하다. 그녀는 포천이 선정하는 '비즈니스계에서 가장 영향력 있는 여성' 상위에 꾸준히 오르는 대단히 성공한 여성이다. 아이린 회장은 내게 성공의 열쇠들 가운데 하나는 자기가 원하는 게 무엇인지 파악하는 것이라는 말을 했다. "내게 있어서 가장 의미있는 승진은 가장 맡고 싶었던 일자리를 맡게 되었을 때입니다." 그녀는 이렇게 말했다. "하지만 많은 여성들은 과감함이 몸에 배어 있지 않습니다. 불행하게도 여성들은 '자기 손으로 경적을 울리거나' 무엇을 하고 싶다고 당당하게 말하는 배짱이 부족합니다. 남자들은 무엇을 원하면, 예를 들어 아이스크림을 먹고 싶으면 그냥 일어서서 아이스크림 좀 사오겠노라고 말합니다. 하지만 많은 여성들은 그렇게 하는 대신 '저기 아이스크림 가게가 있네.' 아니면 '휴, 이렇게 더운 날은 아이스크림이나 먹었으면 좋겠네' 라고 말합니다. 직설적으로 말하도록 해야 합니다. 아이스크림이 먹고 싶으면 아이스크림이 먹고 싶다고 이야기하세요. 어떤 맛이 먹고 싶고, 콘으로 먹고 싶은지, 몇 덩어리나 먹고 싶은지 이야기하세요! 사소한 예같이 들릴지 모르지만 여러 면에서 이런 태도가 정말 필요합니다."

제일 먼저 현장에 도착하라
방글라데시의 희망 그라민 뱅크

내가 아는 크게 성공한 사람들 가운데는 제한선 바깥으로 뛰쳐나가, 다른 사람들은 감히 손댈 엄두도 못 낸 일을 해낸 사람들이 많다. 그런 사람들은 해야 할 필요성이 느껴지면, 어떻게 하면 그것을 할 수 있을지 방법을 모색한다. 그라민 뱅크의 창설자인 무하마드 유나스 박사는 1970년대 중반 조국 방글라데시에 닥친 기근 때 그러한 필요성을 보았다. 당시 무하마드 박사는 미국에서 경제학을 가르치던 교수였다. "사람들이 죽어가고 있는데 고상하게 경제학 이론이나 가르치고 있다는 사실에 마음이 편치 않았습니다." 그는 내게 이렇게 말했다. "손 놓고 가만히 있을 수는 없었어요. 이런 문제들을 해결하는 데 사업적인 방법을 동원할 수는 없을까 하는 생각을 했어요."

무하마드 교수는 방글라데시 국민들이 엄청난 의욕도 갖고 있고, 재간도 있다는 걸 알았다. 하지만 잘살아 보겠다고 아무리 발버둥쳐 봐도 필요한 자금을 구할 능력이 없어서 좌절하고 있었다. 그는 수공예품을 팔아 가족들 생계를 꾸려가는 한 여성이 처한 어려움을 보고 영감을 얻었다. 그 여성은 현지 은행에서 받은 살인적인 고이율의 대출금 때문에 빚더미만 쌓여갔다. 대출 원금이 25센트였는데 총부채는 원금의 몇 백배로 불어나 있었던 것이다.

무하마드 교수는 소규모 자영업을 시작해 자립 기반을 잡은 사람들에게 무이자로 소액 대출을 알선해 주자는 생각을 했다. 그가 그라민 뱅크를 시작하자 많은 사람들이 손가락질했다. 그가 구상한 소액 대출 프로그램은 금융계 관행에서 보면 제대로 굴러갈 것 같지 않았다. 금융 업무 면에서 본다면 상환 능력이 없는 빈곤층에게 돈을 빌려 주면 안 된다는 게 원칙이었기 때문이다. 하지만 그는 모두의 예상을 뒤엎고 빈곤에 찌든 나라들에서 혁명적인 일들을 이루어냈다. 그의 구상이 맞아들어간 것이다. 오늘날 그라민 뱅크는 연간 대출금이 5억 달러에 이르고 있고, 무하마드 교수는 이러한 업적을 인정받아 노벨 평화상을 수상했다. 오바마 대통령은 2009년 그가 이룬 업적에 대해 자유훈장을 수여했다. 무하마드 교수는 이렇게 말했다. "앞으로 언젠가 그라민 뱅크가 한때 가난했던 사람들의 은행이라고 알려지는 게 내 꿈입니다."

여러분도 혹시 마음 속에 활활 타오르는 아이디어를 숨겨놓고 있지는 않은가? 무엇이 그 아이디어를 실천하는 길을 가로막고 있는지 스스로 자문해 보기 바란다. 현장에 제일 먼저 모습을 나타내는 사람과, 그 뒤를 따르는 사람들의 유일한 차이는 행동하려는 열성의 차이다.

세상에 할 수 없는 일은 없다
유니버설 스튜디오와 론 마이어

내가 만나는 사람들 가운데는 성공에 이르기까지 걸어온 길이 너무 각별해서 자세를 바로 하고 귀를 기울이게 만드는 사람들이 너무 많다. 유니버설 스튜디오의 최고운영책임자COO인 론 마이어도 그런 사람 가운데 한 명이다. 로스앤젤레스에 있는 집으로 찾아갔을 때 그는 문신이 다 드러나는 반소매 셔츠를 입고 있었다. 그처럼 막강한 파워를 가진 고위 전문경영인이 문신을 하고 있을 것이라는 생각은 꿈에도 못할 것이다. 하지만 론은 그 문신을 자랑스럽다는 듯이 당당히 드러내 놓았다. 자기의 출신이 어디인지, 그리고 얼마나 먼 길을 지나 여기까지 왔는지 보여주는 상징인 것이었다.

론은 불과 열네 살 때 처음으로 몸에 문신을 새겼고, 열다섯 살 때 고교를 중퇴했다. 문제아였고 앞날에 대한 아무런 계획도 없는 떠돌이 생활을 했다. 그저 거리를 어슬렁거리고 체육관에 가서 복싱을 하고 당구나 치며 시간을 보냈다. 그러다 열일곱 살에 뚜렷한 목표도 없이 해병대에 입대했다.

해병대는 그의 인생을 바꾸어놓았다. 하지만 여러분이 으레 생각하는 그런 식으로 바뀐 게 아니다. 복무기간 중에 그는 홍진을 앓아 격리수용이 되었는데, 그때 그의 엄마가 병원에서 보라고 '플레시 페들러' The Flesh Peddlers라는 책을 보내주었다. 한 탤런트 에이전트의 삶을 담은 재미있는 책이었다. 론은 그 책에서 큰 감동을 받았다. 그리고 그 책에서 자신의 소명이 무엇인지 찾아냈다.

군에서 제대하자 그는 곧바로 탤런트 에이전시들을 찾아나섰다. 가는 곳마다 그는 "시켜만 주신다면 무슨 일이든 하겠습니다. 우편 심부름을 비롯해 어떤 잡일이든 다 하겠습니다"라고 했다. 하지만 가는 곳마다 퇴짜를 맞았다. 교육도 제대로 받지 못했고 경험도 없기 때문에 그가 채용될 가능성은 거의 제로에 가까웠다. 그런데 어느 날 가느다란 돌파구가 생겼다. 폴 코너 에이전시에서 연락이 온 것이었다. 운전기사가 갑자기 그만두어서 급하게 사람이 필요하다는 전갈이었다. 론은 친구들과 가려고 한 유럽여행을 취소하고 이튿날 곧바로 사무실로 나갔다. 주급 75달러를 받았는데, 그는 그 밑천을 황금 덩어리로 바꾸어 버렸다.

폴 코너는 당시 최고 스타들의 에이전트를 맡고 있었다. 존 허스튼, 빌리 와일더, 찰스 브론슨, 그리고 래나 터너 같은 스타들이 그곳에 속해 있었다. 론은 내게 이렇게 말했다. "폴 코너는 자동차 안에서 사람들을 만나 계약 협상 이야기를 많이 했습니다. 나는 일이 어떻게 돌아가는지 알게 되었고, 많은 사람들을 알게 되었지요." 6년 동안 코너의 운전기사로 일하면서 론은 그 바닥의 생리를 손금 보듯이 훤하게 꿰뚫어 볼 수 있게 되었다. 얼마나 아는 게 많았던지 한번은 윌리엄 모리스 에이전시에 찾아가서 자기가 에이전트라고 거짓말을 했더니 그대로 믿더라는 것이었다. 1970년대 초에 론은 독립적인 에이전트로 성공을 거두었다. 롭 라이너, 샐리 스트러더스, 실베스타 스탤론, 패라 포셋 같은 스타들이 그의 고객이었다.

그는 1975년에 윌리엄 모리스에서 온 동료 네 명과 함께 크리에이티브 아티스트 에이전시CAA를 설립했다. 이들은 하루에 열여덟 시간, 처음 2년은 무보수로 일하며 CAA를 현지에서 최고로 주목받는 에이전시로 만들었다. 바브라 스트라이샌드, 셰어, 마돈나, 톰 행크스, 톰 크루즈 같은 최고 스타들이 고객이 되었다. 현재 론은 유니버설 스튜디오를 직접 운영하고 있다. 그는 성공했다고 자만하지 않고 두 발을 땅에 단단히 붙인 채 회사를 운영한다. 그는 사람들과 이야기하는 것을 좋아한다. 하루는 비행기에 줄리아 로버츠와 동행하고, 그 다음날은 우편물을 담당하는 직원과 점심을 먹는다. 그는 업계에서 가장 멋진 사람 가운데 한 명으로 통하며 믿기 힘들 정도로 성실하다. 직원들은 그가 자신들을 진심으로 존중해 주기 때문에 자기들도 그를 위해서라면 무슨 일이든 할 것이라는 말을 한다.

그렇다면 포부를 가진 요즘 젊은이들에게 그의 이야기가 주는 교훈은 무엇인가? 론의 이야기는 1960년대에나 가능했던 이야기이고, 지금처럼 경쟁이 치열한 각박한 환경에서는 경험 없는 젊은이가 운전기사 석에서 경영인 자리로 옮겨 앉는 게 불가능하다고 생각할지도 모르겠다. 하지만 나는 론의 이야기는 그때나 지금이나 마찬가지라고 생각한다. 그것은 집요함이 어떤 위력을 발휘하는지 보여주기 때문이다. 1백 개의 문을 두드려 봐도 응답하는 곳이 없을 수도 있다. 밑바닥에서 출발할 수도 있다. 하지만 그가 보여준 자질들은 성공의 핵심 열쇠이다. 그는 목적의식이 뚜렷했고, 자신을 믿었으며, 듣고 배우는 데 기꺼이 여러 해를 보냈다. 그리고 중도에 포기하지 않았다. 할리우드의 글래머들을 상대한다고 허황되게 거들먹거린 적이 없다. 그가 거둔 성공은 한번도 자기 아닌 다른 사람처럼 되겠다는 꿈을 꾸지 않았기 때문에 가능했다. 나는 그를 친구라고 부를 수 있게 된 것이 너무 영광스럽다. 그의 삶은 집요함과 근면이 이루어낸 모범 사례이지만 그중에서도 특히 성실, 용기, 정직의 산물이다.

상복을 벗어던져라
잭 웰치, 허브 켈러허

성공하려면 냉혹하고 얼굴이 두꺼워야 한다는 말을 많이 듣는다. 분명 맞는 말이기는 하다. 하지만 경영 책임자들에게 직원들의 자질 가운데서 제일 중요시하는 게 무엇이냐고 물으면 마음가짐이라고 답하는 경우가 많다. 잭 웰치는 나의 물음에 이렇게 대답했다. "제일 눈에 거슬리는 것은 유리잔에 물이 반밖에 없다는 식의 태도입니다. '전에도 해봤지만, 안 됐습니다' 라는 식의 태도를 말하는 것입니다. '그건 못하겠습니다' 라는 태도이지요. 검은 상복 입은 사람과 같이 일하고 싶어 하는 사람은 없어요. 긍정적인 에너지를 보여주도록 해야 합니다." '검은 상복 입은 사람들' 이란 매사를 상복으로 덮어서 받아들이려는 태도를 말한다. 그는 긍정의 화신 같은 사람이기 때문에 그런 식의 부정적인 태도를 아주 싫어한다. 그는 항상 발걸음이 가볍고, 표정을 보면 열정이 넘친다. 그는 자기와 함께 일하는 사람들도 자기와 같은 열정을 가져 주기를 바란다.

사우스웨스트 항공의 허브 켈러허는 직원을 채용할 때 다음과 같은 원칙을 갖고 임한다고 했다. "내가 가장 중요시하는 것은 마음가짐입니다. 교육과 전문성, 경험도 중요하지만, 아무리 그런 조건을 갖추었다 해도 마음자세가 바르지 않으면 채용하지 않습니다. 자격이 조금 부족하더라도 적극적인 태도를 가진 사람을 채용합니다. 그런 태도가 있어야 강한 팀을 만들 수 있기 때문입니다."

긍정적인 마음가짐의 가장 큰 매력은 그런 자세를 스스로 만들어 나갈 수가 있다는 점이다. 가만히 보면 좋아하는 일을 하는데도 하루하루를 그렇게 즐거운 표정으로 지내지 않는 사람들이 있다. 얼마 전에 나는 자선 디너의 사회를 보기 위해 토요일 오후에 시카고로 출장을 갔다. 그날은 모처럼 뉴욕의 날씨가 너무 화창해서 라과디아 공항으로 비행기를 타러 나가기가 정말 싫었다. 속에서 불평이 저절로 터져나왔다. '도대체 내가 왜 이 일을 해야 하지?' 정말 짜증이 났다. 하지만 이미 약속한 일이었고, 그런 형편없는 마음가짐으로 사회를 보러 갈 수는 없었다. 태도를 바꾸어야만 했다. 그래서 나는 실제로 마음가짐을 바꾸었다. 마음속으로 바꾸자고 주문을 걸었던 것이다. 시카고에 도착할 때쯤에는 내 얼굴에 웃음이 가득하게 되었다. 억지로 지어낸 웃음이 아니었다. 나는 단지 출장의 긍정적인 면을 생각하려고 마음을 집중시키고, 부정적인 생각은 뒤편으로 몰아냈을 뿐이다. 사회를 맡아 달라는 부탁을 받은 건 얼마나 좋은 일이냐고 자신에게 타일렀다. 그런 중요힌 자선행사에 참석할 수 있게 된 것은 대단한 영광이지. 자신에게 이런 식으로 격려의 말을 던지다 보면 실제로 긍정적인 기분이 들게 된다. 긍정적인 마음가짐은 우리에게 많은 기회를 가져다 준다.

여자라고 주눅들지 말라

세라 페일린

세라 페일린과 인터뷰할 때 나는 그녀가 보여주는 자신감이 어디서 나오는지 궁금했다. 알래스카 주지사로 2008년 대선에서 공화당 존 매케인 후보의 부통령 러닝메이트로 나선 페일린은 아주 호감이 가고 활기가 넘치는 사람이었다. 쏟아지는 비판에도 전혀 주눅들지 않는 것 같았다. 그녀의 정책에 대해서는 이견이 있는 사람들도 그녀가 인간적으로나 직업적으로 성공을 거두었다는 점에 대해서는 별로 이의를 달지 않을 것이다. 나는 그녀가 앞으로도 오랫동안 전국적인 레이더망에 들어와 있을 것이라고 생각한다.

자기 인생에서 어떤 점이 성공에 도움이 되었느냐는 질문을 던졌더니 그녀는 "스포츠입니다"라고 예상 외의 답변을 했다. 그녀는 이렇게 말했다. "부모님이 모두 운동 코치였어요. 나는 아주 활기차고, 승부욕이 강하고, 남녀 성별이 전혀 문제가 되지 않는 집안 분위기 속에서 자랐습니다. 여자애들도 바깥에 나가 난로에 넣을 장작을 패는 게 당연한 일이라고 생각했지요. 사냥도 하고, 물고기도 잡고, 알래스카에서 남들이 하는 일은 다 하면서 자랐어요. 누구나 다 똑같았어요. 스포츠를 할 때나 일을 할 때나 여자라고 달라지는 것은 하나도 없었어요."

어린 소녀들에게 페일린과 같은 경험은 엄청나게 좋은 교훈이 될 것이다. 그리고 이는 자신의 위치를 차지하기 위해 노력하는 모든 사람들에게 적용될 수 있는 교훈이기도 하다. 첫째, 자신이 당당하게 그 자리를 차지할 자격이 있다는 사실을 스스로 믿어야 한다. 성별, 인종, 장애, 자신이 처한 경제적인 상황 등 여러 가지 면에서 자신이 인생에서 불리한 입장에 처해 있다고 생각하는 젊은이들이 많을 것이다. 하지만 다른 사람과 동등한 입장에 있다는 생각을 확고하게 갖고 있다면 여러분은 그 판에서 승리자가 될 수 있다. 페일린이 주는 메시지는 이런 것이었다. 피해의식에 젖어 살지 말라. 나서서 도전하라. 그리고 그 도전을 멋지게 잘해내라.

기득권에 안주하지 말라

어머니의 가르침

기득권은 노력을 질식시키는 독이다. 지식, 가문, 외모를 비롯해 자신이 취하는 노력과 관계없는 근거로 특별대우를 기대하면 절대로 진정한 성공을 이룰 수 없다. 일시적인 성공을 거두더라도 그 성공은 언제 무너질지 모르는 취약한 성공이 되고 만다.

누구라도 실천하기 정말 힘든 교훈이기는 하다. 나는 뉴욕대 이사로 선임된 다음 모든 학부모들과 아주 친하게 지냈다. 안면도 없는 사람들이 편지와 이메일을 보내왔고 자기 아들 딸, 사촌, 이웃 아이들에 대해 좋은 말을 해달라는 부탁을 받았다. 인맥이 성공의 수레바퀴를 돌리는 윤활유 역할을 한다고 생각하는 모양이지만 나는 그렇게 생각하지 않는다. 나는 그 아이들이 어떤 아이들인지 모르기 때문에 추천의 말을 해줄 수가 없다. 그런 짓은 안 한다. 하지만 젊은이가 스스로 이니셔티브를 취해 자기 발로 나를 찾아온다면 이야기가 완전히 달라진다. 나를 찾아와서 자기가 지금까지 한 일이 무엇이고, 앞으로 하고 싶은 일이 무엇이라고 이야기를 하겠다면 나는 기꺼이 들어 줄 각오가 되어 있다. 하지만 학부모는 이 과정에서 빠져 있어야 한다.

기득권은 사람을 절름발이로 만드는 짐이다. 솔직히 말해 사람들은 누가 어떤 일을 쉽게 이루었다는 사실을 알면 그 사람을 존경하지 않는다. 많은 혜택을 누리면서 태어났다면 여러분은 자신의 능력을 입증해 보이기 위해 더 많은 노력을 해야 한다. 그래야 자연의 섭리대로 균형이 잡히는 것이다.

어릴 적부터 나는 우리가 얻는 것은 노력을 기울이는 것과 연관되어 있다고 배웠다. 우리 가족은 어떤 기득권도 없었다. 지금도 기억이 생생하다. 다섯 살 때였는데 소프트 아이스크림 트럭이 동네에 나타나면 나는 엄마에게 달려가서 아이스크림이 먹고 싶다고 졸랐다. 그러면 엄마는 이렇게 말씀하셨다. "먹고 싶으면 사먹으렴. 그런데 돈은 있니? 저금통에 얼마 있는지 봤어?" 나는 저금통에 돈을 모으고 있었고, 엄마가 던지는 메시지는 분명했다. 아이스크림 콘을 사먹을 만큼 돈을 모았으면 그걸 사먹을 수 있는 것이고, 그렇지 않으면 못 사먹는 것이었다. 그게 다였다. 이론의 여지가 없었다. 이 간단한 교훈은 내가 평생을 살아오며 고수해온 하나의 토대가 되었다. 무엇을 이루고 싶으면 그것을 위해 일하고, 저축하고, 공부하고, 계획해야 했다. 이게 바로 나의 성공 비결이며, 지금까지도 변함 없이 유지되는 비결이다.

이런 교훈을 배울 기회를 갖지 못하고, 손가락 하나 까딱하지 않고 기득권을 누리며 자란 아이들을 보면 안됐다는 생각이 든다. 몇 년 전 월스트리트에서 일하는 어떤 소식통과 이야기할 때였다. 엄청난 부와 성공을 거둔 사람이었다. 그 사람은 열 살짜리 자기 아들의 고급 취향에 대해 농담조로 이렇게 말했다. "이 녀석이 어디 갈 때면 항상 '아빠, 항공사 비행기로 갈 거예요? 자가용 비행기로 갈 거예요? 특등석이에요?' 라고 성가시게 묻는답니다." 그 사람은 웃으면서 말했다. 자랑스럽게 말하는 것 같아서 나는 그 사람을 물끄러미 쳐다보았다. 그러고는 놀란 목소리로 이렇게 물었다. "열 살짜리 애가 민항기로 갈지 자가용 비행기로 갈지 묻는다고요?"

"예, 우습지 않아요?" 그는 껄껄 웃으며 말했다.

나는 고개를 가로젓기만 했다. 속으로 아니요, 우습지 않아요라고 대답했다. 그건 역겨운 일이었다. 그 아이는 망가지고 있는 것이었다. 변하지 않는 진리 하나만 말하겠다. 성공은 지나가는 것이고, 돈은 언제든지 날아가 버릴 수 있다. 성공과 가치에 대한 바탕이 마련되어 있지 않다면 여러분 자신도 바람과 함께 쓸려 날아가 버리게 된다.

무슨 일이든 찾아서 하라
나의 CNN시절

몇 년 전에 나를 도와줄 보조 직원을 한 명 구했는데 아주 우수한 여성이 지원했다. 자격을 보면 나를 훨씬 능가했다. MBA 학위를 갖고 있고 월스트리트에서 일한 경력도 있었다. 시장 돌아가는 원리도 파악하고 있고 월스트리트 전문용어도 제대로 알고 있었다. 텔레비전에서 일하고 싶어 했는데, 나한테 와서 같이 일하고 싶다고 했다. 아주 인상적이 여성이었다.

그런데 면접 때 자신의 요구사항을 이렇게 늘어놓기 시작하는 것이었다. "전용 컴퓨터, 휴대용 전화기, 개인 사무실이 필요합니다." 그녀는 요구사항을 하나하나 꼽아나갔다. "목요일은 쉬고 주말에는 절대로 일을 하지 않습니다." 그런 식으로 끝도 없이 이어졌다. 나는 두 눈이 휘둥그레졌고, 마음은 착 가라앉았다.

말할 때마다 점수를 깎아먹는 지원자와 테이블을 마주하고 앉아 있자니 이 여자는 자기가 무슨 말을 하고 있는지조차 모른다는 생각이 들었다. 자기가 상대방에게 어떤 인상을 주는지에 대해 아무런 생각이 없는 것이었다. 물론 그 여자는 채용되지 않았다.

나는 누구를 채용할 때 자기 힘으로 무엇을 이룬 사람에 대해 심할 정도로 호의를 갖는다. 내가 바로 그런 사람이기 때문이다. 얼마 전에 무슨 물건이든 버리지 않고 모아 두는 것으로 유명한 우리 엄마가 옛날에 써 놓은 내 이력서 뭉치를 가져다 주셨다. 그걸 읽어 보니 예전에 내가 어떤 아이였는지 생각이 나서 너무 기분이 좋았다. 이력서 문구를 보니 거의 애원조였다. "제발 저를 채용해 주세요. 무슨 일이든 열심히 하겠습니다." CNN에 처음으로 일자리를 구했을 때 나는 나보다 더 힘한 일을 할 사람은 없다는 식으로 무슨 일이든 닥치는 대로 했다. 커피 심부름에다 복사기 앞에서 몇 시간씩 보내는 건 예사였고, 이리저리 심부름을 다녔다. 시키면 화장실 청소도 했을 것이다. 일하는 게 그저 너무 좋았다. 일단 출근하고 나면 무슨 일이든 찾아서 했다. 힘한 일 하는 걸 절대로 마다하지 않았다. 그랬더니 효과가 나타났다. 내가 사소한 일도 마다하지 않는다는 것을 알고 사람들은 차츰 더 책임있는 일거리를 맡기기 시작했다. 프리마돈나를 좋아하는 사람은 없다.

하지만 다시 생각해 보니 화장실 청소는 시켜도 안 했을 것 같다. 중요한 것은 유연하고 열린 자세를 갖는 것이지만, 그렇다고 그게 지나쳐서는 안 된다. 나는 기사를 쓰고 싶은데 상사가 화장실 청소를 시킨다면 두 사람의 기대치 사이에 명백한 간격이 있는 것이다. 그런 간격은 해소되어야 마땅하다.

일단 비행기를 타라
세라 페일린 러닝 메이트 특종

하고 싶은 게 있으면 그대로 실행에 옮기라는 게 일하는 데 있어서 나의 철학이다. 전화를 걸고, 비행기를 타고, 현장으로 달려간다. 일이 항상 마음먹은 대로 되는 것은 아니지만, 그렇다고 뒤로 물러나서 전화벨이 울리기를 기다리는 건 체질에 맞지 않는다는 걸 잘 알기 때문이다.

내가 진행하는 프로에서 2008년 늦여름에 에너지 업계에 대한 특집을 진행했는데 프로듀서가 세라 페일린 인터뷰를 하자고 제안했다. 그때 나는 여동생과 애리조나에서 휴가 중이었기 때문에 당장 알래스카로 달려가라는 주문이 썩 달갑지 않았다. 그때는 정말 집으로 돌아가고 싶었다. 내가 꾸물거리는 것을 보더니 동생이 이렇게 다그쳤다. "언니, 어서 비행기 타. 알래스카같이 멋진 곳에 가는데 얼마나 좋아." 물론 동생 말이 옳았다. 더구나 그 인터뷰는 하고 나서 보니 그냥 전화만 걸어서 하기에는 너무도 중요한 것이었다.

현장에 도착하자 무언가 심상찮은 느낌이 들었다. 나는 페일린 주지사와 장시간 인터뷰를 가졌는데 무언가 물밑에서 큰일이 진행되고 있다는 느낌을 지울 수가 없었다. 그 주에 존 매케인이 러닝 메이드를 발표하기로 되어 있었는데 페일린의 이름도 거론되고 있었다. 하지만 당시로서는 매케인이 그녀를 실제로 러닝 메이트로 지명할 것이라고는 누구도 예상하지 않았다. 하지만 나는 형식적인 질문이었지만 매케인 상원의원과 접촉이 있었느냐고 물어보았다. 페일린은 조심스러운 듯 홍보 담당자를 쳐다보더니 어쩌면 후보자 명단에 들어 있는지 모르지만 자기는 모른다며 어물거렸다. 나는 속으로 '흠, 이것 봐라' 하고 생각했다. 인터뷰를 마친 다음 나는 페일린에게 주중에 내가 진행하는 비즈니스 위크 칼럼에서 다시 인터뷰할 수 있겠느냐고 부탁했다. 만약의 일에 대비해서 그녀와의 접촉을 유지하고 싶었던 것이다.

수요일에 페일린과 전화 인터뷰를 했는데 목소리가 아주 자신감에 넘쳤다. 우리는 에너지 외에 일반적인 경제정책 분야로까지 인터뷰 주제를 넓혀나갔다. 그러면서 나는 한번 더 속으로 '흠, 이것 봐라' 하고 생각했다.

금요일에 존 매케인은 세라 페일린을 러닝 메이트로 지명한다고 발표했다. 그러고 나서 일요일에 그 인터뷰가 방송되었기 때문에 나는 새로

지명된 부통령 후보와 최초로 본격적인 인터뷰를 한 셈이 되었다. 그게 모두 내가 한 발 더 나아갔기 때문에 가능했던 일이다. 물론 인터뷰 당시에는 사태가 어떻게 진행될지 나도 몰랐다. 운이 좋았던 것이다. 그렇지만 나는 직접 비행기를 타고 추가적인 노력을 했기 때문에 그 행운을 만들어 낼 수가 있었다.

앞을 내다보고 신뢰를 쌓아라
두바이, 아부다비에서 배운 것

우리가 사는 세상은 인내심이 그렇게 많지 않다. 모두들 당장 눈앞에서 결과를 보고 싶어 한다. 우리가 그처럼 심각한 금융위기를 겪게 된 것도 부분적으로는 그런 이유가 작용했다. 하지만 나의 성공 비결들 가운데 하나는 항상 앞날을 대비해 인간관계에 투자한다는 것이다. 나는 의식적으로 끊임없이 인간관계를 만들어 간다. 그게 바로 저널리즘의 본질이기도 하다. 오늘 당장 인터뷰하고 싶고, 그렇게 해야 한다는 부담도 크다. 하지만 나는 인내심을 갖고 참고 기다린다. 언젠가 지금 투자한 게 보상을 가져다 준다는 것을 알기 때문이다. 기사를 만들어내는 건 한편으로는 집요한 추적의 결과물이고, 또 다른 한편으로는 인간관계의 산물이라는 것도 나는 안다.

기업 집단, 학교, 자선단체 등에서 강연 요청을 자주 받는데 스케줄이 허락하는 한 나는 항상 요청을 받아들인다. 그것도 내가 좋은 인간관계를 구축하는 하나의 방법이 된다. 그 사람들은 나중에 내가 아쉬울 때 전화하면 받아 줄 가능성이 그만큼 높다.

이러한 과정은 또한 나에 대한 신뢰를 키우고, 사람들에게 내가 진지한 저널리스트라는 인상을 심어준다. 기자들이 인터뷰를 하기도 전에 기사를 미리 써놓는다는 이야기들이 있는 게 사실이다. 나는 이야기를 철저하게 파고들며, 상대의 이야기를 진지하게 듣는다는 인상을 심어주려고 노력한다. 두바이와 아부다비로 출장갔을 때 나는 시간을 내서 아부다비 정부의 투자 담당 고위 인사들을 만났다. 그들은 언론에 대해 대단히 불신하는 입장을 갖고 있었기 때문에 내가 진행하는 프로는 어떤 것이며, 어떤 기사를 내보내려고 하는지에 대해 설명하며 그들의 불신을 해소시키는 데 시간이 한참 걸렸다. 나중에 그들이 어떤 기업에 투자하는 것을 보고 왜 투자하는지 알아보려고 전화를 걸었더니 모두들 내 전화를 잘 받아 주었다. 나를 신뢰한 것이다.

인간관계를 구축하는 데는 시간과 인내가 필요하지만 나중에 가면 결국 보상을 받는다. 명함철을 신뢰로 채워 넣어라. 다른 사람들에게 무엇을 해달라고 부탁하기 전에 그들에게 무엇을 해줄 것인지를 먼저 생각하라.

정보를 놓치지 말라
벤 버냉키 특종

지난 2006년 5월에 나는 벤 버냉키 연방준비제도이사회 FED 의장과 한바탕 설전을 벌였다. 7년간 재임한 앨런 그린스펀 의장의 뒤를 이어 의장에 취임한 지 얼마 되지 않은 때였다. 버냉키 의장이 의회 첫 청문회에 참석한 직후였고, FED가 금리인상을 중단하겠다는 그의 증언에 이어 증권시장에서 랠리가 시작된 시점이었다. 그런 시기에 백악관 출입기자 만찬에서 그를 만나 시장 상황에 대해 질문을 했다.

골드만 삭스의 로버트 호마츠 부회장을 포함한 몇 사람이 선 채로 버냉키 의장을 둘러싸고 이야기를 나누고 있었는데 나도 거기에 끼어 있었다. 호마츠 부회장은 인건비, 인플레 등 민감한 질문을 많이 했는데, 버냉키는 모든 질문에 빙그레 웃기만 할 뿐 일절 대답을 하지 않았다. 하지만 내가 "의장께서 의회 증언을 하신 다음 랠리가 시작되었는데 시장과 언론이 당신의 발언을 제대로 짚은 것인가요?"라고 묻자 길게 대답을 했다. 놀랍게도 그는 FED가 앞으로도 금리를 인상하지 않을 것이라고 받아들인다면 그건 시장이 잘못 이해한 것이라고 했다. 우리의 대화는 비공식적인 것이기는 하지만 오프더 레코드는 아니었다. 그리고 만약에 버냉키가 그 이야기를 비공개로 하고 싶었다면 호마츠 부회장 앞에서 그렇게 공개적으로 하지는 않았을 것이라고 생각했다. 그래서 나는 다음날 아침에 그 자리에서 들은 내용을 보도했고, 그 뉴스에 시장은 급락했다.

나는 큰 특종을 했고, 일부에서는 내가 버냉키 의장이 '업무시간 외에' 한 이야기를 보도함으로써 그의 뒤통수를 쳤다고 생각했다. 하지만 내 입장에서 볼 때 그것은 절대적으로 공개된 대화자리였다. 버냉키 의장이 다른 사람은 접근할 수 없는 정보를 나와 호마츠 부회장에게만 준 것은 아니라고 생각했다. 실제로 나중에 호마츠 부회장에게 그 정보를 어떻게 처리했느냐고 물었더니 그는 "당연히 증권거래 데스크에 이야기해 줬지요"라고 했다. 예상했던 대로였다. 그처럼 중요한 정보는 모든 사람이 공유해야 한다고 나는 생각했고, 그런 점도 내가 그 정보를 보도한 이유 중 하나였다.

나는 중요한 정보를 접할 수 있는 자리에 의식적으로 참석했다. 그렇게 해서 중요한 정보를 얻었으며, 그렇게 얻은 정보를 헛되이 흘려보내지 않았다.

4

용기

과감하고, 현명하고, 공정하게 처신하라
외할머니의 유산

외할머니 로살리아 마리아 모레알레는 내가 아는 한 세상에서 가장 용기있는 분이셨다. 미국에서 태어나긴 했지만 외할머니의 모국어는 이탈리아어였고, 어렸을 적에 이탈리아로 가셨다. 나중에 결혼하고 얼마 되지 않아 다시 미국으로 돌아오셨지만, 그때는 미국 태생이라기보다는 이민자 신분에 더 가까웠다. 외할머니 내외는 브루클린에 정착해 가정을 이루셨다. 하지만 엄마가 겨우 여섯 살 때 외할아버지가 돌아가셨기 때문에 외할머니는 힘든 시련에 부딪치게 되셨다. 홀몸으로 딸둘 아들 둘, 이렇게 네 아이를 키워야 했는데 아이들도 영어는 거의 못했다. 외할머니는 공장에서 일하며 가족을 이끌어가시면서 한번도 아이들 앞에서 힘든 내색을 하지 않으셨다.

외할머니는 돌아가실 때까지 브루클린 17번가에 있는 집에서 사셨다. 엄마는 아버지와 결혼한 뒤 한동안 이 2층짜리 아파트에서 함께 살았다. 나는 생후 몇 달간 그 집에서 살았는데, 그러고 나서 부모님은 주거 환경이 조금 더 낫다는 베이 릿지로 이사하셨다.

내가 어렸을 적에는 외할머니가 집안의 기둥이셨다. 우리 집안에서 안정감과 용기를 불어넣어 주는 힘의 원천이셨던 것이다. 나는 놀라운 눈으로 외할머니를 우러러보며 자랐다. 어릴 적 제일 행복한 추억은 외할머니가 일하는 부엌에서 보낸 추억들이다.

내가 열 살이고 외할머니가 74세였던 1977년에 나는 외할머니와 외삼촌 가족을 따라 플로리다에 사는 친척집으로 놀러갔다. 함께 따라가게 되어서 너무 신이 났고, 외할머니는 애를 잘 데리고 갔다 올 테니 걱정 말라며 엄마를 안심시켰다. 여행을 잘 마치고 돌아오는 길이었고, 집에 가면 거창한 환영 파티가 열리기로 되어 있었다. 델라웨어를 지나며 우리는 잠시 차를 세우고 쉬기로 했다. 고속도로변에 차를 세우는데 트랙터 트레일러 트럭이 우리가 탄 소형 해치백을 뒤에서 쾅 하고 들이받았다.

우리는 밑으로 납작하게 깔린 다음 반대편으로 튕겨져 나갔다. 나는 기적적으로 가벼운 상처만 입고 살아났지만 외할머니는 몸이 완전히 짓이겨진 채 트럭의 한쪽 바퀴 옆에 쓰러져 계셨다. 지금도 그 장면이 눈에 생생하다. 외할머니는 자동차에서 튕겨져 나가는 사고를 당한 뒤 9주 동안 혼수상태로 계시다 돌아가셨다.

　외할머니의 죽음은 우리 가족에게 엄청난 충격을 안겨다 주었다. 신앙심이 깊은 엄마는 외할머니가 천국에서 편히 쉬실 거라고 나를 위로했고, 나도 그 말을 믿기는 했지만 상실감이 너무도 컸다. 해가 지나면서 외할머니께 묻고 싶은 궁금한 일들이 너무도 많았다. 어떻게 미국까지 그 먼 길을 올 용기가 나셨는지 궁금했고, 젊은 나이에 홀로 되어서 어떻게 가족을 이끌고 살아갈 힘이 생겼는지 물어보고 싶었다. 비록 육신은 돌아가시고 없지만 나는 외할머니가 우리곁에 계시다는 걸 느낄 수 있었다. 마치 천사가 내 어깨 위에 내려앉아서 내가 올바른 결정을 내리도록 이래라저래라 가르치고 도와주는 것만 같았던 것이다.

　지금도 어떤 일에 확신이 서지 않아 고민하고 있으면 강해져야 한다고 나를 격려하는 외할머니의 조용조용하고 차분한 목소리가 들리는 것만 같다. 나는 수시로 외할머니께 이렇게 묻는다. "이러한 변화를 어떻게 이겨낼 수 있어요, 할머니?" 이렇게 물으면 어떤 변화와 격동에도 굴하지 않은 한 여성이 나를 안심시켜 주는 목소리가 들리는 걸 느낀다.

　외할머니는 용기는 고상한 이상이 아니라는 걸 내게 가르쳐 주셨다. 대부분의 사람들은 어떤 경천동지할 일을 당했을 때만 엄청난 용기가 필요한 게 아니다. 매일매일 살아가면서 만나는 사소한 어려움에 대해 어떻게 하라고 일러주는 작은 목소리가 바로 용기다.

떨리는 건 당연한 거야!
뉴욕양키스 시구

몇년 전에 나는 뉴욕양키스의 경기 때 시구를 해달라는 부탁을 받았다. 너무 흥분이 되었고 축하한다는 말도 많이 들었다. 그러나 엄청나게 떨리기도 했다. 나의 체면이 시험대에 올랐기 때문이다. 뉴욕 팬들은 거칠기로 유명한데, 양키스타디움에서 야유 소리를 들을 수는 없는 노릇이었다. 하지만 나는 야구를 해본 적도 없고, 피치 마운드에서 홈플레이트끼지는 먼 거리다(약 18미터). 내가 공을 던지면 중간쯤에 뚝 떨어질 게 뻔했다.

그 부탁을 들었을 때 나는 애리조나에서 휴가 중이었다. 진짜 운동선수이고 하이킹 가이드로 일하는 친구 댄을 찾아가 공 던지는 걸 좀 가르쳐 달라고 했다. 2주 동안 하루도 빠짐없이 댄은 나를 가르쳤고, 나중에는 내 피칭 실력도 꽤 괜찮다고 할 정도까지 되었다. 하지만 막상 그날 아침에 눈을 뜨자 겁이 덜컥 났다. 도대체 내가 뭘 하겠다고? 내가 양키스타디움에 서겠다니 가당키나 한 일이야? 난 절대로 못할 거야.

댄이 시내로 와서 우리 부부를 구장으로 데려가기로 되어 있었다. 그가 나타나자 나는 이렇게 불쑥 말했다. "오, 맙소사, 댄, 너무 떨려 죽겠어. 내가 도대체 무슨 일을 저지르려고 하는 거야?"

댄은 내 눈을 똑바로 쳐다보며 단호하게 말했다. "마리아, 마운드에 서면 딱 한 가지만 생각해. 떨리는 건 당연한 거야." 그가 한 이 말은 내게 강한 인상을 남겼다. 나는 마음을 진정시키며 웃음을 지어 보였다. "맞아, 나는 할 수 있어." 이렇게 말하고 구장으로 향했다.

마운드로 걸어 나갈 순간이 되자 또 떨리기 시작했다. 환호하는 관중 6만 명이 앞에 있고, 눈을 뜨기 힘들 정도로 바람도 불었다. 홈플레이트까지 거리는 백만 마일은 되는 것 같았다. "오, 노. 도저히 못할 거 같아. 관중들이 야유할 게 뻔해." 나는 심호흡을 한번 한 다음 이렇게 말했다. "떨리는 건 당연한 거야." 그러고는 볼을 던졌다.

공은 홈플레이트를 지나 캐처의 미트로 빨려들어 갔고 관중들은 환호했다. 선수 한 명이 이렇게 소리쳤다. "그 여자를 출전시켜! 공이 너무 좋아. 경기에 넣어!" 정말 달콤한 순간이었다.

하지만 이 이야기의 핵심은 댄이 내게 해준 말이다. 이후 그 말은 내 인생의 모토가 되었다. 지금도 나는 잘 해낼 수 있을까 하고 겁이 나고 떨리면 머릿속으로 이 말을 되뇌어 본다. "떨리는 건 당연한 거야." 그렇게 하면 앞으로 달려나가는 데 도움이 된다.

과감하게 도전하라

AIG를 글로벌 기업으로 키운 행크 그린버그

용기란 삶의 한 방법이고, 한번이 아니라 일련의 여러 행동을 나타내는 것이다. AIG를 작은 보험회사에서 글로벌 거대 기업으로 키운 모리스 '행크' 그린버그도 용기를 보여준 아주 좋은 사례 가운데 하나이다. 행크는 내게 용기야말로 성공의 핵심 열쇠라는 말을 한 적이 있는데, 그의 살아온 길이 이를 증명한다. 그의 어린시절에 대해 이야기를 들은 적이 있는데, 나는 그가 지나온 휴먼드라마에 큰 감동을 받았다. 대부분의 사람들은 그를 단순히 세계적으로 막강한 기업에서 크게 성공한 CEO로만 생각한다. 그리고 치욕적인 몰락을 딛고 불굴의 의지로 컴백에 성공한 경영인으로 기억한다. 하지만 나는 그에게 세상 사람들이 모르는 면이 있다는 걸 알게 되었다. 그는 여섯 살 때 아버지를 여의었다. 모친이 재혼한 뒤에 그들은 뉴욕주 리버티에 있는 작은 시골 농가에서 살았다. 뉴욕시에서 북서쪽으로 약 90마일 떨어진 곳이었다.

"아홉 살 땐가 열 살 때 나는 새벽 네 시에 일어나면 소젖을 짜기 전에 사향쥐와 밍크를 잡으려고 쳐놓은 덫을 챙기고, 그런 다음에 학교에 갔어요. 숲속을 쿵쾅거리고 뛰어다니며 털짐승들과 머리싸움을 하다 보면, 그놈들의 꾀가 어떤지, 잡으려면 어디다 덫을 놓아야 할지 등을 궁리하게 되지요. 그렇게 하다 보면 안전한 곳에서는 배우지 못하는 일들을 배우게 됩니다."

그는 열일곱 살 때 집을 떠나 육군에 입대했다. 1942년이었는데, 마을의 많은 다른 젊은이들과 마찬가지로 그도 전쟁 중인 조국에 무언가 보탬이 되어야겠다는 생각을 했다. "입대하려면 열여덟 살은 넘어야 하기 때문에 나이를 속였지요." 그는 이렇게 말했다. "카운티 사무실에서 일하는 여자친구가 있어서 백지 출생증명서를 얻은 다음 내 손으로 생년월일을 적어 넣었지요. 그런 다음 여자친구가 도장을 찍어서 열여덟 살임을 보여주는 출생증명서를 만든 것입니다." 그렇게 해서 유대인인 그는 유럽 전선으로 배치되어서 곧바로 치열한 전장에 투입되었다. 그는 겨우 열아홉 살 때 중위로 진급했다.

전쟁을 통해 용기를 배웠느냐고 물었더니 그는 이렇게 말했다. "용기는 배우는 게 아니라고 생각합니다. 용기가 있거나 없거나 둘 중의 하나지요. 처음에는 수많은 내적인 저항을 극복해야 합니다. 두려움을 가진 적이 한 번도 없었다면 거짓말이겠지요. 눈앞에서 벌어지는 일들을 많이 볼수록 나는 최악의 상황이 내게도 일어날 수 있다는 확신을 점점 더 갖게 되었습니다. 최악의 일이 항상 다른 사람에게만 일어나지는 않겠지요. 두려움은 부끄러워할 일이 아니며 그것을 극복하는 법을 배워야 합니다. 일단 한번 이겨내고 나면 그 다음부터는 한결 더 쉬워집니다. 이를 악물고 해야 할 일을 해야 합니다. 사람들을 이끌어야 하는 입장이라면, 용기뿐 아니라 자신감도 갖추어야 사람들이 따른다는 사실을 알아야 합니다. 자기는 하지 않을 일을 다른 사람들에게 하라고 시킬 수는 없습니다."

1944년 6월의 D 데이 노르망디 상륙작전 때 그는 오마하 해변에 있었다. 당시 그는 이미 힘든 고비를 여러 번 넘긴 다음이었지만 오마하 해변은 그 전쟁의 그라운드 제로 격이었다. 2200명이 넘는 미군 병사들이 적의 포화를 뚫고 해변으로 상륙하다가 목숨을 잃었다. 그는 전함에서 대기하며 해변으로 상륙하라는 진군 명령을 기다리고 있었다. "우리 주위에는 전함들이 빽빽하게 들어차 있었지요." 그는 이렇게 회고했다. "모두들 불안감에 휩싸여 있었을 건 뻔하지요. 하지만 나는 엄청나게 운이 좋았어요. 우리 대대장은 상륙하기로 되어 있는 해변에서 벌어지는 상황을 보고는 조타수에게 그곳에서 해변 아래쪽으로 100야드 정도 떨어진 곳으로 상륙하라고 명령했습니다. 만약에 대대장이 그렇게 하지 않았더라면 나는 지금 당신과 마주앉아 이야기를 나누고 있지 못할 것입니다."

1945년 4월에 그는 제 45보병사단 소속으로 다하우 해방작전에 참전했다. 그들을 맞이한 것은 이루 말로 다할 수 없는 살육의 현장이었다. 선로 위의 객차 안은 물론 온 사방에 시체들이 널려 있었다. 수용소에서 발견된 수천 명의 수감자들은 목숨은 붙어 있지만 살아 있는 해골들이었다. 그러한 광경은 젊은 유대인 행크의 마음속에 평생 각인되어 남았다. 걸어서 다하우로 진격해 들어가면서 전쟁에서 그가 마지막으로 필요했던 용기있는 행동은 끝났고, 그는 동성무공훈장을 받았다. 본국으로 돌아온 그는 전쟁터에서 겪은 일보다 민간인으로서의 생활에 적응하는 게 더 힘들다는 것을 깨달았다. 마치 뿌리가 뽑힌 사람처럼 외로웠다. 전장에서 그는 한 명의 성인이었고 지휘관이었지만 민간인으로서 그는 겨우 고교 중퇴생에 불과했다. 3학년을 마치지 않고 입대했기 때문이다. "새삼스레 뉴욕주의 리버티로 돌아가 다시 고등학생이 될 수는 없었어요." 그는 이렇게 말했다. "그때 이미 스무 살이었고, 그래서 뉴욕의 로즈 스쿨에 입학했습니다. 주당 5달러를 주고 웨스트 10번가에 방 하나를 구했습니다. 약 7개월 만에 학교를 마쳤지만 정말 너무도 힘든 나날이었지요. 낯설기만 하고, 승강기도 없는 그 아파트에서 혼자 지냈습니다. 도시 전체를 다 둘러봐도 아는 사람 한 명 없고, 가진 돈도 군대서 모은 몇 푼밖에 없었어요. 성장기를 군에서 보냈기 때문에 너무도 외로웠습니다."

힘든 가운데서도 그는 시작한 공부를 기어코 마치기 위해 열심히 노력했다. 대학에 진학해서 마이애미대에서 법학 전공으로 학사학위를 받은 다음 뉴욕대 로스쿨로 진학했고, 1950년에 로스쿨을 졸업했다. 마지막 수업을 마치고 엄마를 만나기 위해 자동차를 몰고 가는데 라디오에서 북한이 한국을 침공했다는 뉴스가 흘러나왔다. 예비군이었기 때문에 그는 소집이 되어 대위 계급으로 한국에 파견되었다. "한국전은 정말 힘든 전쟁이었습니다." 군인들이 겪은 너무도 열악한 상황들을 회상하며 그는 이렇게 말했다. "겨울은 정말 끔찍했는데 방한복도 제대로 없었어요. 발을 따뜻하게 하려고 신문지 뭉치를 군화 속에 집어넣고 다녔어요. 너무도 추악한 전쟁이었어요. 하지만 꼭 해야 될 일은 해야 되는 것이지요. 나는 250명 정도 되는 중대 병력을 지휘했고, 돌아와서는 직장을 구해야 했습니다."

한국전쟁에서 돌아온 다음의 생활에 대해 그는 이렇게 말을 이었다. "운이 좋았던 셈이지요. 집으로 돌아온 바로 다음날 나는 같이 로스쿨에 다닌 친구들 몇을 찾아갔습니다. 친구들은 뉴욕 다운타운의 보험회사들이 많이 모여 있는 지역에서 과실過失 관련 업무를 다루는 변호사로 개업

해서 일하고 있었지요. 그들이 하는 일에 같이 끼어들고 싶지는 않았어요. 친구들 사무실을 나와 한참 걸어내려 오다가 우연히 콘티넨털 캐주얼티 보험회사 앞을 지나가게 되었습니다. 무작정 회사 문 안으로 걸어 들어갔고, 그 자리에서 바로 주니어 언더라이터로 채용이 되었지요. 그게 뭐하는 자리인지도 모르고 무조건 입사를 한 것입니다. 변호사 일을 시작할 때까지 잠시만 하겠다는 생각을 했던 게 지금까지 보험업계에서 일하게 된 것입니다."

그는 새로운 분야에서 또 다른 전투를 치러야 한다는 것을 알게 되었다. "보험업계에 들어와 보니 그건 한마디로 소위 와스프WASP 엘리트들이 이끄는 사업이었어요. 유대인이라는 것은 좋은 신분 배경이 되지 못했고, 그 핸디캡을 극복해야 했습니다. 유대교 신앙을 가진 사람들은 대부분 에이전트나 브로커로 활동했고 보험회사를 경영하는 사람은 없었습니다. 나는 에이전트나 브로커를 할 생각은 없었어요. 그건 별로 내키지가 않았던 거지요. 나는 기존의 보험회사와는 전혀 다른 보험회사를 내 손으로 만들어 보겠다는 비전을 갖고 있었어요. 반드시 해보겠다는 결의가 있었습니다."

히틀러군과 맞서 싸우고, 다하우 해방작전에 참전한 사람이지만 고국에서 겪는 반유대주의 정서는 정말 삼키기 힘든 약이었다. "유대인이라는 이유로 어려움을 겪으면서도 나는 그 때문에 좌절을 겪게 될 것이라는 걱정은 한번도 하지 않았습니다. 비탄에 젖어 가만히 앉아 있은 적은 없었어요. 만약에 그랬다면 그건 내가 아니지요. 해야 한다고 생각되는 일을 계속 해나갔습니다. 일을 통해 사람들의 마음을 사로잡아 나가야 합니다. 일을 제대로 하면 사람들도 여러분이 하는 일을 제대로 평가해 주기 시작합니다. 그게 바로 어려움을 이겨내는 방법입니다." 그는 1968년에 AIG 설립자인 C.V. 스타의 뒤를 이어 제2대 CEO가 되었다.

그는 차분한 어조로 이렇게 말을 이어나갔다. "비즈니스에서는 다른 사람이 하지 않은 일을 하고, 자기가 옳다고 생각하는 일에 과감히 도전하고, 그 일이 성공할 것이라고 확신해 모험을 감수하는 게 바로 용기입니다. 나는 평생을 보험이라는 모험 비즈니스에 종사해 왔습니다. 계속 앞을 향해 나아갔고, 다른 사람이 하지 않은 일을 했습니다. 새로운 시장을 개척하고, 다른 사람들이 가보지 않은 길을 갔습니다. 철의 장막이 걷히기 전에 다른 사람들은 감히 생각지도 못할 때 러시아로 진출했고, 1975년에 중국에도 진출했습니다. 다른 사람들은 중국에서 보험 비즈니스를 한다는 것은 감히 상상도 못하던 시절이었습니다."

그는 이렇게 말을 이었다. "하지만 용기만 가지고 되는 것은 아니고, 건전한 상식도 함께 갖추어야만 합니다. 용기는 만용과는 다른 말입니다. 본능에 따라 움직이는 것이기는 하지만, 그것은 지식이 뒷받침된 본능이어야 합니다. 그리고 그 일을 추진하는 데 필요한 에너지도 갖추어야 합니다. 어떤 일은 본능에 크게 좌우되기도 합니다만 사람의 목숨이 달려 있는 것처럼 사안이 아주 중대한 경우에는 심사숙고가 필요합니다. 그리고 만약에 일이 예상한 대로 되지 않아 회사에 손실을 끼칠 수 있는 경우에는 아주 신중하게 생각한 다음 행동에 옮겨야 합니다. 그리고 일단 검토가 끝난 다음에는 단호하게 행동해야 합니다."

용기에는 정직함이 필요하다고 그는 강조했다. 어떻게 보면 제일 중요한 말이기도 했다. "전시든 평시든 다를 게 없습니다. 자기 자신이 믿지도 않는 말을 다른 사람한테 해서는 안 됩니다. 되지도 않은 일을 하라고 사람들을 부추겨서는 안 됩니다."

그가 하는 이야기를 듣고 있자니 84세의 나이에 어쩌면 저렇게 젊었을 때와 똑같은 열정과 자신감으로 충만할 수 있는지 경이롭기만 했다. 많은 사람들이 AIG의 몰락을 보고 어리둥절해하는 것은 당연하다고 본다. 하지만 그는 두 눈을 번뜩이며 "내 말을 우습게 들으면 안 돼요"라고 했다.

실패의 두려움을 이겨내라
스티븐 파블류카, 제프 이멜트

최근에 일어난 금융위기 같은 대규모 재앙이 아니더라도 우리는 두려움에 사로잡히는 경우들이 있다. 한 가지 분명한 사실은 여러분의 생각이 두려움에 근거하고 있으면 올바른 판단이나 행동을 할 수가 없다는 것이다. 이런 말을 하는 친구가 있었다. "나는 CNBC 뉴스를 볼 때 소리를 죽이고 본다. 시장 동향을 가리키는 화살표가 오르락내리락하는 것을 보면 오장육부가 뒤틀리는 것 같아. 도무지 현실의 일 같지가 않고 꼭 오즈의 마법사가 스크린 뒤에 숨어서 레버를 조작하는 것 같은 기분이 들어." 나도 그랬고 금융위기가 절정일 때는 많은 사람들이 같은 기분이었다. 투자의 달인이라는 사람들도 돈을 '이불 밑에 묻어두는 게 낫겠다'는 말들을 했다. 당연히 그런 걱정을 할 만한 시기였지만, 두려움에 기초한 사고는 그것 자체가 주식시장에서 스스로 부정적인 결과를 만들어냈다. 회복에 필요한 첫 단계는 바로 이 두려움을 극복하는 것이다.

개인의 일도 마찬가지다. 두려움에 기초한 생각은 성공에 방해가 된다. 두려움을 이겨내고 행동할 수 있는 능력이 바로 용기다. 운동선수가 어려운 샷을 날리는 것도 마찬가지다. 성공할 것이 확실해서가 아니라, 성공할 수 있는 여지가 있기 때문에 하는 것이다.

베인 캐피털 파트너스의 사장이고 보스턴 셀틱스 공동구단주인 스티븐 파블류카는 뛰어난 비즈니스맨일 뿐만 아니라 아주 재미있는 사람이다. 지금처럼 어려운 시기에 힘들게 버텨나가고 있는 사람들에게 해줄 조언이 무엇이냐고 물었더니 스포츠, 리더십, 인생을 주제로 자기가 쓴 라디오 방송 시리즈 원고를 보여주는 것이었다. 그는 고교시절 최대 라이벌 팀과 가진 농구경기를 한번도 잊은 적이 없다고 했다. 더블 오버타임 접전이 벌어졌고 그는 프리드로를 하기 위해 드로라인에 섰다. 그는 십대들이 흔히 하는 멜로드라마 같은 생각으로 경기 승패뿐 아니라 자신의 전 생애가 그 샷에 달려 있다는 각오를 했다. 그래서 과감한 결단을 내렸다. 정석 플레이는 아니지만 드로라인에서 점프슛을 날리기로 한 것이었다. 그는 슛을 날렸고 공은 바스켓 안으로 들어갔다. 정말로 신나는 승리의 순간을 만끽했다. 비록 상대팀이 다시 반격해 결국 승리를 넘겨주기는 했지만.

그는 솔직히 경기가 패한 사실은 기억하지 않는다. 자기가 성공시켰던 그 슛만 기억하는 것이다. "그 경험은 내게 위기의 순간에는 잡은 기회를 반드시 성공시켜 실패에 대한 두려움을 이겨내는 게 정말 중요하다는 걸 보여주었습니다. 사람들이 꽉 들어찬 경기장에서 그렇게 미친 점프 슛을 날린 것은 내 뇌리에 영원히 남아 있어요. 그 기억은 비즈니스 업계에서 일하는 지금도 위기의 순간이 오면 집중력을 발휘할 수 있도록 내게 힘을 줍니다."

나는 그가 말하는 이러한 통찰력에서 한걸음 더 나아가고 싶다. 용기를 가진다는 건 단지 위기를 맞았을 때 겁먹지 않는 것만 뜻하는 게 아니다. 용기는 명료한 정신으로 그 위기의 가치를 제대로 파악하는 것을 뜻하기도 한다. 나의 보스이자 제너럴 일렉트릭의 CEO인 제프 이멜트는 2001년에 잭 웰치로부터 그 자리를 넘겨받은 이후 여러 차례 힘든 위기를 겪었다. 하지만 그는 회사가 어려움에 처한 게 나쁜 소식이라고 할 수만은 없다는 주장을 일관되게 해왔다. 어려움을 통해 교훈을 얻는다는 말이었다. 2008년 금융위기가 한창이던 때 뉴욕대 스턴 비즈니스 스쿨에서 관중들 앞에서 제프와 인터뷰를 가졌는데 그때 그는 이렇게 말했다. "평생 내 눈으로 보리라고 생각해 본 적이 없는 일을 벌써 스무 가지나 봤습니다. 그리고 내 손으로 할 것이라고 생각해 본 적이 없는 일을 열 가지나 했습니다. 그리고 앞으로 할 열 가지도 줄을 서서 기다리고 있습니다."

제프는 사업을 하다 어려운 시기를 맞으면 일을 새롭게 시작할 수 있는 기회가 된다고 믿는다. "2008년 9월에 GE를 이끈다는 게 얼마나 힘든 일이었는지는 말로 설명할 수 없을 정도였습니다. 리먼 브러더스가 파산했을 때 정부가 나서서 AIG를 구해 주었지만 위기는 계속해서 닥쳤습니다." 그는 계속해서 이렇게 말했다. "하지만 위기가 아니었더라면 우리는 새로 시작할 수 없었을 것입니다. 위기 덕분에 우리는 진로를 수정해 긍정적인 방향으로 나아갈 수 있게 된 것입니다."

여러 해 동안 나는 제프가 일하는 모습을 지켜보았다. 그는 대중적인 인기를 누릴 때도 있었고, 진정한 리더십을 발휘할 때도 있었다. 나는 그의 일관된 태도에 감명을 받았다. 그는 삶이라는 게임이 펼쳐지는 인간사에서는 직구만 날아오는 게 아니라 커브볼이 날아오는 경우도 많다는 것을 잘 아는 사람이다. 그리고 중요한 것은 어떤 공이 날아오느냐가 아니라 그 공을 어떻게 받아내느냐 하는 것임을 그는 안다.

새로운 일에 도전하라
나의 동료 론 인새너

나의 CNBC 동료인 론 인새너는 자신의 소리에 귀를 기울이고 모험을 감행하는 일에 관한 한 할 말이 많은 사람이다. 론의 이야기는 사람들에게 영감을 불어넣어 주는데, 그가 이룬 업적 때문만이 아니라 모험을 받아들이고, 그것을 이겨내는 과정을 통해 엄청난 지혜와 지식의 보고를 쌓았기 때문이다.

론은 1984년 파이낸셜 뉴스 네트워크에서 방송 일을 시작했는데, 이 회사가 CNBC와 합병된 이후 계속 남아 일을 해왔다. 22년 동안 매일 일어나는 제일 중요한 금융 관련 뉴스들을 전하면서 그는 사람들에게 친숙한 얼굴이 되었다. 그는 박식할 뿐만 아니라 직설적인 화법이 시청자들에게 신뢰를 주었기 때문에 엄청난 인기를 누렸다. 론은 계속 방송에 남아 최고의 리포터가 될 수도 있었을 것이다. 하지만 그는 다른 길을 가기로 했다. 2006년에 CNBC와의 계약기간이 만료되자 그는 전혀 다른 일을 해보겠다는 큰 꿈을 품고 헤지펀드 회사를 시작했다. "새로운 도전을 해보고 싶었어요." 론은 내게 이렇게 말했다. "하던 일에 싫증이 난 것은 아닙니다. 하지만 2006년 말이 되자 방송 저널리즘에서 하고 싶었던 일 가운데 못해 본 일이 없었어요. 마흔다섯 살인데 앞으로도 이 일을 계속 하는 게 옳은지 확신이 서지 않았습니다. 뉴스 비즈니스에 비해 오피니언 비즈니스가 우위를 점하고 있었지요. 그래서 나는 앞날에 대해 다시 생각해 볼 시점이 왔다는 판단을 내렸어요."

그는 당시 자신이 내린 결정의 배경에 대해 이렇게 설명했다. "오래 전부터 헤지펀드 비즈니스에 관심이 많았어요. 우수한 헤지펀드 매니저들은 하나같이 저널리스트인 나보다 정보 흐름을 더 잘 꿰뚫고 있었습니다. 내 회사를 시작해 볼 준비는 갖추었다고 생각했습니다. 그동안 회사에서 대준 돈으로 MBA도 따고 경영학 전공으로 박사학위도 받았으며 나름대로 공부를 많이 했습니다. 이제는 내가 아는 것을 실제 금융시장에서 써먹을 수 있는지 한번 보고 싶었던 것입니다."

그는 CNBC를 떠나 인새너 캐피털 파트너스를 설립했다. 대단한 모험이었지만 그는 아주 조심스럽게 그 일을 시작했다. "직접 트레이딩 경험이 없기 때문에 곧바로 헤지펀드를 시작하는 건 무리였어요." 그는 이렇게 말했다. "훌륭한 펀드 매니저들을 뽑아서 펀드 운용에 도움을 받는 편이 낫겠다고 생각했습니다. 그래서 2006년 3월에 나는 직접 사람들을 채용하기 시작했습니다. 진용을 갖추는 데 꼬박 일년이 걸렸어요. 새로운 모험을 하는 데 대한 두려움은 없었어요. 별로 어려운 결정이 아니었고 잘될 거라고 믿었어요. 아내 멜린다도 내게 힘을 보탰어요. 적어도 가족들의 미래를 위험에 빠뜨리는 짓은 아니었습니다. '올 오어 낫싱'으로 일을 하는 타입이 있는데 그런 사람들은 농장을 저당잡히고 모험을 합니다. 우리 아버지는 사업을 벌인다고 집 살 돈을 날리셨지요. 그 때문에 우리는 돈이 생기는 족족 모두 집세 내는 데 들어갔습니다. 아버지는 집안의 돈을 자기 멋대로 쓰셨고, 그게 큰 잘못이었어요. 내 눈으로 그런 일을 봤기 때문에 가족의 생활을 위태롭게 하는 짓은 하지 않습니다. 그렇더라도 사업을 시작한다는 것은 대단한 모험이지요. 경제적으로뿐만 아니라 경력 면에서도 그렇습니다. 자기 사업을 할 준비가 제대로 갖추어졌는지 잘 따져보고 결정해야 합니다."

다른 준비는 다 잘했는지는 모르지만 사업을 시작한 타이밍은 더 이상 나쁠 수 없을 정도로 최악이었다. 사업을 시작한 지 일 년도 채 안 돼 금융위기가 월스트리트를 강타했다. 2008년 8월에 인새너 캐피털 파트너스는 영업을 중단했고, 2009년에 론은 CNBC의 파트타임 애널리스트로 복귀했다.

나는 그가 자신의 사업 경험에 대해 어떻게 생각하는지 궁금했다. 과감한 도전에 대해 후회하고 있을까? 그는 전혀 후회는 없다고 잘라 말했다. 오히려 배운 게 얼마나 많은지 모르고, 앞으로 유용하게 쓸 수 있는 지혜를 얼마나 많이 얻었는지 모른다고 했다. 그는 자신의 결정을 실책이라고는 전혀 생각지 않는다며 이렇게 말했다. "지금까지 해오던 일과 다른 일을 해보려고 하는 사람들에게 내가 해줄 수 있는 최상의 어드바이스는 배짱대로 하라는 것입니다. 나는 내 생각대로 했다가 실망한 적이 한번도 없었습니다. 물론 철저한 계획을 세워서 임해야 합니다. 계획을 잘 세우고 사전 준비를 철저히 하지 않고서는 일을 제대로 해낼 수 없습니다. 그리고 자기보다 더 똑똑하고, 믿을 수 있는 사람들을 주위에 두어야 합니다. 무작정 문밖으로 걸어나가 새로운 일을 시작해서는 안 됩니다. 그런 다음에 마지막으로 배짱으로 밀어붙이면 무슨 일이든 가능합니다. 나는 자산 관리 분야에서 수영의 올림픽 금메달리스트인 마이클 펠프스 같은 존재가 될 수도 있었겠지만, 아무리 그래도 쓰나미가 밀어닥치니 빠져죽을 수밖에 없었습니다. 그게 인생입니다."

그는 자신이 실패한 것에 대해서 이렇게 말을 이었다. "사업이 원래 계획한 대로 성공을 거두지 못했다고 그걸 실패라고 생각지 않습니다. 무슨 일을 하든 거기서 배울 게 있다고 생각합니다. 그래서 나는 최선을 다합니다. 인생의 모든 고비마다 스스로 변화하고 성장하지 않는다면 막다른 골목으로 빠져 들어가고 만다고 나는 생각합니다. 그렇게 되면 승리나 패배, 아니면 무승부를 기록하든 상관없이 여러분의 건강과 행복에 나쁜 영향을 미치게 됩니다. 평생 같은 분야에서 일하다 보면 자기 만족에 빠지기 쉬운데 그건 위험합니다. 자기 내면의 소리를 따라 자기가 하고 싶은 일을 하지 않는다면 아무것도 이룰 수가 없습니다."

자기 밥그릇은 반드시 챙겨라

오길비 앤드 매더 CEO 셸리 라자러스의 배짱

힘든 업무를 수행하는 와중에 자신만의 개인적인 여유를 따로 떼어내려면 상당한 용기가 필요하다. 오길비 앤드 매더의 CEO인 셸리 라자러스는 이런 점에서 대단히 모범적인 성공 사례다. 그녀는 이 회사에서 30년 넘게 여러 직책을 거치며 차근차근 위로 올라갔다. 많은 여성들과 마찬가지로 그녀도 할 일의 우선순위에 균형을 유지하며 직장 일을 충실히 하는 동시에 아이들도 빈틈없이 돌봐야 했다. 그러려면 용기가 필요했다. "오랫동안 남자들만 있는 사무실에서 나는 언제나 유일한 여성이었어요. 하지만 그런 사실 때문에 내가 꼭 해야 할 일을 못하는 일은 없도록 했어요." 그녀는 내게 이렇게 말했다.

"하루는 보스가 '금요일 오후 두 시에 열리는 회의에 참석해 주기 바랍니다'라고 했어요. 나는 이렇게 말했지요. '아들 축구시합이 있기 때문에 그 회의에는 참석할 수가 없습니다.' 그는 내 대답에 기가 막힌 나머지 참석하라고 계속 다그치며 이렇게 말했습니다. '노, 노, 노. 반드시 참석하도록 해요.' 그래서 나는 이렇게 말했지요. '미안합니다. 지금부터 십년 뒤면 사람들은 그 회의에 누가 참석했는지 기억하지 않을 것입니다. 하지만 십년이 지나도 우리 아들은 오랫동안 연습해온 그 결승전에 내가 오지 않았다는 사실을 기억할 것입니다. 가겠다고 아들과 약속했으니 나는 갈 겁니다. 그러니 1시 30분에 사무실에서 나가도록 허락해 주세요. 어차피 나는 갈 거니까요.' 나는 결국 그 회의에 참석하지 않았고, 회의 결과는 나중에 리포트로 받아 보았습니다. 그래도 세상은 아무 일 없이 잘 굴러갔어요."

개인적인 삶은 직장에서의 삶과 매일 교차한다. 두 가지를 모두 만족시킬 방법은 없고, 우리에게 그럴 권리가 없다고 말하는 사람들도 있다. 하지만 셸리가 겪은 것처럼 자신의 입장이 확고하면 우리는 더 강해질 수 있다. 그렇게 한다고 목이 달아나지는 않는다.

과감하게 큰 길에서 벗어나라
하버드를 중퇴한 빌 게이츠

국제 비즈니스맨으로 큰 성공을 거둔 한 친구는 대학에 다니는 아들이 공부에는 관심이 없고 아버지 돈만 물 쓰듯 한다고 걱정이 태산같았다. 보다 못한 내 친구는 아들에게 이렇게 말했다. "이제 집에서 내보낼 테니 중국으로 가거라."

아들은 놀라 울부짖다시피 말했다. "중국요? 제가 거기 가서 무얼 하게요?"

"그건 나도 모르지." 친구는 이렇게 대답했다. "뭘 할지는 네가 찾아봐야지. 베이징에 아파트는 하나 구해 줄 테니 혼자서 살아 보거라. 뭘 할지 결정이 되면 나한테 연락해라."

용감하고 현명한 선택이었다. 그는 아들이 똑똑하지만 틀에 박힌 대학 생활에는 맞지 않는 녀석이라는 것을 알았다. 아들을 맞지도 않는 틀에 억지로 맞추려고 하는 대신 도박을 해보라고 한 것이다. 도박은 들어맞았고, 아들은 중국에서 철이 들었다. 세상 물정에 눈을 뜨고 성숙해졌다. 아버지의 현명한 선택이 아들의 삶을 바꿔놓은 것이다.

빌 게이츠는 틀에 박힌 길에서 벗어나 성공한 가장 모범적인 사례들 가운데 한 명일 것이다. 그는 하버드대 3학년 때 부모를 찾아가 한 학기를 휴학하고 마이크로소프트를 창업하겠다고 했다. 오랜 친구인 폴 앨런과 함께 앨버커키에 세울 작은 소프트웨어 회사였다. "충격적인 말이었습니다." 그의 아버지 빌 시니어는 내게 이렇게 말했다. 그러면서도 한 학기 쉰다고 아들의 장래가 크게 잘못되지는 않을 것이란 생각을 했다는 것이다.

빌 게이츠는 한 학기 휴학 뒤 하버드로 복학했다. 하지만 불과 몇 달 만에 폴 앨런이 그를 회사로 급하게 도로 불러들였다. "아버지, 어머니." 빌은 부모를 찾아가 이렇게 말했다. "앨버커키로 돌아가야 되겠습니다. 하버드로 다시 돌아오기는 하겠지만, 지금 당장은 회사에서 저를 필요로 합니다."

충격적인 말을 들었던 당시를 회고하며 그의 아버지는 이렇게 말했다. "그 순간 우리가 가진 이해력이 몇 배로 커졌습니다. 우리는 전통주의자였습니다. 아이들 키우면 대학은 졸업시켜야 한다는 생각을 갖고 있었지요. 그런데 아들 녀석은 대학 졸업할 생각이 없는 게 분명해 보였고, 그렇다고 우리가 어떻게 해 볼 여지도 전혀 없었어요."

하버드를 중퇴하고 35년 만인 2008년에 빌 게이츠는 졸업식 축사를 하기 위해 모교로 돌아왔고, 그 자리에서 명예박사학위를 받았다. "아버지, 하버드로 돌아와 학위를 받겠다고 제가 분명히 말씀 드렸잖아요." 그는 이렇게 말했다. 다만 그는 다른 사람들에 비해 우회로로 많이 돌아왔을 뿐이다.

그렇다고 대학을 때려치우라는 게 내 말의 요점은 아니다! 전통적인 길이 항상 최선의 길은 아니라는 말을 하려는 것이다. 어떤 길이 자기에게 맞지 않는다고 생각되면 선택의 폭을 넓혀서 다른 길을 시도해 보도록 하라. 시간이 더 걸릴 수도 있고, 당초 예상했던 것과 다른 방향으로 나아갈 수도 있을 것이다. 하지만 그렇게 하는 여행 자체가 기쁨을 가져다 주고 성취감을 안겨 준다.

대범한 눈으로 바라보라
행크 폴슨, 토머스 프리드먼

행크 폴슨 재무장관은 2008년 가을 생애 최대의 도박을 하기 위해 의회에 나타났다. 위기에 처한 금융 시스템을 구원해 달라고 의회에 요청하기 위해서였다. 폴슨 장관은 당시 자신의 심정을 "바주카포를 메고 들어가는 심정"이라고 표현했는데, 그 말이 정말 가슴에 와닿았다. 그는 이렇게 말했다. "주머니에 물총을 넣고 걸어 들어간다면 아무도 물총이 있다는 걸 모를 것이고, 따라서 여러분이 무슨 일을 할 수단을 갖고 있다는 것도 모를 것입니다. 하지만 바주카포를 어깨에 메고 들어간다면 모든 사람이 그것을 볼 것이고, 마음만 먹으면 그걸 쏠 수 있다는 걸 알 것입니다."

나는 그가 말한 이 바주카포 이야기를 좋아한다. 그것은 확신으로 넘치고 위압적인 모습을 보이는 것을 말한다. 자신있는 태도는 다른 사람들에게도 자신감을 불러일으킨다. 어느 의미에서 자신감은 미국적인 방식이다. 젊은 사람들에게 "열심히 일하면 본전은 할 수 있을 거야"나 "열심히 하면 평균은 갈 수 있어"라고 말하는 사람은 없다. 우리는 바주카포 국민이니까!

금융계 내부의 움직임을 알기 위해 내가 수시로 접촉하는 뉴스원 가운데 한 분이 금융 시스템 안정에 관련해 흥미로운 이야기를 들려주었다. 그녀는 내게 이렇게 물었다. "호황과 불황이 반복되는 붐-버스트boom-bust 경제가 왜 나쁜가요?"

그 질문을 듣고 나는 놀랐다. "호황과 불황이 반복되면 불안정하잖아요." 나는 이렇게 대답했다. "오늘날 우리가 처한 위기상황도 그래서 온 것 아닙니까."

그녀는 어깨를 으쓱해 보이며 이렇게 말했다. "내가 볼 때 거품과 붕괴의 경기 순환은 기회입니다." 그러고는 이렇게 말을 이었다. "거품과 거품의 붕괴는 부富에 다가갈 수 있는 기회를 제공해 줍니다. 거품 시기는 좋지만, 그렇다고 모든 게 영원히 상승하지는 않지요. 거품 붕괴는 사람들에게 좋은 가격에 시장에 들어갈 수 있는 기회를 제공해 줍니다. 기회의 문이 열리는 것이지요. 거품 시기만 계속되며 경기가 일직선으로 진행된다면 새로운 부의 창출은 불가능합니다." 그녀는 거품과 거품 붕괴의 순환에 대한 나의 생각을 바꾸어놓았다.

뉴욕타임스의 저명한 칼럼니스트로 '세계는 평평하다' The World is Flat와 '뜨겁고, 평평하고, 밀집되는 세계' Hot, Flat and Crowded의 저자인 토머스 프리드먼도 내가 진행하는 '월스트리트 저널 리포트' 쇼에 출연해 비슷한 입장을 나타냈다. 그는 이렇게 말했다. "19세기에는 철도가 거품과 거품 붕괴를 일으켰습니다. 그 결과로 우리는 멋진 철도 시스템으로 촘촘하게 엮여진 나라가 되었습니다. 닷컴의 거품과 붕괴는 우리에게 훌륭한 인터넷 구조를 남겨 주었습니다. 문제는 지금의 금융 호황과 버블, 거품 붕괴가 우리에게 무엇을 남겨줄 것인가 하는 것입니다."

아직 금융위기의 반전을 기대하기는 쉽지 않다. 하지만 긴 역사적 관점에 기초한 이러한 시각은 과감하고 희망적이다. 이러한 시각은 우리로 하여금 대범한 자세로, 아무리 큰 위기도 성공의 씨앗이라는 눈으로 보라고 가르친다.

모험을 하되 남을 배려하라
누리엘 루비니 교수의 충고

용기를 갖는다는 것은 기꺼이 모험을 한다는 말이다. 하지만 모험을 감행할 때는 자기가 내리는 결정이 자신뿐만 아니라 다른 사람들에게도 영향을 미친다는 사실을 염두에 두어야 한다. 지혜로운 친구가 내게 이런 말을 한 적이 있다. "모험을 감행할 때는 네 꼬리를 잘 간수해야 돼." 친구는 그 말의 뜻을 이렇게 설명했다. "네 자신을 긴 꼬리가 달린 공룡이라고 생각해 봐. 그러면 돌아다닐 때 꼬리에 무엇이 부딪쳐 부서지는지 살펴야 하지 않겠니?" 좋은 말이었다. 금융회사 CEO들이 이 말을 좀 더 귀담아 들었더라면 좋았을 거라는 생각도 들었다. 그들은 엄청난 모험을 감행하면서도 일이 잘못될 경우 피해가 돌아갈 사람들에 대해서는 생각해 보지 않았던 것이다.

금융시장 붕괴에 대해 뉴욕대 스턴 비즈니스 스쿨의 저명한 경제학 교수인 누리엘 루비니 교수는 내게 이런 말을 했다. "월스트리트에 탐욕과 자만이 넘쳐 흘렀습니다. 리스크 관리 매니저들이 하는 말에 아무도 귀를 기울이지 않았지요. 리스크를 감행하는 자들이 우위를 차지한 것입니다. 이들은 금융이 발전해도 경제성장에 도움이 안 되는 기형적인 금융 시스템을 만들어 냈습니다."

이러한 교훈은 개인적인 차원에도 적용된다. 자기가 하는 선택과 행동이 어떤 결과를 가져올지 반드시 체크하는 습관을 길러, 자기 꼬리를 살피는 것이 제 2의 천성처럼 되도록 해야 한다. 사회 생활을 시작할 때부터 그렇게 하면, 나중에 높은 위치에 올라가서도 그렇게 하게 된다. 지금 당장은 여러분의 꼬리가 공룡 꼬리만큼 크지 않기 때문에 아주 가까이 있는 사람들한테만 피해를 입힐지 모른다. 하지만 활동 범위가 넓어지고 영향력이 확대되면, 아량과 배려라는 간단한 원칙이 여러분을 성공한 사람, 공정하고 친절한 사람으로 자리매김해 줄 것이다.

정직

올바른 일을 하라

시스템의 부정직성이 부른 금융위기

정직하다는 게 무슨 뜻일까? 언론 보도를 보면 정직하지 않은 사람들의 사례들은 수두룩하게 많다. 금융 시스템이 붕괴 직전까지 간 2008년에는 시스템 자체가 정직성이 결여되었다는 말들을 했다. 금융 시스템이 여러 해 동안 아무런 원칙도 없이 작동되어 왔기 때문이다. 차입자본 비율이 40 대 1까지 가고, 주택가격이 계속 오를 것이라는 비현실적인 기대감이 넘쳐난 것 등이 대표적인 예다. 1990년대의 닷컴 붐도 비슷한 예다. 투자자들은 닷컴 이름이 붙은 기업만 보면 무조건 돈을 쏟아부었다. 당시 CNBC에서는 '기업 가치 따져 보기'라는 프로그램을 통해 내 동료인 데이비드 파버가 여러 기업의 시장 가치를 분석했다. 예를 들어 조 슈모의 피자플레이스닷컴과 포드자동차도 비교분석했다. 포드자동차가 하는 사업이나 기업가치는 실질 이윤과 캐시플로에 기반을 둔 반면, 조 슈모의 피자플레이스닷컴은 소득도 이익도 없었다. 그런데도 오직 '조회수'만 바탕으로 시가총액이 포드자동차를 능가했다. 하지만 이런 사업에는 진실성과 정직성이 결여되어 있다. 사물의 핵심적인 가치를 보지 못하는 사람들에 의해 사업이 진행된 것이다.

어떻게 하면 어떤 상황 아래서도 핵심적인 가치를 전면에, 그리고 중심에 유지할 수 있을까? 한 가지 방법은 도덕성의 모델이 될 만한 사람들의 가르침을 받는 것이다. 시아버지이신 사울 스타인버그께서 우리 부부에게 주신 최고의 선물 가운데 벤저민 프랭클린의 덕목을 적은 은테 액자 두 개가 있다. 시아버지는 우리 부부에게 각자 한 개씩 주셨는데, 우리는 이 액자를 각자의 침대 머리맡에 두고 있다. 프랭클린은 어떻게 하면 도덕적인 삶을 살 수 있을지에 대해 추상적이 아니라 살아가면서 부딪치는 실질적인 문제들을 통해 제시한다. 그는 열세 가지의 덕목을 정한 다음 이를 하나하나 실천해 나갔다. 단순 명료하면서도 사실상 우리가 살아가면서 만나게 되는 거의 모든 일들이 여기에 망라되어 있다. 무엇보다도 중요한 것은 지금 우리가 살아가는 데도 모두 적용 가능한 덕목이라는 점이다.

절제 과식과 과음을 하지 않는다.
침묵 다른 사람이나 자신에게 유익하지 않은 말은 하지 않는다. 쓸데없는 말을 삼간다.
규율 모든 물건은 제자리에 놓는다. 할 일은 반드시 제때 한다.
결의 해야 할 일은 실행하기로 결심한다. 결심한 일은 반드시 실행에 옮긴다.
검소 다른 사람과 자신에게 유익한 일만 하고, 낭비하지 않는다.
근면 시간을 헛되이 쓰지 않는다. 언제나 유익한 일에 힘을 쏟는다. 불필요한 행동을 하지 않는다.
정직 남에게 해가 되는 거짓말을 하지 않는다. 바르게 생각하고 말한다.
정의 남에게 피해를 입히거나 자신이 마땅히 해야 할 일을 소홀히 하는 잘못을 범하지 않는다.
중용 양극단을 피한다. 어떠한 경우에도 분노를 나타내지 않는다.
청결 몸과 의복, 주변을 불결하게 하지 않는다.
평정 사소한 일이나 단순한 사고, 부득이한 일에 마음이 흔들리지 않는다.
정절 잠자리를 절제하되 건강과 자손을 위하여서만 갖는다. 자신이나 남의 평안이나 명성을 흐리고, 해를 끼칠 잠자리는 갖지 않는다.
겸손 예수와 소크라테스를 본받는다.

벤저민 프랭클린은 자신이 만든 덕목 프로젝트를 철저히 실행에 옮겼다. 그는 이 덕목들을 추상적인 개념으로 생각하지 않았다. 그는 이렇게 적어놓았다. "나는 소책자를 만들어서 각 덕목마다 한 페이지씩을 할애

했다. 그리고 페이지마다 붉은색 잉크로 칸을 7개씩 만든 다음, 요일별로 한 칸씩 배당해서 그날그날 행할 일들을 적었다. 칸마다 붉은 줄 13개를 그어서 줄 첫머리에다 각 덕목의 첫자를 적어놓았다. 그리고 해당 덕목과 관련하여 그날그날 내가 저지른 잘못을 검은 글씨로 작게 적어 넣었다." 그는 이것을 덕목을 행하는 습관을 기르기 위한 것이라고 했다. 내가 말하고자 하는 것은 정직한 삶이라는 게 저절로 되는 게 아니라는 사실이다. 의식적으로 그리고 지속적으로 행할 때 비로소 그렇게 되는 것이다.

스스로 윤리 규범을 지켜라
하버드 MBA 서약

정직은 그저 나쁜 짓을 하지 않는 게 아니라 옳은 일을 행하는 것이다. 주위의 사람들을 잘 배려하고, 커뮤니티에 도움이 되는 일을 하는 것이다. 개인적인 삶을 잘 살고 조직 내에서 올바른 생활을 함으로써 모범을 보이는 것을 말한다.

정직하다고 해서 실패하지 않는다는 보장은 없지만 정직하면 유리하다. 사람들은 믿을 수 있는 사람, 정직한 사람과 함께 일하고 싶어 하기 때문이다.

정직은 자연스러운 본능이다. 여러분이 중대한 결정을 내려야 하는 기로에 놓이게 되었을 때, 무엇이 올바른 길인지 제시해 주는 게 바로 이 정직의 본능이다.

나는 여러 해 동안 경제계와 정부의 많은 지도자들과 인터뷰를 했는데, 자신의 개인적인 명예를 중시하는 사람은 언제나 기억에 남는다. 내가 생각하기에 이들은 자기들이 일하는 분야의 소리 없는 영웅들이다. 예를 들어 나는 뱅가드의 창업자인 잭 보글이 일반 투자자들을 위한 투자 툴을 개발하기 위해 끊임없이 노력하는 것을 보고 큰 감명을 받았다. 그는 인덱스 펀드를 개발했는데, 이는 일반 투자자들에게 보다 좋은 상품을 보다 나은 가격으로 제공하기 위한 투자 툴로 만든 것이다.

찰스 슈워브는 사업을 하면서 평생 가슴에 품은 원칙이 정직이었다. "고객들에게 진실을 이야기하는 한, 고객들은 일이 잘못 되더라도 여러분께 돈을 지불합니다." 그는 내게 이렇게 말했다. 그는 항상 이 원칙을 믿었다. 정직에 대한 이러한 가르침은 자기 아버지 밑에서 배운 것이었다. 어렸을 때 그는 사업에 성공해서 돈을 많이 벌고 싶다는 생각을 했다. 하지만 막상 시작해 보니 사업을 하면서 정직이라는 원칙을 지키기가 어렵다는 것을 알았다. 비즈니스 스쿨을 졸업한 다음 그는 금융 애널리스트로 일자리를 얻었는데, 일을 시작한 지 불과 일 년 만인 1962년에 증권시장이 대폭락을 겪었다. 고객들이 당하는 고통을 보다 못한 그는 그들을 돕기 위해 팔을 걷어붙이고 나섰다. 그는 보스를 찾아가 이렇게 말했다. "우리 고객들 모두가 폭락장에서 큰 손실을 입었습니다. 그들의 입장을 이해해야만 합니다. 이번 분기에는 고객들에게 수수료를 물리지 말도록 합시다."

그는 당시를 이렇게 회고했다. 그 말을 들은 보스는 30초 정도 말없이 가만히 있더니 "자넨 해고야"라고 하더라는 것이었다.

결혼했고 애까지 딸렸는데 집에서 놀자니 괴로웠다. "그래서 바로 이튿날 회사로 찾아가서 머리를 조아리고는 '제발 다시 일하게 해주십시오'라고 부탁했지요."

복직이 되었고, 그는 사업에 이득이 되는 것과 고객에게 이득이 되는 것 사이에서 계속 갈등을 겪으며 일했다. 그는 고객에게 투자를 권유할 때 자기 아버지한테도 투자하라고 권할 만한 상품인가를 기준으로 삼았다고 했다. 그는 1974년에 가족과 친구들이 투자한 돈을 가지고 직접 디스카운트 브로커 업을 시작했다. 자기가 지키는 원칙에 바탕을 둔 회사를 시작한 것이다.

그와 몇 차례 인터뷰할 기회가 있었는데, 자신이 가진 핵심 철학에 흔들림이 없는 사람이라는 인상을 받았다. 2009년 시장붕괴의 와중에 만났을 때도 그는 자기 회사를 믿고 찾아온 고객들을 돌보는 게 우선순위의 첫번째라고 재삼 강조했다. "투자자들은 잃어버린 십 년을 지나 왔습니다." 그는 이 점을 인정했다. "하지만 우리는 앞으로 십 년은 어떻게 하면 투자자들에게 보다 나은 기회를 제공할 수 있을까에 대해 생각해야 합니다."

어려운 시기에도 사람들이 그를 신뢰하는 것은 그가 평생 정직이라는 원칙을 쌓아왔기 때문이다.

금융 위기를 통해 얻은 긍정적인 결과를 한 가지 소개하자면 비즈니스에서 정직을 지킨다는 게 어떤 의미를 갖는지에 대해 전국적인 대화의 장이 열렸다는 사실이다. 그러한 대화는 비즈니스와 업계의 미래 지도자들이 교육을 받고 있는 여러 학교에서 열렸다. 그 학생들 중 일부는 앞으로 거액의 보수를 받는 일자리를 얻게 되겠지만 이제는 이들이 갖고 있는 동기가 바뀌고 있으며, 보수의 많고 적음과 상관없이 선택의 폭이 다양하게 넓어지고 있다. 2009년 봄에는 하버드의 MBA 과정 학생들이 졸업할 때 자발적으로 하는 'MBA서약'을 만들었다. 이 서약은 업무와 개인적인 차원에서 정직을 실천하면서 지킬 핵심적인 내용들을 담고 있다.

- 나는 최대한 정직하게 행동하며, 윤리적인 방법으로 업무를 수행하겠다.
- 내가 맡은 주주, 동료, 고객과 우리가 사는 사회의 이익을 지키겠다.
- 내가 맡는 기업을 성심을 다해 돌볼 것이며, 나의 편협한 야망을 추구함으로써 기업과 사회에 해를 끼치는 결정이나 행동을 하지 않겠다.
- 나는 자신과 내가 일하는 기업의 행동을 지배하는 정신과 규정, 계약을 이해하고 준수하겠다.
- 자신의 행동에 책임을 질 것이며, 내가 맡은 기업의 실적과 위험을 정확하고 정직하게 알리겠다.
- 자신은 물론 내가 지휘하는 모든 관리자들의 발전을 위해 노력하겠으며, 그리하여 우리가 하는 일이 계속 성장해서 사회의 발전에 기여하

도록 하겠다. .

- 전 세계가 경제, 사회, 환경적인 면에서 지속적인 성장을 누릴 수 있도록 노력하겠다.

- 나와 동료들은 이 서약을 준수하며 살도록 함께 노력해 나가겠다.

그저 말로만 하는 윤리 서약에 그치는 게 아니다. 이 서약에 서명하는 것은 새로운 세대의 지도자들로 하여금 비즈니스 방식을 바꿀 행동규약을 따르도록 하는 효과를 가질 수 있다.

자기 검증을 철저히 하라

각료나 법관 지명을 위한 의회 청문회가 열릴 때마다 우리는 심사가 얼마나 까다로운지 목격하게 된다. 후보자가 살아온 삶의 모든 면이 낱낱이 검증 대상에 오른다. 세금은 제대로 납부했는가? 불법체류 가정부를 몰래 쓰지는 않았는가? 주차위반 과태료를 미납한 것은 없는가? 업무상 선물을 받은 적은 없는가? 민감한 사안에 대해 부적절한 발언을 한 적은 없는가? 주택이나 자동차 구입 때 특별 혜택을 받은 적은 없는가? 친지에게 직장을 알선해 준 적은 없는가? 잘못을 저질러 파면이나 해고를 당한 적은 없는가? 경력을 부풀리지는 않았는가? 과음 문제는 없는가? 절제를 못해 해서는 안 될 말을 한 적은 없는가? 형제자매나 친구들이 문제를 일으키지는 않았는가?

철저한 검증이 이루어지기 때문에 우리들 대부분은 세상 사람들 앞에서 그 정도 수준의 검증을 받지 않아도 된다는 사실에 안도한다. 하지만 스스로 자신의 삶을 되돌아보고, 정직성을 측정해 보는 것은 의미있는 일이다. 여러분이 만약 자기 검증을 한다면 어떤 결과가 나올까? 스스로를 되돌아보고 모든 사실을 몽땅 까발려 보라. 자기 혼자만 보도록 하고 목록도 작성해 보라. 검증 대상을 세금을 제대로 납부했는지와 같은 법적인 문제에 국한시켜서는 안 된다. 일상적으로 겪는 윤리적인 문제와 행위도 검토 대상에 올리도록 한다. 사람들은 보통 큰 문제들에만 관심을 갖는 경향이 있는데, 사실은 사소한 일들도 큰 의미를 가질 수 있다. 예를 들어 업무 수행 능력은 탁월한 사람이 친구에게 인종차별적이고 성차별적인 만화를 이메일로 보냈다면 어떻게 하겠는가? 혹은 남이 한 일을 자기가 했다고 공을 가로채는 동료가 있다면 어떻게 할 것인가? 우리 모두는 이처럼 일상적으로 부딪치는 문제들로 매일매일 검증을 받는다. 세상에 완벽한 사람은 없다. 하지만 잘못을 인정할 줄 알아야 그것을 되풀이하지 않을 방법을 찾을 수 있는 것이다.

더러운 손으로 남을 심판하지 말라
엘리엇 스피처 검찰총장의 경우

공적으로 옳은 일만 하고, 남을 심판하는 위치에 있는 사람이 놀랍게도 너무도 추잡한 스캔들에 휩싸이는 것을 자주 본다. 예를 들어 뉴욕주 주지사 엘리엇 스피처는 매춘부와 밀회를 해온 사실이 들통나 헤드라인을 장식했다. 하지만 그가 사람들의 분노를 산 더 큰 이유는 그가 과거 뉴욕주 검찰총장으로서 사람들의 눈에 부정한 일은 손톱만치도 하지 않는 깨끗한 공직자라는 이미지로 비쳐져 왔기 때문이다. 그는 행크 그린버그나 뉴욕증권거래소 CEO 딕 그라소 회장 같은 사람들을 지나치다는 말을 들을 정도로 가혹하게 다루었다. 마치 복수의 화신처럼 판사, 배심원, 법 집행자 역할을 한꺼번에 하려는 것처럼 행동했던 것이다. 그는 자기가 수사하는 그린버그와 그라소 같은 사람들에게 굴욕을 안겨주려고 했다. 그는 친구가 많지 않았지만 친구라고 봐주는 사람이 아니었으며, 매사를 옳고 그름에 따라 확연하게 나누었다. 모든 것을 한순간에 날려 버린 섹스 스캔들에 휩싸이기 전까지는 그랬다.

스피처가 행크 그린버그를 수사할 당시 나는 어떤 파티에서 존 화이트헤드 부부를 우연히 만났다. 당시 74세인 존은 로어맨해튼개발공사LMDC 회장으로 오래 전부터 커뮤니티를 위해 활동을 많이 해왔다(지금은 세계무역센터 추모재단 회장이다). 그가 월스트리트 저널 오피니언 난에 스피처 검찰총장으로부터 철저한 추적을 당하는 행크 그린버그 회장을 옹호하는 칼럼을 쓴 직후였다. 그가 불민을 표시한 요지는 스피처가 행크를 실제로 단 한건의 기소도 이루어지기 전에 언론 플레이를 통해 미리 기소하고 재판하고 있다는 것이었다. 존은 그건 잘못이라고 했다. 나도 스피처가 공개석상에서 행크 이야기를 하면서 '사기'라는 단어를 쓰는 걸 보고 어리둥절한 기분이 든 적이 있었다. 그가 사기죄를 저질렀다는 증거는 하나도 나오지 않은 시점이었다. 일단 검사가 그런 말을 내뱉고 나면 일반 사람들의 인식은 그 말을 토대로 형성이 되기 때문에 손상된 이미지를 되돌리기는 대단히 어렵다.

파티에서 존은 나를 한쪽으로 데려가서 이야기를 계속했다. 우리는 자기가 오피니언 난에 그 글을 쓴 뒤의 반응들을 놓고 이야기를 나누었는데, 스피처 본인으로부터도 전화를 한 통 받았다고 했다. 그는 그 글 때문에 심한 충격을 받은 상태였고, 노발대발하며 전화에서 고성을 질러댔다고 했다. 그는 '이건 전쟁이야!' 라며 '먼저 방아쇠를 당긴 것은 당신이야!' 라고 존에게 소리를 질렀다. 절대로 가만두지 않겠으며, 오피니언 난에 두 번 다시 글 쓰고 싶은 마음이 들지 않도록 만들어 주겠다는 말까지

했다는 것이다.

  존이 그런 일을 당하고 얼마나 황당했을지 눈에 선했다. 나도 화가 나서 방송에서 그 이야기를 했고, 나중에는 존 본인도 그 이야기를 글로 썼다. 그러자 여러 사람이 스피처한테 당한 이야기를 털어놓았다.

  엘리엇 스피처가 비밀리에 매춘부를 상대한 이야기가 공개되자 사람들이 제일 먼저 보인 반응은 도저히 못 믿겠다는 것이었다. 어떻게 그처럼 깨끗한 이미지를 가진 사람이 그런 진흙구덩이 속으로 빠져들 수 있단 말인가? 하는 식이었다. 그는 여러 해 동안 감쪽같이 사람들의 눈을 속였던 것이다.

  드러난 스피처의 사생활은 끔찍하기 짝이 없는 것이지만, 그가 그동안 정의의 화신처럼 행동하지 않았더라면 그렇게까지 망가지지는 않았을지 모른다. 그가 추락하는 것을 보고 누구 한 사람 그를 구하기 위해 달려오거나 그를 변호하려고 나서는 사람이 없는 것 같았다. 나는 그가 자신을 백기사로 자임하고 숱한 사람을 파멸로 내몰면서, 자신이 구원받을 가능성을 스스로 없애 버렸다는 생각을 지울 수가 없었다.

  그의 몰락을 보고 여론조사 전문가인 존 조그비는 허핑턴 포스트에 통찰력이 번뜩이는 글을 한 편 썼다. "스피처는 자신의 조준경 십자선에 걸린 사람의 고통을 당해 본 적이 없는 사람이다." 그러고는 이렇게 썼다. "그는 일단 목표물을 정하고 나면 인정사정 없이 몰아붙이는 사람이다. 스피처는 단 한번도 누구를 용서해 본 적이 없기 때문에 절대로 용서를 구할 자격이 없는 자이다."

  뉴욕증권거래소 임원을 지낸 켄 랭곤은 스피처가 딕 그라소를 수사하면서 수사 대상에 함께 올렸던 인물이다. 그는 스피처가 위선적인 행동을 했기 때문에 그런 비판을 받아 마땅하다고 했다. 랭곤은 CNBC와의 인터뷰에서 이렇게 말했다. "그자는 훌륭한 평판을 받아 마땅한 사람들의 명예를 훼손했습니다. 그가 사람들에게 가한 짓을 보세요. 나는 아직 멀쩡하니 괜찮습니다. 하지만 그가 얼마나 많은 사람의 명예를 망가뜨려 놓았습니까. 우리 모두 자신의 지옥불을 안고 삽니다. 나는 그 사람의 지옥불이 제일 뜨거웠으면 좋겠어요."

탐욕이 낳은 고액 보너스
넬 미노, 잭 윈돌프

어렸을 적에 나는 아버지가 운영하는 레스토랑 주위에서 놀며 돈벌이에 대한 기본적인 시식을 세법 익혔다. 아버지가 벌어들이는 수입은 손님들에게 제공하는 것과 직접적인 연관성이 있었다. 아버지는 정성을 다해 최고의 음식을 내놓으셨고, 그렇게 해서 손님들에게 만족스럽고 가격도 적당한 식사를 제공한다는 명성을 쌓으셨다. 그날의 매상은 아버지가 그러한 목표를 얼마나 달성했는지를 가늠해 볼 수 있는 하나의 판단 기준이 되었다. 결과는 즉각즉각 나타났다. 잘하면 보상을 받고, 잘못하면 보상을 받지 못하는 것이었다.

나는 우리들 대부분이 우리가 버는 것은 우리가 하는 일의 성적과 관련되어 있다는 기본적인 생각을 배우면서 자랐다고 생각한다. 경영진이 받는 보수를 놓고 그토록 뜨거운 논란이 벌어지는 것도 바로 이런 이유 때문이다. 대부분의 사람들은 보수가 자신의 업무 성과와 직접적으로 연결되어 있고, 그래서 열심히 일한다. 그런 사람들은 도산하는 기업의 중역들이 보너스로 수천만 달러씩 챙겨서 나간다는 말을 들으면 부정적인 반응을 보이는 게 당연하다. 그 기업들이 납세자들이 내는 돈으로 지원을 받는 경우에는 특히 더할 것이다. 내 프로를 보는 어떤 시청자는 내게

"우리는 말입니다. 운영하는 회사가 망해서 문을 닫으면 보너스를 단 한 푼도 못 받습니다"라고 했다.

원칙적으로 나는 정부가 나서서 기업 임원들의 보수에 상한선을 두는 게 옳다고 생각한다. 이런 일은 정부가 해주어야 한다. 나는 자유시장을 신봉하지만, 임원들의 보수를 둘러싼 논란은 금융 시스템이 제대로 굴러가도록 건강한 견제작용을 한다고 믿는다. 그리고 모든 업계 지도자들에게 책임감이 얼마나 중요한지에 대한 하나의 경종이 될 수 있을 것이다.

기업 거버넌스와 보수에 관한 연구로 명성을 얻은 코퍼리트 라이브러리Corporate Library의 에디터 겸 공동창업주인 넬 미노는 내게 보수의 심리학에 대해, 그리고 왜 보수가 그처럼 고액으로 치솟게 되었는지에 대해 훌륭한 설명을 해주었다. 넬 회장은 중역의 보수가 높아진 데는 문화적인 요소가 작용했다고 설명했다. "나는 투자은행 직원들은 금융계의 게이샤라는 말을 늘 해왔습니다. 왜냐하면 이들은 CEO들 옆에 앉아서 농담을 받아주면서 웃어 주고, 정말 힘센 사람이라고 치켜세워 주고, 그리고 무슨 물건을 같이 사면 좋겠다는 제안도 하기 때문이지요." 그녀는 이렇게 말했다. "그리고 CEO들은 그런 투자은행 직원들을 보면서 이렇게 혼잣말을 합니다. '이자가 나보다 보수를 더 많이 받는단 말이지. 나는 이렇게 큰 회사의 CEO이고, 이 많은 직원들과 고객들을 모두 내가 책임지고 있는데 말이야. 나도 저자만큼은 받아야 마땅한 일 아닌가?' 이렇게 말입니다." 넬은 이런 식으로 시샘의 사이클이 CEO들로 하여금 자기들이 받아야 한다고 생각하는 보수의 액수를 끌어올렸다고 말한다. 그리고 CEO들은 보수 책정을 담당하는 임원을 비롯해 이사진과 좋은 관계를 맺고 있기 때문에 이런 요구가 쉽게 받아들여진다.

미국은 기회의 땅이기는 하지만, 그 기회가 돈을 챙겨서 도망가는 기회를 말하는 것은 아니다. 어려움에 처한 기업에서 일하는 능력이 떨어지는 2류 거물들이 엄청난 보수를 챙긴다면, 훌륭한 사람이 되기 위해 열심히 노력하는 아이들에게 뭐라고 할 것인가? 보수라는 게 능력과 업적에 따라 주어지는 게 아니라면 도대체 뭐란 말인가? 범죄를 저지른 자에게도 보너스를 주는가? 탐욕은 좋은 것인가? 물론 그렇지 않다. 그렇다면 보수를 둘러싼 논란에서 우리가 얻을 수 있는 교훈은 무엇일까?

하지만 금융계의 중역에 대해 무조건 똑같은 비난을 퍼붓는 경향은 잘못된 것이다. 내가 아는 사람 중에서 AIG에서 일하며 보너스로 3000달러를 받은 사람이 있다. 회사에서 발표한 보너스 대상자 명단에 그의 이름이 올라 있었다. 그런데 하루는 창문으로 집앞을 내다보니 피켓을 든 시위자들과 카메라를 든 사람들이 몰려와 있었다. 그는 가족들과 함께 며칠이나 집안에서 꼼짝도 못하고 갇혀 지내야 했다. 그는 기업의 탐욕을 비난하는 선전 포스터에 등장할 만한 인물은 아니지만, 그가 당한 일은 일반 사람들의 분노가 얼마나 심각한지 보여주는 사례였다.

돈을 너무 많이 받는다고 불평하는 사람은 아직 본 적이 없다. 하지만 금융, 특히 서브프라임 모기지 분야에서 일하는 사람들은 중개인이 이득을 챙기려고 다른 사람을 희생시키는 결정을 내리는 경우가 많았다. 볼링거 보험의 CEO인 잭 윈돌프는 2008년에 회사 주식의 51%를 매각한 공로로 뒤늦게 50만 달러를 보너스로 받았다. 그는 그 돈을 1000달러짜리 체크로 나누어 434명의 직원들에게 골고루 나누어 주었다. 그는 그것을 미니 경기부양책이라고 부르고, 그렇게 하는 것이 그 돈을 올바르게 쓰는 길이라고 생각한다고 말했다. 잭 윈돌프의 이야기는 언론에 보도되면서 며칠 동안 사람들의 마음을 훈훈하게 만들었다.

정직이 최선의 정책이다

앨런 그린스펀, 켄 레이, 제프리 스킬링

다른 어린이들과 마찬가지로 나도 어렸을 적에 부모님과 내가 다니던 가톨릭학교 수녀님들로부터 거짓말은 절대로 하면 안 된다는 말을 귀에 못이 박히도록 들었다. 친구들은 숙제를 마쳤는지, 심부름을 제대로 했는지와 같은 것으로 거짓말을 했는데, 그 때 나는 거짓말이 어린아이들에게나 해당되는 죄라고 생각했다. 거짓말은 가톨릭 교회 용어로는 소죄小罪에 해당된다.

어린이들의 경우에는 항상 진실만을 이야기하는 게 최선의 정책이라는 말을 하는 사람들이 있다. 복잡한 어른들의 세계에서는 사정이 조금 달라진다는 뉘앙스다. 이런 말을 하는 사람들도 있다. "정직은 최선의 정책이다. 더 나은 정책이 나오기 전까지는."

앨런 그린스펀이 자기는 의회 청문회에 나가서 답할 때 일부러 어물어물한다고 솔직하게 털어놓는 것을 보고 놀란 적이 있다. 그는 그것을 'FED 어법'이라고 불렀다. "일부러 어물거려서 대답하기 곤란한 질문이 나오지 못하도록 막는 것이지요." 그는 이렇게 말했다. "의원이 어떤 질문을 했는데 '노 코멘트'나 '그 질문에는 대답하지 않겠습니다'와 같은 말은 하지 않는 게 좋습니다. 들어도 무슨 말을 하는지 종잡을 수 없도록 네댓 마디 웅얼거리는 것이지요. 그러면 그 의원은 내가 그 질문에 대답을 했다고 생각하고 다음 질문으로 넘어갑니다."

그린스펀이 쓴 수법은 정가에서는 유용하게 쓰이는 기술로 '클레버 발리'라고 부른다. 자기가 하는 말의 뜻을 곰곰이 생각해 보도록 공을 듣는 사람에게 넘기는 것이다. 그린스펀의 경우는 그가 하는 말 한마디 한마디가 시장 움직임에 영향을 미치기 때문에 모호한 답변을 할 필요성도 어느 정도 있었다. 어떻게 보면 전 세계적으로 제일 중요한 기관의 장이었기 때문에 그럴 만도 했다.

하지만 대부분의 경우 진실을 흐릿하게 만드는 것은 좋은 비즈니스 관행이 되지 못한다. 그것은 미끄러운 경사면을 타는 것처럼 위험한 짓이다. 자기 자신에게든 다른 사람에게든 영원히 거짓말을 할 수는 없다. 엔론이 자기들은 아직 튼튼하다고 모든 사람이 믿도록 만들고 있을 때 나도 현장을 지키고 있었다. 그들은 수십억 달러의 부채가 있다는 사실을 숨겼고, 회사가 가라앉는 와중에도 장미꽃 향기를 풍겼다. 철저히 조작된 거짓말을 한 것이었다. 하지만 결국에는 버티지 못했다. 진실이 밝혀졌고, 엔론의 간부들은 회계조작에 가담한 죄로 집단 기소되었다. 켄 레이는 20년에서 25년의 징역형이 예상되었으나 심장마비로 갑자기 숨을 거두었다. 제프리 스킬링은 24년 징역형을 선고받았다. 많은 사람들이 캐시 플로는 거짓말을 하지 않는다는 말을 한다. 따라서 어떤 기업의 약점을 찾으려면 얼마든지 조작 가능한 수입이나 수익이 아니라, 반드시 캐시 플로를 살펴봐야 한다. 캐시 플로는 기업의 재정 건전성에 관해 거짓말을 하지 않는다.

입사할 때는 정직한 회사를 고르도록 하라. 열린 대화를 권장하고, 반대 목소리를 받아들일 줄 아는 사람들과 함께 일해야 한다. 거짓말은 아무리 사소한 것이라도 바이러스처럼 번지고 커진다는 사실을 명심해야 한다.

남을 배려하라

너그러운 리더 잭 웰치

존경하고 닮고 싶은 사람들을 생각하면 그들의 어떤 점이 먼저 떠오르는가? 내 경우에는 열린 자세와 너그러운 마음씨가 먼저 떠오른다. 나쁜 짓을 해서 일시적으로 성공을 거둔 사람들이 많다는 건 사실이다. 하지만 그런 사람들은 아무리 많은 부와 거창한 직책을 거머쥐더라도 입지가 불안한 경우가 대부분이다. 진정으로 성공한 사람들은 훌륭한 인격자들이다. 그들은 타인을 배려하고 다른 사람에게 충고와 지원을 아끼지 않는다. 내가 우리 남편을 사랑하는 것도 그런 점 때문이다. 남편 조노는 다른 사람들을 위하는 것을 자연스러운 일처럼 받아들인다. 남을 위한 시간은 기꺼이 만들어 내는 사람이다.

　남편의 어린시절을 생각해 보면 보통 사람들보다 약간 특별한 가르침 속에서 자랐다는 것을 알 수 있다. 그는 훌륭한 금융가인 사울 스타인버그의 아들로 태어나 유복하게 자랐고 돈으로 해결할 수 있는 혜택은 모두 누리며 자랐다. 겉으로 보면 남부러울 게 없는 사람이었다. 하지만 물질적인 풍요를 누리면서도 그는 행복을 돈으로 살 수 없다는 진리도 직접 겪으며 자랐다. 그는 아버지가 자기 손으로 세운 제국이 허망하게 무너져 내리는 고통을 당하고, 언론에서 두드려맞는 모습을 곁에서 지켜보았다. 성공이란 덧없는 것이고, 여러분이 잘나갈 때 우러러보던 사람들이 내리막길로 들어서면 순식간에 비난의 칼날을 들이댄다는 것을 그는 자기 눈으로 보았다. 그래서 남편은 항상 자신의 야망을 인간적인 입장에서 가라앉혔다.

　남편의 가족은 서로서로 엄청나게 밀접한 관계를 유지하고 있다. 그는 자기 엄마와 특히 가까웠는데, 시어머니는 우리가 결혼하고 몇 달 안 있어 돌아가셨다. 시어머니의 죽음은 남편으로 하여금 더욱더 삶에 정말로 중요한 문제들을 추구하도록 만들었다.

　남편은 절대로 앞에 나서기를 좋아하지 않고, 조용하게 자기 일만 열심히 하는 사람이다. 나는 조언이 필요하면 그에게 기댄다. 어려운 결정을 앞두고 고민할 때 남편과 이야기하면 그는 나를 올바르고 윤리적인 방향으로 이끌어 준다. 남편은 돈을 아주 많이 번 사람으로 알려지는 것을 바라지 않는다. 그는 사람들을 아주 많이 돕는 사람으로 알려지고 싶어 한다. 이런 사람을 어떻게 사랑하지 않을 수 있겠는가!

자기가 올라가려고 다른 사람을 끌어내리는 짓을 해서는 안 된다. 좋은 성과를 내서 자기가 일하는 분야에서 최고가 되려고 하는 것은 당연한 일이지만, 그걸 위해 경쟁하는 상대를 죽이려 들어서는 안 된다. 자신이 가진 능력에 집중하고, 스스로 자격을 갖추어 나가도록 해야 한다. 자신의 가치를 스스로 드러내 보이도록 하자. 나는 이런 원칙을 지키며 살아왔다.

잭 웰치는 내게 이런 말을 했다. "지도자로 성공한 사람들의 가장 훌륭한 점은 하나같이 너그러움의 유전자를 갖고 있다는 점이었어요. 그들은 자기가 맡고 있는 사람들이 성장하는 것을 기쁜 마음으로 지켜봅니다. 그 사람들이 승진하고 봉급이 인상되면 좋아합니다." 그 말은 진심이었다. 그가 직원들에게 너그럽게 대한다는 것은 우리 회사 내에서 전설처럼 전해져 내려오는 이야기이다. 나는 잭에게 이렇게 물어보았다. "직원들에게 잘해 주려면 돈이 필요할 텐데, 그럴 여유가 없으면 어떻게 합니까?"

"좋은 질문이오." 그는 이렇게 대답했다. "작은 규모의 회사라면 가족처럼 친밀하게 지내면 되지요. 큰 주문이 들어왔다면 피자파티를 열 수도 있을 것이고, 크고작은 축하파티야 얼마든지 자주 할 수 있지요. 보상을 한다고 반드시 메르세데스 자동차나 스톡옵션 같은 큰 선물이 필요한 것은 아닙니다. 팀이 일을 잘하면 그걸 인정해 주는 것만으로도 큰 힘이 됩니다." 그는 고교시절 하키팀 주장을 맡고, 대학에서 하키선수로 뛰면서 이런 교훈을 배웠다고 했다. "팀원들 사이에 이기고자 하는 열망, 그리고 이겼을 때는 모두가 승리의 기쁨을 함께 나누고 싶어 하는 열망이 엄청나게 크다는 것을 알았지요." 그는 이렇게 말했다. "나중에 사업을 하면서도 자연스럽게 그때처럼 하게 되었어요."

아주 간단한 가르침이다. 올바른 일을 하고, 남을 배려하고, 경쟁 상대를 죽이려 들지 말고, 팀 전체를 생각하라. 이러한 가르침이 몸에 밴다면 여러분은 어떤 곳에서든 사랑받고 성공한 사람이 될 것이다.

잘못을 감추려고 하지 마라
데이비드 닐먼

실수는 누구나 한다. 성공으로 가는 길목에서 실수 몇 가지도 안 할 수는 없다. 하지만 자기가 한 실수에 대해 책임을 짐으로써 문제를 풀어나갈 수가 있다. 자신의 잘못을 인정한다는 건 쉬운 일은 아니지만 아주 유용한 도구이다. 나는 기꺼이 내가 한 잘못을 인정한다. 당당히 일어서서 "그건 제 잘못입니다. 제가 그랬어요"라고 말한다. 그렇게 하면 마음이 가벼워지고 힘이 솟아난다. 그렇게 하면 자기는 완벽하며, 아무것도 잘못한 게 없고, 잘못은 다른 사람이 저지른 것이라고 떠넘기는 데 허비하는 엄청난 에너지 소모도 막아 준다.

2007년 밸런타인 데이에 불어닥친 우박을 동반한 폭풍과 연이은 대통령의 날 주말에 제트블루 에어웨이 항공이 잘못된 결정을 잇따라 내리는 바람에 승객 수천 명의 발이 묶였고, 10시간 가까이 이 공항 저 공항으로 끌려다닌 승객도 부지기수였다. 웬만한 최고경영자들이라면 "우리도 어떻게 할 수 없는 통제불능의 상황이 발생했다"며 의례적인 변명을 늘어놓았을 것이다.

하지만 데이비드 닐먼은 그렇게 하지 않았다. 그는 사람들 앞에 나서서 공개적으로 사과했다. 내가 진행하는 프로에도 나왔고 라디오, 데이비드 레터맨 쇼, 투데이 쇼에도 나와 사과했고 여러 신문에 전면 사과광고를 내고 자사 홈페이지에도 사과문을 올렸다. "너무도 죄송해서 몸둘 바를 모르겠습니다." 닐먼은 이렇게 말했다. "여러분은 우리한테서 이보다 훨씬 더 나은 대우를 받아야 하는데, 우리가 실망시켜 드렸습니다."

그가 이처럼 진심에서 우러나오는 마음으로 즉각적인 조치를 취하고, 잘못을 즉시 바로잡겠다고 약속한 것은 장기적으로 이 회사에 대한 신뢰를 키우는 데 기여할 것이다.

금융 분야의 붕괴는 개인의 책임감이 얼마나 중요한지를 보여주었다. 하지만 일상생활에서 우리는 정직함을 감시하는 경찰이 우리를 적발해 낼 때까지 기다려서는 안 된다. 다른 사람들이 잘못을 은폐하기 위해 허겁지겁하더라도 우리는 당당하게 일어서서 잘못을 시인하도록 하자.

탐욕의 끝

버니 매도프의 사기극

많은 사람들이 버니 매도프가 밤에 발 뻗고 잠을 잘 수 있었을지 궁금해한다. 어떻게 겉으로는 미소를 지으면서 그런 엄청난 사기극을 벌이고, 그렇게 많은 사람을 속일 수 있었을까 하는 것이다. 모두가 그를 좋아하고 믿었다. 하지만 반사회적인 소시오패스sociopath들이 실제로는 밤잠을 잘 잔다고 한다. 다른 사람들에게 끼치는 피해를 걱정하는 양심이 없기 때문이라는 것이다. 매도프가 소시오패스인지 아니면 단순 사기꾼인지는 알 수 없다. 그는 나중에 사실을 털어놓기는 했지만 잘못을 뉘우쳐서 그런 게 아니라 법망이 차츰 조여오기 때문에 어쩔 수 없이 그렇게 한 것이었다. 돈이 계속 들어올 때는 폰지 사기극이 먹혀들었다. 하지만 시장이 침체되면서 투자자들이 투자금을 회수

하려고 나서는 바람에 무너지고 만 것이다. 거짓말을 영원히 할 수는 없다. 매도프는 그렇다는 걸 알았을까? 아니면 교만에 빠진 나머지 절대로 자기는 잡히지 않을 것이라고 믿었던 것일까?

매도프가 벌인 사기 행각이 기업들과 자선단체, 일반 시민들에게 미친 충격은 상상을 초월한다. 그가 벌인 사기극의 영향을 받아 미국 전역에서 미니 매도프 사기극이 벌어졌다. 스탠퍼드 파이낸셜 그룹 회장인 영국인 금융가 앨런 스탠퍼드 경도 매도프와 비슷한 사기혐의로 기소되었다. 이 밖에도 우리가 알지 못하지만 고객이 맡긴 돈을 빼돌리거나, 운용을 잘못해 피해를 입힌 사례들이 숱하게 많을 것이다.

우리는 이런 사람들을 보면서 나는 이런 자들과 달라, 나는 양심을 팔거나 이 정도로 타락하지는 않을 거야라는 생각을 할 것이다. 하지만 지옥으로 가는 길은 자잘한 자갈로 덮인 포장도로다. 여러 해 혹은 평생을 살아오는 동안 이런 길은 우리 앞에 끊이지 않고 펼쳐진다. 나는 매도프 같은 사람들이 아무리 나쁘다 해도 처음부터 수십억 달러 규모의 거창한 사기계획을 갖고 일을 시작하지는 않았을 것이라고 생각한다. 처음에는 손실을 메우기 위해 여기저기 손대기 시작하다가 일이 점점 커졌을 수가 있다. 성공에만 익숙해 있기 때문에 사람들 앞에 자신의 실패를 드러내 보일 엄두가 나지 않았을 수도 있다. 잔치를 벌이고, 부유함에 워낙 익숙해 버린 탓에 되돌아올 수가 없게 되었을 수도 있다. 그러다 보니 습관처럼 거짓말을 하게 된 것이다.

매도프의 사기에 걸려 자선기금 3000만 달러를 날린 모트 주커먼은 매도프가 사기계획이 실패로 끝날 것이 분명해진 시점에서 투자자들의 돈을 조금이라도 지켜 주려는 노력을 왜 하지 않았는지 이해할 수 없다고 했다. 투자하면 손실을 입을 것이라고 왜 솔직하게 이야기를 해주지 않았느냐는 것이다. 그는 뒷짐을 진 채 손가락 하나 까딱하지 않고 일이 굴러가는 것을 지켜보기만 했다. 투자자 생각은 조금도 하지 않은 것이다. 구치소로 끌려가 선고를 기다리면서 눈물을 한두 방울쯤 흘렸을지는 모르지만 그것도 자기로 인해 피해를 당한 사람들을 위해 흘린 눈물은 아닐 것이다. 아마도 자기 자신과 감옥에서 보내야 할 남은 생애를 생각하며 흘린 눈물일 것이다.

  2009년 6월 29일 맨해튼 연방법원의 데니 친 판사는 매도프에게 150년 징역형을 선고하며 이렇게 말했다. "매도프가 저지른 범죄에 대해서는 그게 엄청난 죄악이라는 메시지를 분명하게 전달해야 합니다. 이런 식의 무책임한 사기행위는 단순히 서류상으로 이루어지는 악덕 금융범죄에 그치지 않고, 무서운 인명 피해까지 부르는 범죄행위입니다."

  법정 최고형이 선고된 판결 소식에 모든 사람이 환호했다. 하지만 그가 감옥에 갇혀 있는 시간이 아무리 길더라도 그의 사기로 피해를 입은 사람들의 잃어버린 돈과 파괴된 삶을 보상해 줄 수는 없다.

  버니 매도프는 자기가 한 행위에 응분의 대가를 치르게 되었다. 하지만 이런 결과는 투자자들의 눈먼 탐욕과 그들을 부추긴 펀드 매니저들의 역할이 있었기 때문에 가능했다. 투자자들은 버니가 폐쇄적으로 운영하는 클럽에 서로 들어가려고 기를 썼다. 그렇게 해서 받아들여진 투자자들은 <u>스스로</u> 특별한 신분이 된 기분을 누렸다. 그들은 특별한 사람들만 모이는 파티에 손님으로 초대된 것이었다. 그들은 무지개의 끝에 황금 단지는 없다고 말해 주는 의혹의 목소리에 귀를 기울이지 않았다. 사람들은 그가 만들어놓은 성층권에서 살았고, 그곳은 상식과 양심이라는 산소가 희박한 곳이었다. 그가 지상으로 추락하자 그들도 함께 추락했다.

6

적응

변화를 받아들여라

러시아의 교훈

나는 2009년 6월에 CNBC 일로 러시아로 출장을 갔다. 처음 행선지는 모스크바였는데 붉은광장에서 클로징 벨 생방송을 진행한 다음 드미트리 메드베데프 대통령과 인터뷰를 하기로 되어 있었다. 그리고 나서는 상트페테르부르크로 가서 그곳에서 열리는 국제경제포럼에 참석할 예정이었다.

비행기를 타고 가는 동안 내내 불과 몇 년 전만 해도 이런 일은 불가능했을 텐데 하는 생각을 멈출 수가 없었다. 러시아 주최로 글로벌 경제포럼이 열리고, 러시아 대통령이 나와 마주앉아서 세계 경제의 미래에 대해 공개 대화를 하게 되리라고는 정말 상상도 못했다. 러시아의 변화는 내가 목격한 것 중에서 가장 강력한 변화의 힘을 보여준 것이고, 적응력의 필요성을 보여준 가장 좋은 사례였다.

러시아는 변화와 적응에 관한 흥미로운 사례다. 나와 진행을 함께 맡은 러시아 측 진행자는 공산주의에서 자본주의로의 이행에 대해 이야기하면서 실제로 겪은 공산주의 시절에 대해 이렇게 회고했다. "그 시절 러시아에서는 필요한 물건이 있어서 가게에 들어가면 어느 가게든 똑같은 가격이었어요. 물건의 색상이나 스타일도 고를 게 별반 없었습니다. 검정색 양복, 회색 양복, 푸른색 양복 구분할 것 없이 양복이면 모두 다 같은 가격이었어요. 하루는 집에서 쓸 가재도구를 하나 사려고 갔는데, 집앞에 있는 가게에서 3루블에 팔았고, 몇 마일 떨어진 가게에서도 당연히 3루블에 팔았어요. 그런데 런던에 갈 일이 생겨서 가서 보니 똑같은 물건을 5루블 정도에 파는 것이었어요. 그걸 보고 나는 '이런 사기꾼들! 3루블짜리를 이렇게 비싸게 팔다니!' 라고 생각했습니다. 사실은 바가지가 아니지요. 가격이야 시장에서 정하는 것이니까요. 러시아는 그때 공산주의 국가였고 영국은 자본주의 국가였던 것이지요." 자유시장 경제에 대한 흥미로운 맛보기였던 셈이다. 철의 장막이 걷혔을 때 러시아는 그것을 감당할 준비가 되어 있지 않았다고 그는 말했다. 그래서 큰 혼란을 겪었다. 약삭빠른 마피아들이 달려들어 닥치는 대로 헐값에 사들였기 때문이다. 푸틴이 집권할 당시 러시아는 사랑의 매와 그에 걸맞은 구조가 절실히 필요한 때였다.

우리는 러시아에 가서 할 일을 세세하게 미리 계획했다. 뉴욕에서 러시아 대사관 관계자들과 사전 인터뷰까지 했다. 양측 모두 긴장했고, 꼭 첫 데이트를 준비하는 것 같은 분위기였다. 두 나라 모두 서로 아주 편한 사이는 아니었다. 적대적이었던 오랜 역사를 의식하며 양측 모두 신중하게 한발 한발 일을 진행했다. 붉은광장에서 클로징 벨을 진행하며 약간 오싹한 기분이 들었다. 어릴 적에는 붉은광장이 악의 세력의 중심지였다고 생각했다는 사실이 떠올랐기 때문이다. 그런 생각은 어느 정도 우리 혈관 속에 녹아들어 있다. 하루아침에 그게 마술처럼 싹 사라지게 만들 수는 없는 것이다. 하지만 마음을 열고 변화를 받아들인다면 더디더라도 그런 날은 온다.

미국인의 눈에 비친 러시아는 매혹적인 나라다. 아주 오래된 토대들을 갖추고 있으면서 현대화를 향해 과감한 발길을 내딛고 있는 나라가 러시아다. 이곳 사람들은 교육과 기술 수준이 높다. 이들과 이야기를 하거나 어떤 식으로든 의미 있는 교류를 해보면 이러한 사실을 금방 알 수 있다. 러시아는 교육 중에서도 특히 수학, 과학, 엔지니어링 분야에 중점을 두기 때문에 두뇌 면에서 어떤 나라든 한방에 날려 버릴 수 있을 것이란 생각이 든다. 과학자, 수학자에서부터 무용수, 체스 챔피언, 구글의 세르게이 브린 같은 사람들에 이르기까지 너무도 많은 천재들이 이 땅에서 자랐다.

그런데 왜 그렇게 많은 사람이 러시아를 떠났을까 하는 의문이 들었다. 경제적인 기회가 적다는 게 한 가지 이유가 될 수 있을 것이다. 러시아 경제는 신용위기와 유가하락이라는 더블 펀치를 얻어맞고 충격에서 헤어 나지 못하고 있었다. 실업률도 높았다. 게다가 많은 이들이 러시아에 법치가 이루어지고 있는지에 대해 의문을 표시했다. 사람들은 러시아 정부가 게임 도중에 룰을 바꾸어 버리지 않을지 걱정했다. 투자가 빌 브라우더가 겪은 이야기가 보여주듯이 법치가 우롱당하면 러시아에 대한 외국인 투자에 악영향을 미칠 수 있다.

에르미타주 캐피털 매니지먼트의 CEO인 빌 브라우더는 한때 러시아에서 최대 투자자였다. 그는 자신이 러시아 정부를 상대로 겪은 일을 '카프카의 작품에나 나올 법한 이야기'라고 했다. 2007년에 내무부 관리들이 에르미타주사 사무실에 들이닥쳐서 서류와 컴퓨터, 인증서 등을 압수해 갔다. 당시 러시아 관리들은 그런 수법을 동원해 회사를 여럿 탈취했다. 그리고 이렇게 탈취한 회사를 통해 서류를 위조하는 수법으로 2억 3000만 달러에 달하는 세금을 자기들이 불법 환급받았다. 러시아 국민들이 낸 세금을 자기들이 가로챈 것이다. 브라우더는 그런 조직적인 사기행위는 러시아 정부 최고위층의 도움 없이는 불가능한 일이라고 내게 말했다. 지금까지도 이에 대해 공식적인 조사는 한번도 이루어지지 않고 있다. 브라우더는 러시아 언론에 이러한 사실을 알리려고 여러 차례 시도해 보았으나 여의치 않자 자신이 겪은 사연과 러시아에 투자하는 사람들에게 자제할 것을 당부하는 내용의 유튜브 동영상을 만들어 배포했다. 분명히 말하지만, 진정으로 기회의 땅이 되고 싶다면 러시아는 글로벌 기업들과의 거래에 방해가 되는 부패 악순환의 고리를 끊어내야만 한다. 메드베데프 대통령은 러시아가 변화하는 글로벌 경제에 적응할 자신이 있다고 했다. 그리고 러시아에 법치가 행해지고 있다고 믿으며, 러시아에 대한 외국인 투자도 권장하려고 노력 중이라 했다. 러시아 경제가 이러한 목표에 도달하기 위해서는 훨씬 더 많은 유연성을 발휘해야 할 것이다. 석유와 가스에 대한 의존을 줄이고, 기술과 같은 다른 성장 엔진에 대한 의존도를 늘려가야 한다는 말이다. 그래야 러시아 산업 전반에 근본적인 변화를 가져올 수가 있다. 쉬운 일은 아니지만 러시아 지도부도 이 나라가 역동적으로 변화하는 글로벌 경제에서 살아남으려면 새로운 정신자세를 만들어내야 한다는 필요성에는 공감하는 것 같다. 러시아는 미네랄, 다이아몬드, 은, 에메랄드 같은 천연자원이 풍부하고, 세계 최대의 원유 생산국이다. 나는 메드베데프 대통령에게 2009년에 닥친 심각한 경제위기에 러시아가 어떻게 대처했는지에 대해서도 물어보았다. 당시 러시아는 석유와 가스에 의존하는 경제구조에서 벗어나 변화하는 경제환경에 적응해야 하는 과제를 안고 있었다.

메드베데프 대통령과의 인터뷰는 바르비하에 있는 그의 멋진 별장에서 이루어졌다. 바르비하는 모스크바에서 수마일 떨어진 교외에 있는 아름다운 휴양도시다. 44세의 메드베데프는 젊고 활기에 넘치며 국민들에게 인기도 높다. 그리고 국력을 키워 세계 초강대국의 지위를 되찾겠다는 확고한 의지를 갖고 있다. 많은 사람들이 그가 블라디미르 푸틴 총리의 그늘 아래 있다고 생각하지만, 그는 러시아가 지구촌의 일원이라는 사실과 지구촌의 기준은 모든 국가에 적용된다는 사실을 잘 알고 있는 것 같아 보였다. 그리고 내가 보기에는 러시아 경제에 미친 경제적 충격 때문에 다소 의기소침해 있는 것 같았다.

우리 팀은 대통령보다 훨씬 먼저 약속 장소에 도착해서 인터뷰 준비를 했다. 우리는 삼엄한 경비 속에 뒤뜰과 잘 손질된 마당을 함께 걸으며 이야기를 나누었고, 뒷문을 통해 집안으로 들어갔다. 인터뷰를 진행한 방은 아주 어두웠다. 육중한 목재 가구와 대형 벽난로가 대통령 별장다운 엄숙한 분위기를 연출했다.

시청자들의 눈에는 세팅이 평온하고 조용하게 보이지만, 실제로 무대 뒤에서는 스무 명이 넘는 사람들이 바쁘게 움직였다. CNBC의 카메라맨 두 명, 러시아 텔레비전 직원 세 명, 오디오 엔지니어 두 명, 우리 프로듀서, 그리고 크렘린궁에서 나온 관리 여러 명이 함께 움직였다. 옆방에서는 통역 두 명이 작업 준비를 하고 있었다. 메드베데프는 영어를 구사할 줄 알지만 인터뷰는 통역을 통해 러시아어로 진행했다.

대통령이 나타나기를 기다리는 동안 나는 앉아서 준비해간 메모를 다시 읽어보았다. 메모에 너무 몰두한 나머지 나는 메드베데프 대통령이 환한 웃음을 지으며 방으로 걸어 들어오는 것을 뒤늦게 보고 깜짝 놀랐다. 그는 카리스마가 넘치고 매력적인 인물이었으나 인터뷰를 위해 자리에 앉아 철저히 사무적인 태도를 보였다. 약 45분간 이야기를 나누었는데, 러시아가 처한 경제적 어려움에 대해 대통령은 아주 솔직하게 털어놓았다. "나는 러시아의 경제구조가 맘에 들지 않습니다." 그가 너무 솔직하게 말하는 바람에 내가 놀랐다. "혁신을 무시하고 원자재에 의존하는 낡은 구식 구조이지요." 그러면서도 그는 낙관했고, 러시아가 적응해 나갈 능력을 갖고 있다고 확신했다. "위기는 우리가 살아가는 데 있어서 겪는 극적인 사건이기도 하지만, 동시에 운명이 우리에게 주는 기회이기도 합니다. 우리는 이 기회를 활용할 필요가 있습니다." 그는 이렇게 말했다. "위기는 우리에게 경제 구조를 바꿀 수 있는 기회를 가져다 줍니다."

인터뷰를 마친 다음 메드베데프 대통령은 별장 뜰을 함께 산책하자고 제안했고, 나는 기꺼이 좋다고 했다. 정원은 너무도 아름다웠고 나무들이 무성했으며 뜰 한가운데 분수 하나가 자리잡고 있었다. 솔직히 나는 그런 기회를 갖게 된 것에 대해 너무 뿌듯하고 믿기지 않는 행운이다 싶어서 '허벅지를 꼬집어 보고 싶을 정도'였다. 세계는 급변하고, 완강하게 변화를 거부하던 나라들까지도 어쩔 수 없이 새로운 경제시대의 요구에 맞춰 변화에 적응하려고 노력하고 있었다. 나는 이러한 현실에 머리가 어지러울 정도로 복잡했다.

상트페테르부르크에서 열린 세계경제포럼에서 나는 메드베데프 대통령과 무대에 함께 섰다. 게르하르트 슈뢰더 전 독일 총리, 글로리아 마카파갈 아로요 필리핀 대통령, 고이즈미 준이치로 일본 총리, 노벨상 수상자인 로버트 먼델 컬럼비아대 교수 등과도 자리를 함께했다. 그리고 경제 분야의 세계적인 거물들이 참가한 패널에서 사회를 봤다. 패널에는 다임러의 디터 제체 회장, 시티그룹 CEO 비크람 팬딧, 엘비라 나비율리나 러시아 경제개발장관, 스탠더드 차터드의 CEO를 지낸 로이드 데이비스 영국 무역장관 등이 참가했다. 인상적인 토론이 진행되었고, 비즈니스에서 정부의 오너십 역할에 대한 패널의 평가가 특히 흥미로웠다. 패널과 청중들은 앞으로 한동안은 정부가 비즈니스에서 상당한 수준의 오너십 역할을 하는 것이 중요하다는 컨센서스에 도달했다. 대부분의 패널이 그렇게 하는 게 필요하다는 생각을 갖고 있었기 때문에 아무런 이견이 없었다. 모두들 "새로운 현실에 직면했으며, 이제는 그 현실에 적응할 수밖에 없다"는 것이었다.

행사를 모두 마치고 밤늦게 방으로 돌아오니 몸은 피곤했지만 그날 가진 토론 때문에 기분은 상쾌했다. 창문 밖으로 상트페테르부르크의 하늘을 내다보면서 그 유명한 '백야'를 만끽하고 있자니 기분이 정말 좋았다. 여름철에는 24시간 햇빛이 비치는데, 한순간도 완전히 깜깜해지지 않는다. 한밤중인데도 밝은 하늘을 보니 너무 황홀했다.

상트페테르부르크 같은 고도古都에 오면 미래에 대한 어떤 비전을 갖게 된다. 귀국하기 전에 나는 에르미타주 미술관을 구경했다. 미술관은 상트페테르부르크의 심장부를 흐르는 네바 강변에 서 있었다. 세계에서 제일 오래된 미술관 중 하나로 1764년에 예카테리나 2세가 세운 곳이다. 이곳에는 선사시대까지 거슬러 올라가는 각종 소장품의 수가 세계에서 제일 많은 곳으로 유명하다. 그중에서도 핵심은 러시아 왕실 소장품들이다. 거대한 건물 복도를 걸어가며 전시되어 있는 갖가지 예술품과 보석들을 구경하는 것은 멋진 경험이었다. 내가 놀란 것은 그곳에 있는 아름다운 소장품들이나 미술관의 규모 때문만은 아니었다. 문화와 창의적인 정신에 대한 사람들의 헌신적인 노력을 보고 놀랐던 것이다. 그곳을 둘러보며 나는 러시아의 미래에 대해 보다 희망적인 생각을 갖게 되었다. 러시아에 머무는 동안 나는 우리는 다른 점보다 같은 점이 더 많다는 생각을 되풀이해서 갖게 되었는데, 박물관 체험은 그러한 생각을 더 확고하게 만들어 주었다.

새로운 세기의 두번째 십년대에 진입하면서 우리 앞에 놓인 과제는 우리가 과연 새로운 도전에 적응해 나갈 수 있을까 하는 깃이다. 그건 국가나 기업 차원에서뿐만이 아니라, 개인적인 차원에서도 마찬가지다.

진정한 다윈주의자가 되라
변화에 적응하는 종種만이 살아남는다

찰스 다윈은 이렇게 썼다. "가장 강한 종種이 살아남는 것도 아니고, 가장 뛰어난 지능을 가진 종이 살아남는 것도 아니다. 살아남는 것은 변화에 가장 잘 적응하는 종이다." 이것이 바로 다윈주의의 핵심 주제다. 그리고 이것은 물리적인 환경에 적응하는 생물학적인 능력에만 관계되는 말도 아니다. 예를 들어, 내가 일하는 미디어 업계에서는 변화하는 환경과 예상치 못한 위기에 끊임없이 적응해 나가야만 한다. 오늘날 우리는 5년 전만 해도 감히 상상도 못했을 상황에 직면하고 있다. 진화하는 사람만이 살아남아 성장하게 될 것이다. 이것이야말로 정말 성공을 지속시키는 하나의 법칙이다.

덩치만 크고 구식인 공룡 비즈니스에 종사하는 사람들은 어려운 시기를 보내고 있지만, 그건 우리가 인간의 창의성을 위해 치러야 할 대가다. 나는 신문업계에서 일하는 사람들도 많이 아는데 최근 여러 해 동안 이들의 몰락을 지켜보는 게 너무 가슴 아프다. 뉴스에 종사하는 사람들은 정말 자기가 하는 일을 좋아한다. 지난해에도 유수의 신문들이 여럿 문을 닫아서 퓰리처상 수상자들까지 직장을 잃었다. 엄청나게 충격적인 일이지만 이 또한 충분히 예상할 수 있었던 일들이다.

하지만 이런 생각이 든다. 우리는 낡은 것에 갇혀 지낼 수도 있지만, 그와 마찬가지로 새로운 것에도 사족을 못 쓴다는 사실이다. 2000년 새해가 다가오면서 세기의 전환에 때맞춰 기술이 우리가 사는 사회를 크게 바꿔 놓을 것이라는 엄청난 기대감이 있었다. 변화를 받아들이려는 우리의 의지가 확고했기 때문에 새로운 세상에서 기술 붐은 당연한 일로 예상되었다. 예상은 들어맞는 것 같았다. 닷컴 억만장자들이 줄지어 생겨났다. 사람들은 다니던 직장을 때려치우고 인터넷 회사를 세운다고 무리를 지어 몰려갔다. 그들은 빨리 성장하는 것은 지속가능성이 없다는 사실을 간과한 채 무턱대고 한쪽으로 몰려갔다. 두 발이 땅에서 떨어진 채 허둥대는 꼴이었고, 닷컴 붕괴가 닥치자 고통스러운 추락을 당하고 만 것이다.

진화가 주는 교훈은 변화가 반드시 필요하다는 사실만이 아니다. 뉴스 업계에서 보듯이 변화의 속도 역시 중요하다. 독자가 줄어들자 신문사 사주들은 신문 발행을 중단하는 대신 인터넷으로 달려갔다. 현명한 자들은 진화의 과정을 밟아 온라인 콘텐츠를 단계적으로 도입하기 시작했다. 고통스러운 과정이었고 성공이 보장된 것도 아니었다. 최종적으로 성공을 거두는 조직은 여러 해에 걸쳐 시간을 두고 콘텐츠를 효과적으로 독자들에게 전달할 수 있는 올바른 포맷을 만들어내는 조직이 될 것이다. 이 경주에서는 슬로 앤드 스테디가 승리하게 되어 있다.

개인적으로 나는 항상 신기술에 뛰어들 수 있도록 스스로를 교육시킬 방법이 무엇인지 찾고 있다. 뉴스와 정보의 전달 과정을 강화시켜 줄 수 있는 방법을 찾고, 그렇지 못한 방법은 버리는 게 관건이다. 새롭다고 반드시 우수한 것은 아니라는 점을 명심하도록 해야 한다.

과거에 얽매이지 마라
노스탤지어 마비현상nostalgia paralysis

마크 에코는 대단히 성공한 젊은 기업인이다. 그가 운영하는 의류 및 라이프스타일 회사는 본사가 뉴욕시에 있는데, 젊은 세대의 패션과 스타일의 개념을 새롭게 바꾸어 놓았다. 그는 파격적이고 시대를 앞서가는 아이디어로 인해 수시로 뉴스의 인물이 되었다. 표현의 자유를 강조하기 위해 뉴욕시에서 대규모 야외 낙서전을 개최하고, 배리 본즈가 사상 최다 기록을 수립하며 날린 756번째 홈런 볼을 75만 2467달러에 사들이기도 했다. 그리고 전형적인 평등주의 사고의 소유자답게 웹사이트 방문자들을 상대로 본즈의 홈런 볼을 어떻게 처리하는 게 좋을지 의견을 물었는데, 조사에 응한 사이트 방문자가 1000만 명을 넘었다. 그렇게 해서 내려진 결론은 홈런 볼을 뉴욕주 쿠퍼스타운에 있는 명예의 전당에 보내라는 것이었다. 단 별표를 하나 해서 보내라는 의견이었는데, 본즈의 기록이 스테로이드의 영향을 받았을 가능성이 있음을 암시하기 위해서라는 것이었다.

마크는 내가 진행하는 혁신 관련 텔레비전 시리즈 프로에 출연한 적이 있는데, 그가 이야기하는 갖가지 아이디어들은 아주 재미있었다. 그가 이야기한 아이디어 가운데 노스탤지어 마비현상nostalgia paralysis이라는 게 있다. "내가 경험으로 배운 바에 따르면 과거에 얽매여서 미래를 희생시키면 안 됩니다." 그는 이렇게 말했다. "이것은 머리를 긁적이고, 눈알을 이리저리 굴리면서 '이런 일은 전에 해본 적이 없는데' 라고 생각하는 태도를 말합니다. 성공은 매력적인 여인과 같아서 겉모습만 보고는 속마음을 알기 어렵습니다. 마찬가지로 어떤 일을 지나간 역사적인 자료나 선례에 기초해 섣불리 판단하면 안 됩니다."

코닥의 경우처럼 어떤 기업이든 이 노스탤지어 마비현상의 희생물이 될 수 있다. 코닥의 CEO인 안토니오 페레스와 인터뷰할 때 그는 코닥을 디지털 시대에 적응시키는 데 어려움이 크다고 토로했다. 당시 코닥은 큰 위기에 처해 있었다. 그가 경영권을 넘겨받은 2003년에 코닥은 기반이 송두리째 흔들리고 있었다. 간부들 중에는 디지털로 이행하는 것 자체에 반대하는 사람들도 있었다. "우리는 그동안 필름을 만들어 팔면서 살아왔습니다." 그는 이렇게 말했다. "그런데 회사 안을 돌아다니며 '여러분 중에 집에 디지털 카메라를 갖고 있는 사람이 얼마나 되지요?'라고 물었더니 처음에는 30%, 그러다가 40%, 50%, 60%로 점점 더 올라가는 것이었습니다. 그래서 나는 '이제 어쩔 수 없습니다. 변화하든가, 아니면 생존을 포기하는 것입니다'라고 말했습니다."

그는 이렇게 말을 이었다. "직원들 가운데 3분의 1은 디지털로 옮겨갈 준비가 되어 있었어요. 나머지 3분의 1은 필름이 갖고 있는 장점을 확대하는 데 회사의 앞날이 달려 있다고 확신하고 있었습니다. 그리고 나머지 3분의 1은 중간 입장을 취했어요. 나는 내 입장을 지지하는 직원들과 일을 해나갔습니다. 그 사람들은 강력한 비전을 만들어낼 준비가 되어 있는 사람들이었습니다." 그는 디지털로 전환하는 것 외에는 선택의 여지가 없다고 생각했다. 죽느냐 사느냐가 달린 문제였다. 결국에는 변화에 결단코 반대하던 사람들도 팀에 머물 것인지 아니면 떠날 것인지 결정할 수밖에 없게 되었다. 그는 만약에 디지털로 전환하지 않으면 남아서 일할 팀도 없다는 사실을 알고 있었다.

얼마 전에 내가 기금이사로 있는 뉴욕대의 한 위원회 모임에서 마티 립튼 위원장이 아주 현명한 생각을 이야기했다. 금융 시스템 혁신가로 명성이 높은 78세의 마티 위원장은 우리에게 이런 경고의 말을 해주었다. "이론 타령만 하다가 여러분을 둘러싼 사방에서 바람의 방향이 바뀌고 있다는 사실을 놓치면 안 됩니다." 나는 그의 말이 옳다고 생각했다. 위기에서 살아남고 성공하기 위해선 아무리 소중한 생각이라도 과감하게 버릴 줄 알아야 한다. 자기가 세우고, 자기 손으로 키운 기업인 경우에는 그렇게 하기가 특히 더 어려울 수 있다. 하지만 살아남기 위해선 그렇게 해야만 한다. 과거의 영광을 되찾겠다고 벼르는 사람들을 나는 숱하게 만난다. 그런 사람들은 옛날에 받은 우승 트로피들에 둘러싸인 채 그것들을 쓰다듬으며 사는 왕년의 고교시절 풋볼 스타와 다를 게 하나도 없다. 향수가 필요할 때도 있다. 옛날을 생각하면 즐겁고 기분이 좋아진다. 하지만 거기에 얽매여 있으면 안 된다.

배움을 멈추지 마라

오프라 윈프리, 잭 웰치

우리가 가진 지식 기반에는 허점이 많으며 그 허점을 메워 나가는 게 대단히 중요하다. 예를 들어 나는 경제학은 열심히 한 반면 역사 공부를 제대로 안 했다. 우리 남편은 독서량이 많고 건국의 아버지들에 관한 각종 서적, 특히 자서전을 많이 읽는다. 남편과 대화를 하고 남편이 권하는 책을 읽으면서, 나도 그런 분야에 대해 배우게 되고 아울러 내 지식 기반의 허점을 메워 나가게 된다.

내 프로를 보는 시청자들도 마찬가지라는 것을 알게 되었다. 금융위기가 닥치기 전인 2008년 클로징 벨 시청자들의 주된 특징은 부유하고, 금융지식이 풍부하고, 순수입이 몇 백만 달러에 이르는 사람들이었다. 그 중의 다수는 전문적인 투자자들이었다. 하지만 위기가 닥치자 소득 수준에 관계없이 모든 계층의 사람들이 우리 프로를 보기 시작했다. 갑자기 우리 방송에 관심을 갖기 시작한 것이다. 그 사람들은 자신들의 삶이 시장에서 벌어지는 상황으로부터 큰 영향을 받는다는 것을 두 눈으로 보았기 때문에 시장에 대해 배우고 이해하려고 했다.

내가 오프라 윈프리를 좋아하는 여러 이유들 가운데 하나는 배움에 대한 열정, 그리고 배운 것을 시청자들에게 전달하려고 하는 열성이다. 그녀는 자기가 모르는 것이 있다는 사실을 인정하는 데 망설임이 없다. 내가 그녀의 프로에 나갔을 때 그녀는 조금도 망설이지 않고 아주 기초적인 문제들을 질문했다. "주식이 뭐예요? 나스닥이 뭔가요? 사회보장세 FICA가 뭐지요?" 그녀는 자신의 무지를 인정하는 데 주저함이 없었고 투자에 대해 배우려고 했다.

그녀는 이렇게 말했다. "우리 아버지는 툭하면 제게 '돈이 생기면 신발 상자에 넣어두는 게 제일 안전하단다' 라는 말씀을 하셨어요. 그런 말을 들으며 자란 거지요. 처음 돈을 벌기 시작했을 때 나는 번 돈을 안전한 저축예금에 넣어두는 것 외에 다른 곳에 투자하는 것에 대해 겁이 났어요. 나는 항상 이런 말을 했답니다. '내 돈 어딨어요? 한번 보여주세요!' 이제는 많이 나아졌지만 지금도 계속 배우는 중입니다."

오프라와 함께하는 시간은 정말 좋았다. 배우려는 자세를 가진 누군가와 함께 있는 것은 즐거운 일이다. 그녀가 성공한 핵심 비결은 자신을 보통사람의 자리에 놓고, 그들이 무엇을 원하고, 무엇을 알고 싶어 하는지를 이해하는 능력이라고 나는 생각한다. 모든 시청자들이 자기가 진행하는 프로를 보고 '오늘도 하나 배웠네' 라는 생각을 갖도록 만드는 것이다.

우리가 그녀에게서 배울 점은 어떤 일에 종사하든 배우는 것을 멈추지 말라는 것이다. 이것은 간단하면서도 기본적인 가르침이다. 우리는 다른 사람에게서도 이런 자세를 기대한다. 의과대학을 졸업한 뒤부터는 공부와 담 쌓은 의사에게 병을 고치러 가겠는가? 최신 의학지식을 꾸준히 습득해서 최상의 진료를 제공해 줄 의사라는 믿음이 서야 찾아갈 것이다.

나는 우리 방송의 모회사인 제너럴 일렉트릭GE의 교육방식이 정말 훌륭하다고 생각한다. GE는 사원들의 교육훈련비로 매년 10억 달러 넘는 예산을 쓴다. 교육을 담당하는 곳은 뉴욕주 크론토빌에 있는 GE 러닝 앤드 리더십 센터이다. 나도 운좋게 그곳에 가서 리더십 교육을 받은 적이 있는데 거기에서 배운 교육 방식은 내게 큰 도움이 되었다.

내가 생각하기에 배우는 즐거움의 최고 모델 가운데 한 명은 잭 웰치다. 그는 73세인 지금도 계속 배운다. "배움에 대한 목마름이 바로 성공의 열쇠입니다." 그는 내게 이렇게 말했다. "우리는 매일매일 더 현명해져야 합니다. 나는 배움에 목이 마릅니다. 어디를 가든 그곳에서 사람들이 무슨 일을, 어떻게, 그리고 왜 하는지 알고 싶어 하지요. 세상에서 그것보다 더 짜릿한 일은 없습니다. 새로운 정보를 받아들이면 여러분 자신도 새롭게 됩니다. 배움을 통해 더 나은 자신을 만들어가는 것이지요."

끊임없이 적응하라
아버지의 레스토랑

위기가 닥쳐서 여러분의 대응능력이 시험대에 오르기를 기다려서는 안 된다. 살다 보면 인생에는 예상치 못한 커브볼이 수시로 날아온다. 애를 봐주기로 한 베이비시터가 나타나지 않을 수도 있고, 장마철에 지하실에 물이 고여 넘칠 수도 있다. 직장 상사가 여러분의 책상 위에다 긴급 프로젝트를 던져놓을 수도 있고, 고속도로에 사고 차량이 있어서 약속시간에 늦을 수도 있다. 우리는 이렇게 일상적으로 일어나는 사소한 일들에 적절히 대처할 줄 알아야 한다. 신속하게 진로를 수정하고 새로운 계획을 세워야 하는 것이다. 사소한 문제에 대처를 잘하면 앞으로 큰 커브볼이 날아오더라도 쉽게 대처할 수 있게 될 것이다.

내 경우에는 그날 하려고 철저히 준비해 놓은 계획이 시작 직전에 무산되어 버리는 경우가 허다하다. 직업 특성상 어쩔 수 없는 일이고, 그래서 나는 계속해서 진로를 수정해 나가야 한다. 하지만 어떤 직업에 종사하든 유연성이 필요하며, 그건 배워서 기를 수가 있다. 레스토랑을 운영하신 우리 아버지를 생각해 본다. 음식 준비를 잔뜩 해놓았는데 손님이 많이 오지 않는 경우가 더러 있었다. 또 어떤 날은 음식 준비를 적게 해놓았는데 손님이 왕창 오는 날도 있었다. 마치 계속 외줄타기를 하는 것과 마찬가지였고, 예상치 못한 일을 피해 나가는 법을 배우는 하나의 과정이었다. 엄마도 마찬가지로 육아와 일이라는 두 가지 역할을 용케 해나가셨다. 아이들 누군가가 아침에 일어나서 코를 훌쩍거리면 엄마는 꼼꼼하게 하시던 일을 모두 뒤로 미루어야 했다. 하지만 그렇다고 특별히 허둥대신 적은 한번도 없었다. 나중에 내가 엄마가 되고 나서야 비로소 엄마로서 그렇게 많은 일을 해낸다는 게 얼마나 어려운지 알게 되었다. 엄마는 그런 부담감을 우리에게 한번도 내비친 적이 없으니 얼마나 훌륭하신 분이었는지 모르겠다.

1백 명의 멘토를 만들어라
잭 웰치, 아이린 로젠펠드

잭 웰치는 내게 멘토를 만들라는 현명한 충고를 해주었다. 처음에는 "멘토 한 명을 구하는 일은 세상에서 제일 바보 같은 짓입니다"라는 말을 해서 나를 놀라게 만들었다. 내가 놀라는 것을 보고는 웃으며 이렇게 덧붙였다. "한 명이 아니라 1백 명의 멘토를 구하라는 말입니다." 다양한 종류의 사람을 만나면 다양한 삶이 테이블 위에 올라오는 데 반해, 자기가 탄 차에 다른 사람 한 명만 태우면 아주 편협한 시야를 갖게 된다는 것이었다. 잭은 이렇게 말했다. "멘토 한 명만 달랑 있다고 칩시다. 그런 경우 그 멘토에게는 회사 안에서 적도 여러 명 있을 수 있겠지요. 어리석은 짓을 한 적도 있을 것입니다. 그런 부담을 안고 그 사람만 멘토로 삼을 것입니까? 가능한 한 멘토를 많이 둠으로써 여러 사람의 지혜를 모을 수가 있습니다. 사람마다 서로 다른 장점들을 갖고 있으니 그것들을 모두 다 이용하자는 것입니다."

크래프트 푸즈의 CEO 아이린 로젠펠드도 멘토에 대해 아주 훌륭한 통찰력을 보여주었다. 사무실 안팎을 가리지 말고 어디서건 멘토를 구하라는 것이었다. "멘토는 유쾌한 장소에서 만들어지는 경우도 자주 있습니다." 그녀는 이렇게 말했다. "내 최고의 멘토링 가운데 하나는 아주 신참이었을 때 크래프트 고위 임원이 참석한 사무실 밖 모임에서 만들어졌어요. 우리는 팀 단합대회에 참석해서 눈을 가린 채 정해진 시간 안에 로프의 매듭을 푸는 경기를 했습니다. 무슨 이유에선지 그분이 내가 그 시합에서 훌륭한 리더십과 창의력을 보였다고 생각했고, 이후 몇 년 동안 자기 직속 부서에 배치했어요. 그분은 지금까지도 나의 친구이자 가장 신뢰하는 어드바이저입니다."

나는 다양한 사람으로부터 인풋을 받는 게 좋다고 생각한다. 그러면 이 일은 어떻게 시작하는 게 좋을까? 우선 정보와 참고, 교육, 기타 여러 도움이 필요한 분야에 대해 목록을 작성한다. 그리고 새로 사람을 만날 때마다 그 목록을 채워 나간다. 그렇게 하다 보면 세월이 지나면서 멘토 목록도 채워져 나갈 것이다. 한 가지 명심할 점은 그저 이름만 적어 나가서는 안 되고, 실질적인 도움을 청하라는 것이다. 처음에는 차마 입이 떼지지 않겠지만, 대부분의 사람들이 기꺼이 도움을 주려고 한다는 사실을 알고 나면 한결 수월해질 것이다.

지식의 스펀지가 되라
아스펜 아이디어 페스티벌

사람은 목숨이 붙어 있는 한 뭐든지 배울 수 있다. 다른 사람의 지혜와 전문지식에서 무엇이든 배울 수 있다. 성공한 사람들은 스펀지처럼 새로운 정보를 빨아들인다. 대부분은 그렇지만, 그렇지 않은 경우도 더러 있다. 다음은 2009년 스위스 다보스에서 열린 세계경제포럼의 한 세션에서 직접 목격한 일화이다. 신기술에 대한 통제장치를 어떻게 마련할 것이냐를 주제로 한 유익한 세션이었다. 블라디미르 푸틴 러시아 총리가 마이클 델 회장과 함께 연단에 올랐다. 세션 도중에 델 회장이 푸틴 총리에게 이렇게 물었다. "각하, 우리는 러시아에서 사업을 더 확장하고 싶습니다. 우리가 어떤 도움을 드릴 수 있겠습니까?" 그러자 푸틴은 이렇게 대답했다. "우리는 당신의 도움이 필요 없습니다. 우리는 환자도 아니고, 정신활동에 문제가 있는 것도 아닙니다." 마이클 델 회장은 푸틴의 말에 큰 충격을 받았다. 나중에 그는 당시 푸틴의 손에 머리가 잘려 나가는 것 같은 아찔한 기분이었다고 털어놓았다. 푸틴이 그렇게 나올 줄은 전혀 예상 못했던 것이다. 러시아가 외부로부터 전문적인 기술의 도움이 필요할까? 물론 필요하다! 정말 강한 사람은 남에게 도움을 청하는 것을 두려워하지 않는다. 내가 업계에서 만난 진정한 지도자들은 대부분 스펀지처럼 가능한 한 많은 인풋을 빨아들이는 사람들이었다.

2009년에 아스펜 연구소가 주최하는 아스펜 아이디어 페스티벌에 초청을 받아 현장에서 클로징 벨을 진행했다. 그처럼 창의적인 머리를 가진 사람들과 단체로 자리를 함께한다는 것은 정말 유쾌한 경험이었다. 아스펜 연구소는 여러 가지 어려운 현안들에 대해 아이디어를 내고 해법을 찾는 데 몰두하는 싱크탱크로 아이디어 페스티벌은 그중에서도 가장 핵심적인 행사다. 저명한 참석자들 가운데 세 명의 전직 국무장관도 들어 있었다. 콘돌리자 라이스, 매들린 올브라이트, 제임스 베이커 등 세 사람이었다. 연방대법관 스티븐 브레이어, 전前 연방대법관 샌드라 데이 오코너도 있었고 그밖에 업계, 학계, 문화계에서도 많은 유명인사들이 참석했다. 아스펜 연구소의 CEO 월터 아이작슨과 인터뷰할 기회가 있었는데, 그는 한마디로 호기심과 창의적인 정신을 상징하는 모델 같은 사람이다. 57세의 월터는 CNN 회장 겸 CEO와 타임 매거진 에디터도 지냈다. 저술가로도 이름을 날렸는데, 2007년에 '아인슈타인:생애와 우주'를 출간해 많은 호평을 받았고 여러 개의 상을 수상했다. 그는 아이디어가 넘치고 관심 분야도 아주 다양한 사람으로 인류의 미래는 '근본적인 예의' fundamental civility의 손에 달려 있다는 믿음을 갖고 있다. 근본적인 예의란 다양한 견해와 경험을 가진 사람들이 오늘날의 핵심적인 문제들을 해결하기 위해 진지하게 힘을 합칠 수 있는 능력을 가리킨다. 월터 회장과 아스펜 아이디어 페스티벌에 모인 많은 사람들을 보며 이들이 하는 일이 바로 그런 것이라는 생각이 들었다. 자본주의의 미래를 둘러싼 열띤 논쟁이 여러 차례 벌어졌으나 논쟁과 논란은 어디까지나 배움과 깨우침, 문제해결을 위한 것이라는 정신 안에서 진행되었다. 언론에서 너무도 자주 보게 되는 토론을 위한 토론과는 질적으로 달랐다. 아스펜 아이디어 페스티벌에서는 모든 사람의 생각을 존중했고, 모든 참석자들이 생각을 서로 나누고, 타협하고, 수정하면 각자가 가진 능력이 손상되는 게 아니라 더욱더 강해진다는 의식을 갖고 있었다.

그 회의에 참석하고 난 다음 나는 모든 이들이 그런 창의적인 회의에 참석할 수 있다면 얼마나 좋을까 하는 생각을 했다. 그래서 여러분도 주위에 이와 유사한 기회가 있는지 둘러보라고 강력하게 권하고 싶다. 강의나 세미나도 좋고, 여러분과 다른 생각과 경험을 가진 사람들과 함께할 수 있는 모임이면 되는 것이다. 항상 새로운 시각을 갖도록 노력하고, 새로운 생각의 도전을 두려워하지 말아야 한다.

G-20 정상회의에서 본 희망

짐 로저스는 글로벌 시민의 모델이라 할 만하다. 투자자, 저술가, 교수로서 직업의 경계를 넘나들며 활동했고, 또한 로저스 인터내셔널 상품 인덱스 지수를 만든 사람이다. 2009년에 그는 저서 '아이들에게 주는 선물: 아버지가 들려주는 인생과 투자에 대한 교훈' A Gift for My Children: A Father's Lessons for Life and Investing을 출간했는데 책에서 중심이 되는 첫번째 원칙은 '세상 돌아가는 이치를 알고 싶으면 세상에 바짝 다가가라'는 것이다. 간단한 메시지이면서도 매일매일의 삶에서 실천해야 할 원칙이라 할 만하다. 그는 현재 싱가포르에 머물고 있는데, 미국인들끼리만 어울리는 다른 해외근무자들과 달리 그곳의 문화에 동화되어서 살려고 한다. 그와 아내 페이지는 중국인 보모를 구해 딸 해피가 어릴 적부터 중국어를 배울 수 있도록 했다. 그리고 냉장고, 식탁, 전등, 침대 등 집안에 있는 물건에는 모조리 만다린어로 이름을 써붙여 놓았다. 현재 해피는 영어와 만다린어를 이중언어로 구사한다.

그의 장점은 편협한 편견을 완전히 뛰어넘는 능력을 타고났다는 것이다. 최근에 그는 내게 이런 말을 했다. "젊은 중국인들을 보면 당신이나 내가 20대였을 때와 하나도 다르지 않습니다. 열심히 노력하고, 자신들의 앞날에 어떤 한계도 두지 않는 사람들이지요." 그는 비록 성공으로 나아가는 과정은 다를지라도, 성공에 대한 욕구는 모든 인간이 똑같다는 믿음을 확고하게 갖고 있다.

2009년 3월에 나는 런던에서 열린 G-20 정상회의를 취재하는 소중한 기회를 가졌다. 아무리 목석이라도 그런 곳에 가서 감동을 받지 않을 수는 없을 것이다. 전 세계 정치 지도자들이 한데 모여서 서로 힘을 모아 협력해 나가자는 의례적인 인사말을 하는 곳이기도 하다. 하지만 그때는 무언가 다른 것 같았다. 다른 입장들이 서로 오갔고, 때로는 심각한 견해차가 드러나기도 한 것이다. 회의가 열리는 한 주일 동안 큰 문제가 해결된 것은 없었다. 하지만 그 회의에 참석한 사람들은 마침내 우리가 아주 좁은 세상에 살게 되었구나 하는 느낌을 강하게 받았다. 큰 문제들이 해결된 것은 아니지만, 주요 선진국 정상들이 한데 모여서 머리를 맞대고 전략을 짜는 모습은 믿음을 갖게 해주었다. 미국과 중국, 러시아를 비롯한 여러 나라 지도자가 머리를 맞대고 이야기했으며, 그것은 불과 얼마 전까지만 해도 볼 수 있는 장면이 아니었다.

잊기 쉬운 사실이지만 세계 지도자들도 인간이기 때문에 개인적인 친분이 중요하다. 서로서로 가까이 다가가다 보면 결국에는 이견도 해소되기 마련이다. 단합의 청사진을 제시하고, 상대의 입장에서 이야기하는 노력을 계속하면 언젠가는 진정한 단합이 이루어질 수 있는 것이다.

열 우물을 파라

평생직장은 없다

한친구가 경제가 어렵다고 투덜대며 이렇게 말했다. "예전에는 평생직장이라고 생각하고 다녔는데 말이야." 그녀는 다니던 직장에서 정년을 못 채우고 떠나게 된 것을 못내 아쉬워했다.

사람이 직장 한 곳에 평생 다니던 시절은 아주 오래 전의 이야기다. 한 곳에서 30년, 40년 다니는 것은 꿈꾸기 힘든 시대가 됐다. 이제는 미래를 설계할 때 '어떤 직업을 택하지?' 가 아니라 '어떤 열 가지 직업을 택하지?' 라고 자문해야 할 것이다. 평생 갖가지 다양한 모자를 번갈아 써야 할 시대가 되었기 때문이다. 그런 시대에 대비해야 하는 게 마땅하다.

앞날이 불안정하면, 실제로 위기가 닥쳤을 때 삶의 기어를 어떻게 바꿔야 할지 제대로 알기가 대단히 어렵다. 하지만 그렇게 되면 곤란하다. 앞으로 어떤 처지에 놓이든 상관없이, 자기가 갖고 있는 기술 분야를 어떻게 강화하고, 어떻게 다양화시킬지에 대해 시간을 가지고 생각해 봐야 한다. 자기가 가진 지식의 포트폴리오를 점검하고, 어디에 허점이 있는지 찾아내서 빈 구멍을 메우도록 한다.

CNN에 다니던 초창기 시절에 나는 몇 가지 일을 다 해보려고 했다. 내가 일을 시작했을 당시 CNN은 출범한 지 얼마 되지 않아 어수선했으며 모두들 닥치는 대로 여러 가지 일을 했다. 그때 카메라 뒤에서 프로듀서로, 작가로, 어사인먼트 에디터로 일한 덕분에 나는 그 뒤 카메라 앞에서 하는 일을 잘해내게 되었다. 나와 함께 일하는 사람들이 하는 역할과 일정을 잘 알기 때문이다.

다양한 경험 기반을 갖게 되면 그만큼 일자리의 안정성도 높아지고 기회도 더 많이 가질 수 있다. 주위를 한번 둘러보라. 지금 몸담고 있는 분야에서 다른 경험을 얻을 만한 데가 없는가? 불경기를 타지 않는 기술을 배울 만한 곳은 없는가? 매년 새로운 기술을 한 가지씩 배워서 써먹는다면 여러분의 능력은 어느 정도까지 확장시킬 수 있을까?

이런 식으로 리스트를 만들 때는 마음을 완전히 열도록 해야 한다. 표준 마커에 부합되는 전문적인 업무 영역에만 시야를 국한시키지 말라는 뜻이다. 예를 들어, 뉴욕증권거래소에서 방송을 처음 시작했을 때 나는 전에 그곳에서 일해 본 것처럼 이상하게 친숙함이 느껴졌다. 왜 그럴까 하고 곰곰이 생각해 보다가 마침내 그 이유를 알게 됐다. 대학에 다닐 때 엄마가 내게 장외경마도박장OTB에 파트타임 일자리를 구해 주셨는데 그 일을 생각하니 저절로 웃음이 났다. 어떤 의미에서 OTB는 뉴욕증권거래소NYSE에서 일하는 데 필요한 완벽한 훈련장소였다. 남자들이 득실거리는 실내, 베팅, 긴장감 넘치는 분위기 등등. 자욱한 담배연기만 제외하면 NYSE와 다를 게 하나도 없었다.

내가 하고자 하는 이야기의 요점은 지금 우리 경제상황은 변하고 있고 앞으로도 계속 변할 것이라는 점이다. 따라서 스스로 가진 능력의 범위를 넓게 펼쳐서 가능한 한 새로운 기술을 많이 습득하는 게 매우 중요하다. 앞으로 다가오는 십 년 동안 어느 분야에서 성장이 이루어질지 살펴보라. 노동장관을 지낸 이레인 차오는 내게 앞으로 몇 해 안에 1백 만 명이 넘는 간호사가 새로 필요하게 될 것이라고 했다. 미국의 연령별 인구 분포가 변화함에 따라 간호사 숫자가 크게 부족하게 될 것이라는 말이었다. 사람들의 수명이 더 늘어나게 됨에 따라 필요로 하는 일들도 다양해졌다. 건강보험은 주목해야 할 성장 분야가 되었고, 늘어나는 수요를 충족시키기 위해 전문인력이 대거 필요하게 되었다.

2009년에 미디어 펠로 자격으로 스탠퍼드대를 방문했다가 그곳에서 스탠퍼드 장수센터의 로라 카스텐슨 소장을 만났다. 카스텐슨 박사는 사람의 수명이 길어진 것을 위기로 보면 안 된다는 말을 했다. 수명이 길어진 것은 위기가 아니라 기회라는 것이었다. 그는 '은퇴'라는 말에 담긴 부정적인 개념을 걷어내고, 사람들이 오래 살면서 좀 더 쉽게 일하고 움직이는 데 필요한 도구를 제공해 줌으로써 생산적인 활동을 할 수 있도록 하는 일에 전념하고 있다. 에너지도 앞으로 성장할 분야이며, 대체 에너지와 연관될 때는 고용이 특히 더 많이 늘어날 것이다. 중국과 인도 같은 곳에서는 인구 증가로 소비재와 원자재에 대한 수요가 늘어난다. 사람들이 계속 도시로 몰려들면서 새로운 문제들을 만들어내고 있는데, 어떻게 해야 많은 사람들이 서로 친밀하게, 그리고 어려움을 극복하며 살아갈 수 있도록 할 것인가? 이런 거대한 메가트렌드를 면밀히 읽으면 어디서 일자리가 만들어질지, 앞으로 어떤 기술이 필요할지 알 수 있을 것이다.

사회기반시설도 주목할 분야다. 경기부양을 위한 정부의 촉진자금이 시장에 유입되고 있고, 또한 앞으로 글로벌 경제가 호전되면 교량, 도로, 터널 건설, 기타 인프라를 안정적으로 유지시키는 데 필요한 대대적인 투자가 이루어질 것이다. 동시에 자동차 산업의 침체가 이어지면서 소규모 금융 서비스업이 활성화되고, 제조업 분야에서도 변화가 일어날 전망이다. 경제는 계속 변하고 있고, 이러한 환경에 대처하기 위해서는 새로운 리더십, 새로운 일자리, 달라진 성장 분야에 적응하는 게 무엇보다도 필요하다. 핌코의 CEO 모하메드 엘-에리언은 이런 추세를 '새로운 현실' new normal이라고 부른다. 자신의 포트폴리오에 어떤 허점이 있는지 살펴보고, 새로운 현실에서 살아남기 위해서는 어떤 기술이 필요할지 고민해야 한다. 다윈이 말한 '적응'의 논리를 명심하자는 말이다.

경험을 넓히고 경력을 쌓는 방법은 수없이 많다. 경기후퇴가 절정에 달해 있던 2009년 5월에 나는 뉴욕시 자선단체인 뉴욕 케어스에 흥미 있는 변화가 일어나고 있다는 사실을 알게 되었다. 뉴욕 케어스는 22년의 역사를 가진 자원봉사자 네트워크다. 이 단체의 사무총장인 게리 베이글리는 2009년 한 해 동안 자원봉사를 하겠다고 찾아오는 지원자 수가 두 배로 늘었다는 말을 했다. 직장에서 밀려난 사람들이 새 일자리를 찾는 데만 시간을 쏟는 게 아니라, 갑자기 많아진 여유 시간을 이용해 자원봉사 일을 하겠다고 몰려든다는 것이었다. 남을 돕겠다는 마음도 물론 동기가 되었을 것이다. 하지만 내 관심을 끈 것은 사람들이 앞으로 일하는 데 도움이 될 유용한 기술을 추가로 배우는 하나의 기회로 이곳을 활용한다는 점이었다. 소매 마케팅 분야에서 일하다 해고당한 한 자원봉사자는 내가 진행하는 일요일 쇼 프로 '월스트리트 저널 리포트'에 출연해 뉴욕 케어스에서 팀장 겸 트레이너로 자원봉사 일을 한 것이 자신의 이력에 중요한 부분으로 추가되었다고 말했다. 자원봉사를 통해 봉사도 하고, 동시에 자신의 자질을 키우는 것은 상당히 좋은 방법이라는 생각이 들었다. 경력을 쌓는 일반적인 방법은 아니지만 얼마든지 해볼 만한 방법이다. 자원봉사 일은 기술을 습득할 기회가 될 뿐 아니라, 미래의 잠재적 고용주들에게 커뮤니티를 생각하는 마음자세가 되어 있음을 보여주는 효과도 있다.

인생의 리셋 버튼을 눌러라
식스 플래그스의 원더 보이 마크 샤피로

마크 샤피로는 개인 이력 개발 분야의 달인이다. 지금은 식스 플래그스 테마파크의 CEO로 있지만, 경력의 대부분을 ESPN에서 프로그래밍 전문가로 보낸 사람이다. 워낙 성공적인 프로그램을 많이 개발했기 때문에서 '원더 보이' 라는 별명으로 통했다. 그러던 중 2005년에 또 한 사람의 원더 보이인 워싱턴 레드스킨스 구단주 댄 스나이더가 그를 불러 식스 플래그스를 혁신하라는 임무를 맡겼다. 당시 테마파크 식스 플래그스는 엄청난 부채 부담 때문에 신음하고 있었다.

어떤 동기가 그로 하여금 그런 큰 변신을 하도록 만들었을까? "나는 스포츠를 좋아합니다." 그는 내게 이렇게 말했다. "ESPN에서 12년을 일했어요. 그곳에서 일하는 동안 ABC에서 진행하던 '먼데이 나이트 풋볼'을 ESPN으로 뺏어 왔고, '나스카르'도 ESPN으로 가져왔어요. 그리고 메이저리그 야구와 ESPN의 계약기간도 7년 더 연장했습니다. 그렇게 하고 나자 이제 앞으로는 당분간 이전과 같은 큰 성장은 기대하기 힘들겠다는 생각이 들었습니다. 현상유지하는 데 힘을 쏟게 되겠지요. 그런데 식스 플래그스를 보니 한마디로 그곳은 왕창 뜯어고쳐야 하는 놀이터 같다는 생각이 들었습니다. 물려받은 엄청난 부채에다 테마파크 곳곳이 대대적인 수리를 해야만 했습니다. 유지는 체질에 맞지 않습니다. 성장이 내 체질이지요."

그는 지출가능 재량소득이 소진된 상태에서 테마파크를 이끌며 정말 훌륭하게 일을 처리했다. 도전을 두려워하지 않았다. "나는 사람들이 여름철 내내 집 뒷마당에서 시간을 보내지는 않을 거라고 생각했어요. 그런데 경제사정이 어려워지면서 사람들은 그동안 여름이 되면 3~5가지씩 하던 일을 두세 가지로 줄였습니다. 고객의 돈을 노리는 쟁탈전이 점점 더 치열하게 벌어지게 된 것이지요. 가치를 만드느냐 못 만드느냐로 승자와 패자가 결판 날 것입니다."

식스 플래그스에서 성공으로 나아가는 길은 험난했다. 최근에 회사는 파산보호신청을 했다. 고통스럽지만 회사를 다시 일으켜 세우기 위해 필요한 과정이었다. 그는 이러한 과정을 거치는 동안 내내 침착하고 낙관적인 태도를 유지했다.

자신을 잘 알고, 용기와 통찰력을 갖고 변화에 적응해 나가고, 힘겨운 도전에 굴하지 않는 사람들의 이야기를 듣는 것은 기분 좋은 일이다. 조 모글리아도 그런 사람이다. 나는 그가 TD 아메리트레이드 회장일 때 만났지만, 그는 그런 직함의 틀에 갇힐 인물이 아니었다. 그가 지나온 길, 그리고 그가 자신을 계속 새롭게 만들기 위해 얼마나 노력해 왔는지에 대한 이야기는 정말 감동적이다.

그는 맨해튼 북쪽 끝에 위치한 워싱턴 하이츠에서 자랐다. 뉴욕에서도 제일 험한 곳에 속하는 동네였다. 그의 아버지는 이탈리아에서 건너와 구석진 곳에 작은 식료품 가게를 운영했다. 어머니는 아일랜드 출신이었다. 두 사람은 침실 두 개, 화장실 한 개가 딸린 집에서 다섯 아이를 키웠다. 꿈을 이루는 데 실패한 사람들이 모여 사는 동네였다. 어린 시절 그의 가장 친한 친구 두 명도 십대를 넘기지 못하고 목숨을 잃었다고 했다. "한 친구는 마약 과다복용으로 죽었고, 다른 한 친구는 주류 판매점을 털다가 경찰이 쏜 총에 맞아 죽었지요." 그는 운 좋게 장학금을 받고 포드햄대 브롱크스 캠퍼스에 있는 예수회 학교인 포드햄 고교에 들어가게 되었다. 그 학교가 그의 목숨을 구한 셈이었다. "그 고등학교에 들어가지 않았더라면 나도 죽은 친구와 함께 그 주류 판매점을 털러 갔을 겁니다." 그는 솔직하게 이렇게 말했다.

그는 스타 운동선수였기 때문에 스포츠 장학금을 받고 대학에 진학할 수가 있었다. 그런데 여자 친구가 임신을 했고, 결국 결혼하게 되었다. 택시 운전을 했고, 새로 생긴 가족을 먹여 살리기 위해 아버지를 도와 일을 했다. 포드햄대에 진학해 학비도 벌어야 했다. 정말 쉴 새 없이 일했다고 했다. 그렇지만 "운동을 못하게 된 게 너무 너무 아쉬었어요"라고 했다. 그는 포드햄 고교로 찾아가 풋볼 보조코치로 써달라고 부탁해서 자리를 얻게 되었다.

그는 자기에게 열정이 한 가지만 있는 게 아니라는 사실을 알게 되었다. 경제학을 전공하면서 경영학 공부가 재미있었고, 언젠가는 월스트리트에서 투자 금융가로 일하겠다는 꿈을 가졌다. 동시에 코치 일도 좋아했기 때문에 자신의 꿈은 일단 이 분야에다 심기로 했다. 1백 군데가 넘는 곳에 지원서를 보낸 끝에 델라웨어에 있는 한 사립학교로부터 와달라는 제의를 받았다. 이후 16년 동안 그는 5개 학교를 거치며 5개 팀 코치를 맡았다. 그러면서 식구도 자꾸 늘었다. 마지막으로 맡은 팀은 다트머스 칼리지 팀이었는데 아이비리그 챔피언십을 차지했다. "기분이 좋아야 당연한 일일 텐데 말이지요." 그는 당시 승리의 순간을 떠올리며 이렇게 말했다. "그런데 그렇지가 않았어요. 내가 좋아하고 잘하는 일에 대한 열정이 식기 시작했다는 것을 알았습니다. 내가 할 다른 일이 있을 거라는 생각이 들었습니다."

나이 서른넷에 두번째 열정을 바친 꿈은 그동안 끈덕지게 그를 따라다닌 것이었다. 그는 월스트리트에서 일하겠다는 오랜 꿈의 먼지를 털어내고 일자리를 알아보기 시작했다. 처음에는 3년간의 시한을 가져 보기로 했다. 그 기간 안에 일자리를 얻지 못하면 다시 코치 일로 돌아가기로 한 것이다. 과감하게 덤벼들었다. 기업들에 지원서를 낼 때 그는 이렇게 썼다. "일단 수습으로만 한번 써 주십시오. 그런다고 손해 볼 건 없지 않겠습니까." 일단 자기를 한번 써달라고 사람들을 설득했.

그렇게 해서 메릴 린치의 유명한 훈련 프로그램에 받아들여졌다. 그는 웃으며 당시 상황을 이렇게 이야기했다. "모두 26명이었는데, MBA 소지자 25명에 풋볼 코치 한 명이었지요." 3년간의 훈련기간이 채 끝나기도 전에 그는 메릴 린치의 수석 프로듀서가 되었다. 그리고 메릴 린치 안에서 승진을 거듭하여 고정급을 받는 직원 중에는 최고 자리에 올랐고, 그런 다음에는 시내 영업 담당 책임자, 프라이빗 고객 담당 책임자가 되었다. 메릴 린치에 입사한 지 17년 만에 그는 마침내 세계 최대 온라인 디스카운트 브로커 회사 가운데 하나인 아메리트레이드의 CEO가 되었다.

요즘 그는 자기가 좋아하는 일인 비즈니스와 스포츠 두 가지를 같이 할 수 있는 방법을 찾아냈다. 2009년에 아메리트레이드의 CEO에서 물러나 회장으로 자리를 옮긴 다음, 네브래스카대 운동부의 무보수 리더십 어드바이저 자리를 얻은 것이다. 운동과 비즈니스를 하면서 배운 것을 다음 세대에 전달해 주는 이 일이야말로 그에게는 세상에서 가장 신나는 일이다.

내가 말하고자 하는 요점은 여러분의 인생에서 리셋 버튼을 무제한으로 눌러도 된다는 것이다. 이걸 알고 나면 엄청나게 자유로워진다.

나는 지금 세상에서 가장 멋진 일을 하고 있다. 하지만 그러면서도 나는 다른 여러 가지 계획을 머릿속에 갖고 있다. 앞으로 십 년 아니면 이십 년 안에 그런 계획이 결실을 거두지는 못할지도 모른다. 하지만 장담컨대 여러분은 앞으로 언젠가 내가 교실에 있는 꼬마들 앞에서 경제 이야기를 하는 모습을 보게 될 것이다. 그것은 내가 품고 있는 열정이고, 때가 되면 나는 리셋 버튼을 누를 것이다. 기업을 운영해 볼 수도 있을 것이고, 아니면 내가 좋아하는 다른 몇 가지 기술을 키워나갈 수도 있을 것이다. 한 가지 확실하게 말할 수 있는 것은 나의 배움과 적응의 과정은 아직 끝나지 않았다는 사실이다.

7

겸손

몸을 낮추고 주위를 둘러보라

겸손의 대가들 빌 게이츠, 워런 버핏, 잭 웰치

이 책을 준비하면서 나는 진정한 성공의 가장 중요한 속성이 무엇인지를 밝혀내는 것과 함께, 성공에 숨어 있는 함정도 함께 드러내 보이겠다는 생각을 했다. 흔히들 말하듯이 성공은 덧없는 것이다. 문제는 성공하는 것만이 아니라 그 성공을 지속시키는 것이다. 나는 세계 곳곳에 있는 많은 사람들과 인터뷰하고 이야기를 나누면서, 성공을 잃게 만드는 가장 큰 책임은 오만이라는 말을 계속해서 들었다. 오만이 어떻게 일을 망치는지는 우리 모두 잘 알고 있고, 또한 익히 보아온 터이다. 하지만 오만이 얼마나 큰 해악을 끼치는지 우리가 정말 제대로 알고 있을까?

오만은 너무 거칠 것 없이 지내다 보니 자기는 특별하고 독특하며, 다른 사람보다 더 중요한 존재라고 믿게 되는 것이다. 오만은 다른 사람들에게 함부로 대하고, 동료와 경쟁자들을 과소평가하는 것이다. 하지만 오만한 자들은 머리를 구름 위에 올려놓고 살기 때문에 결국 넘어지고 만다. 오만은 겸손과 반대되는 말이다. 잭 웰치가 이런 말을 했다. "남보다 앞서기 위해서는 자신감과 겸손, 이 두 가지를 모두 가져야 한다. 이 둘이 합쳐진 게 바로 성숙함이다." 경영 전문가로 엄청난 베스트셀러 '좋은 기업을 넘어 위대한 기업으로' Good to Great: Why Some Companies Make the Leap…and Others Don't의 저자인 짐 콜린스는 이렇게 강조했다. "우리가 조사한 최고의 CEO들은 자기 자신에 대해 엄청난 겸손함을 갖추었다. 자기가 이룬 성공의 대부분을 자신이 천재이고 훌륭해서가 아니라 운과 노력, 그리고 준비를 잘한 덕분이라고 돌렸다."

나도 그렇게 생각한다. 겸손은 성공의 가장 중요한 요소 가운데 하나다. 나는 모든 걸 다 갖고 아쉬울 게 없어 보이면서도 두 발을 바닥에 단단하게 붙이고 사는 사람들을 많이 만날 수 있어서 정말 행운이었다. 빌 게이츠, 워런 버핏, 잭 웰치가 바로 그런 사람들이다. 그들의 성공 이야기에는 한 가지 공통점이 있는데, 그것은 바로 이 세상에서 자기가 서 있는 위치를 겸허하게 받아들인다는 점이다. 이들은 자기가 어디서 왔고, 성공을 이루는 데는 여러 가지 요인이 있으며, 운도 적잖이 작용한다는 점을 겸허히 인정한다. 워런 버핏은 투자에서 자기가 발휘하는 재능과 기술 모두가 미국에서 태어나지 못했더라면 무의미했을 것이라는 말을 자주 한다. 미국에서 태어났기 때문에 그런 재능이 결실을 맺을 수 있었다는 말이다. 자기가 성공하게 된 가장 큰 비결은 기회의 땅에서 태어난 출생의 행운 덕분이라고 생각한다는 것이다.

겸손함을 갖추지 못해 몰락한 사람들도 여럿 보았다. 앞서 정직하지 못한 예로 소개한 바 있는 버니 매도프 같은 사람도 오만함 때문에 어려움에 처했다. 자기는 법과 도덕 위에 있다고 생각한 것이다. 정직과 겸손은 손을 잡고 나란히 함께 간다.

나도 내게 지금의 성공이 가능하도록 기회를 준 것은 모든 것을 버리고 미국으로 건너오신 우리 조상들의 희생이라는 겸허한 생각을 갖고 있다. 나는 1919년에 렉스 호에 몸을 싣고 대서양을 건너오신 카르민 바르티로모 할아버지 생각을 자주 한다. 새로운 무엇을 만들기 위해 할아버지는 얼마나 많은 것을 뒤에 남겨두고 떠나 오셨던가. 결코 나 혼자 힘으로 성공했다고 말할 수 없다. 내 성공에 가장 큰 몫을 차지하는 것은 선조들이 물려주신 유산, 그리고 함께 일하는 CNBC 팀원들의 노력과 헌신이다.

있는 그대로 보여주라
누구든 실수는 한다

겸손의 미덕에 대해 이해하기 힘들다는 사람들도 있을 것이다. 우리는 겸손을 특별히 중요시하지 않는 문화 속에 살고 있다. 우리는 자신을 내세우고, 선전하고, 마케팅하고, 자신의 능력이 돋보이도록 하고, 그리고 자기가 잘못한 것을 절대로 인정하지 말라고 가르친다. 사람들은 흔히 겸손을 자신감 부족과 혼동해서, 강함의 반대 개념으로 생각한다. 하지만 비즈니스를 비롯해 모든 문화 방면에서 겸손은 가장 강력한 무기 중 하나다.

실패를 좋아하는 사람은 없지만, 누구든 언젠가는 실패한다. 그게 인생이다. 나는 카메라 앞에 서던 초창기 시절에 이런 생각을 뼈저리게 했다. 내가 하는 일은 워낙 경쟁이 치열한 분야이고, 나는 그 전선의 최전방 한가운데 서 있었다. 조그마한 실수라도 하면 못 배겨 낼 것이라고 생각했다. 몸가짐이 한치라도 흐트러지거나, 한푼이라도 대가를 챙기거나, 부정확한 분석 보도를 하거나 하면 끝장이라고 생각했다. 텔레비전에서 일하는 것은 일거수일투족을 현미경으로 감시당하는 것이나 마찬가지다. 아무리 철저한 감시라도 이겨낼 만큼 처신하지 않으면 밀려나고 만다. 적어도 나는 그렇게 생각한다.

당시 나는 어렸고 자신감도 부족했기 때문에 잘못하면 어쩌나 하는 두려움이 컸다. 그리고 많은 사람들 앞에서 이야기를 해달라는 부탁을 자주 받았는데 그건 힘든 일이었다. 수백만 명의 시청자들이 보는 텔레비전에 출연하는 것은 별 문제가 안 되었다. 하지만 청중들이 모인 가운데 연단에 서는 것은 달랐다. 고맙게도 당시 보스였던 파멜라 토머스 그레이엄이 내가 하는 것을 보고 이렇게 지적해 주었다. 그녀는 단호하게 말했다. "마리아, 사람들은 당신 같은 위치에 있으면 마이크를 잡고 막힘없이 말을 할 것이라고 기대해요. 그런데 당신이 하는 행동은 꼭 헤드라이트 불빛에 비친 노루 같아요. 겁먹은 표정이란 말이에요. 당신은 청중들을 실망시켰어요. 이건 반드시 고치도록 해요."

그 말을 들으니 너무 민망하고 창피했다. 하지만 부정할 수 없는 사실이었다. 그래서 나는 과감하게 코치를 받기로 했다. 멋진 경험이었다. 코치는 먼저 이렇게 물었다. "하고자 하는 말을 그냥 해 봐요. 적어온 것을 읽는 게 아니라 그냥 대화하듯이 해봐요. 가슴 속에 들어 있는 게 뭐예요?" 그렇게 코치를 받고 나서부터 대중 앞에서 말하는 태도가 완전히 바뀌었다. 이제는 할 말을 적어 가지고 가서 하지 않는다. 그저 요점만 간단하게 메모한 다음 마음속에 있는 것을 털어놓듯이 한다. 그리고 이제는 긴장하거나 겁내지도 않는다. 왜냐하면 마음속에서 우러나는 말을 하는 것이지, 대본을 보고 하는 게 아니기 때문이다.

여기서 말하고자 하는 것은 자신의 본 모습이 아닌 것을 남에게 보여주려는 헛된 노력을 그만둘 때 비로소 성공이 찾아온다는 사실이다. 느긋한 마음으로 자신의 본 모습을 있는 그대로 보여주면 되는 것이다. 진정성을 보여주면 사람들은 반응을 나타낸다. 말이 잘못 나와 한두 마디 더 듬거려도 상관없다. 사람들은 본래의 모습을 생생하게 그대로 보고 싶어 하지, 칼로 종이를 오려내듯이 억지로 만든 모습을 보고 싶어 하지는 않는다.

염치와 몰염치
메릴 린치 존 테인 회장의 경우

정부가 납세자들이 낸 돈으로 AIG, 시티그룹, 패니 메이, 프레디 맥 등 여러 초대형 금융업체들에 대한 지원을 시작하기 전에는 그런 회사의 책임자들이 과도한 보수를 받는 데 대해 사람들이 별 관심을 기울이지 않았다. 최고로 우수한 인재들이라면 많은 돈을 받는 게 당연한 것 아니냐는 생각들이었고, 그래서 많은 보너스를 받고 갖가지 특전을 누려도 사람들이 개의치 않았던 것이다. 하기야 투자자들에게 돈을 벌게 해준다면야 누가 상관할까? 그러나 정부가 이들 기업에 대한 재정지원에 나서자 갑자기 사람들의 정신이 번쩍 들었다. 최고 경영인들에게 관행처럼 되어 있는 두툼한 보너스와 호화판 특전은 정당한 것일 수도 있고, 그렇지 않을 수도 있다. 하지만 수백 만 명이 저축한 돈과 연금이 연기처럼 사라지는 것을 보며 사람들이 분노한 것은 당연하다. 사람들은 자기 퇴직금과 저축한 돈은 사라졌는데 혼란에 대해 책임을 져야 할 당사자들이 아무 탈 없이 잘 지내는 것을 보고 뺨을 얻어 맞은 것 같은 기분이 들었을 것이다.

조심스럽기는 하지만 말귀가 어두운 사람의 예로 존 테인 회장을 들어 보겠다. 나는 여러 해에 걸쳐 그와 여러 번 인터뷰했는데 그동안 그는 업계에서 가장 훌륭한 인격자 중 한 명으로 꼽혔다. 메릴 린치의 회장 겸 CEO로서 그는 중요한 시기에 용기와 통찰력을 보여주었고, 죽어가는 회사를 구하기 위해 뱅크 오브 아메리카에 매각하는 힘든 결정을 내렸다. 그는 남아서 과도기를 관리했고, 나는 그의 수완이 회사가 힘든 시기를 헤쳐나가는 데 긴요하게 쓰일 것이라는 사실을 조금도 의심치 않았다. 그런데 합병 뒤 불과 20일 만에 그가 갑작스럽게 해고되어 업계에 큰 충격을 던졌다. 그가 해고당하기 전 세 가지 일이 있었다. 크게 보면 별일 아닌 것처럼 생각될 수도 있는 일이지만, 사람들이 최고경영진의 과다한 보수를 더 이상 용납하지 않는 분위기였기 때문에 사퇴로까지 이어진 것이었다. 첫번째 사건은 그가 합병 바로 전날 저녁에 메릴 린치 경영진에게 40억 달러의 보너스 지급 결정을 내린 것이었다. 당시 메릴 린치는 270억 달러의 손실을 입어 정부로부터 부실자산구제프로그램TARP 자금을 지원받고 있었다. 두번째 사건은 그가 자기 앞으로 1000만 달러의 보너스를 달라고 이사회에 요구한 것이다. 2008년 위기 때 회사를 뱅크 오브 아메리카에 매각해 '회사를 구한' 공을 인정해 달라는 것이었다. 세번째는 그가 자기 사무실을 새로 단장하는 데 120만 달러를 썼다는 사실이 밝혀진 것이다. 지출내역을 보면 융단 구입비로 13만 1000달러, 골동품 장식장 구입비 6만 8000달러, 서랍장 3만 5000달러, 휴지통 1400달러 등이었다.

그렇게 물러난 지 일주일이 채 안 되어서 나는 다보스에서 그와 인터뷰했다. 그는 초췌해 보였고, 약간은 포탄 쇼크를 당한 사람 같아 보였다. 우선은 안됐다는 생각이 들었다. 그토록 잘나가던 사람이 그런 식으로 '체면'을 구기게 된 것은 상상하기 힘든 충격일 것이다. 하지만 왜 그런 무리한 보수를 챙겼는지에 대해 사람들도 알 권리가 있다는 생각을 했다. 그래서 나는 모두가 답을 듣고 싶어 하는 문제에 대해 질문했다. "회장님, 메릴 린치는 최고위 경영진에게 40억 달러를 보너스로 지급했습니다. 3개월 만에 150억 달러의 손실을 입고, 회사를 팔아넘길 수밖에 없고, 도와달라고 정부에 손을 내미는 처지에 어떻게 그런 고액의 보너스를 지불하실 수가 있습니까?"

그는 뻔한 논리를 늘어놓았다. "최고의 인재들에게 돈을 쓰지 않으면 회사를 망칩니다." 하지만 나는 이 점에 대해 계속 그를 추궁했다. 새로운 경제환경에 맞춰 회사의 재정 규모도 새로 짜는 게 마땅하다고 생각했기 때문이다. 보너스와 관련해 일반 사람들이 보이는 분노를 보지 못하는 사람이 존 테인 한 사람뿐만은 아니다. 하지만 그는 문제가 될 것이 뻔한 사안에 대해 무신경한 태도를 보였다.

초호화 사무실 치장에 대해서도 물어보았다. 그건 그야말로 사람들이 군침을 흘리며 달려들도록 만드는 문제였다. 로마가 불타고 있는데 휴지통에 1400달러를 썼다고? 사람들에게 알려지면 문제가 될 것이란 생각을 안 했는지 물어보았다. "당시는 사람들을 내보내고, 봉급을 삭감할 때였지 않습니까." 나는 이렇게 말했다. "회사는 엄청난 손실을 기록하고 있지 않았습니까. 그런 상황에서 그런 돈을 쓰면서 '이건 잘하는 짓이 아니야. 다음 기회로 미루는 게 좋겠어' 하는 생각이 한번도 안 들었어요?"

존 회장도 일이 전개되는 상황에 당혹해하는 기색이 역력했다. "지나고 생각해 보니 그건 실책이었어요." 그는 이렇게 말했다. "그런 짓을 한 게 후회됩니다. 사무실 단장에 들인 비용은 회사에 모두 변제할 생각입니다."

그는 자신의 행동이 초래한 결과에 대해 잘못을 깨달았지만 때가 너무 늦고 말았다. 나는 그가 지금의 난관을 이겨내고 다시 돌아올 것이라는 생각을 종종 한다. 그가 보여준 예는 업계 최고 자리까지 올라가려고 하는 사람들에게 중요한 교훈이 된다. 비즈니스에서 겸손은 성공에 필수적인 미덕이다. 지위가 높아질수록 겸손의 미덕은 더 많이 필요하다.

놀림감이 될 줄 아는 지도자가 되라
백악관 출입기자 만찬

내 별명은 '머니 허니'인데 별명을 들으면 기분이 어떠냐고 묻는 사람들이 많다. 운율이 딱 맞는 이 별명은 뉴욕

포스트의 어떤 기자가 붙여 준 것인데, 그때부터 내 별명이 되어 버렸다. 이상하게 생각될지 모르지만 나는 이 별명을 듣고 기분 나쁜 적이 한번도 없었다. 별로 심각하게 듣지도 않는다. 시청자들이 내가 어떤 사람인지 알고 있고, 내게서 기대하는 게 뭔지도 나는 안다. 그리고 우리 부모님이나 남편 빼고는 나를 실제로 '허니'라고 부르는 사람도 없다.

짐작하건대 '머니 허니'는 성차별적인 뉘앙스를 풍기는 별명같이 들리는데, 물론 가벼운 기분으로 부르는 것이다. 그런 별명을 듣는다고 기분이 나쁠 것은 조금도 없다. 어떻게 보면 나의 인간적인 모습을 부각시키는 데 도움이 될지도 모르겠다.

인터넷에 들어가 보면 나를 소재로 한 우스운 말들이 많은데, 그런 걸 보면 나는 쾌감을 느낀다. 제일 웃기는 것 중의 하나는 마리아 바르티로모 헤어덱스 지수다. 어떤 엄청나게 똑똑한 남자가 내 앞머리 모양을 가지고 그날의 주식시장 상황을 평가하는 방법을 고안해 냈다. 친구한테서 그 사이트 이야기를 듣고 들어가 보고는 그날 하루 종일 얼마나 웃었는지 모른다. 너무도 기발해서 나는 그 사이트 내용을 친구와 가족들에게 모두 이야기해 주었다. 친구들은 개장하기 전에 "오늘 네 헤어스타일은 뭐니?"라고 묻기도 한다.

누군가가 당신을 놀림감으로 만들려고 할 때는 두 가지 대응 방법이 있다. 화를 내든가 아니면 그걸 즐기는 것이다. 자신의 능력에 자신감을 갖고 있으면 얼마든지 자신을 놀림감으로 만들 수가 있는데, 성공한 사람들에게서는 이런 친밀감이 느껴진다. 실제로 유머러스한 자기비하는 미국 문화의 일부분인데, 매년 열리는 백악관 출입기자 만찬에 참석하면 이런 사실을 새삼 확인하게 된다. 1920년부터 백악관 사람들과 출입기자들이 일 년에 한 차례씩 한자리에 모여 서로 짓궂은 농담을 주고받는다. 대통령을 비롯해 여러 고위 공직자들이 모두 참석한다. 이 자리에서는 대통령의 농담이 제일 관심사가 되는데 몇 분 동안 대통령은 국가 최고위 스탠드업 코미디언이 되고, 온 나라가 그 순간을 즐긴다. 2009년에는 신임 오바마 대통령이 사람들의 배꼽을 쥐게 만들었다. 그는 창세기의 하느님 버전으로 "앞으로 일을 너무 잘해서 100일 동안 할 일을 72일 만에 모두 다 마칠 수 있을 것"이라고 말하고 "73일째는 쉬려고 합니다"라고 웃겼다. 조 바이든 부통령, 힐러리 클린턴 국무장관을 비롯해 공화당 의원들이 모두 그의 놀림감이 되었다. 2008년에 부시 대통령의 지지도는 내려앉았지만 그의 유머는 전성기를 구가했다. 그는 대통령 목소리를 똑같이 흉내내는 사람과 함께 연단에 올랐는데, 그 사람은 "36%인 내 지지자들과 어떻게 만찬을 하지 않을 수가 있겠어?"라고 너스레를 떨었다.

권력자를 지상으로 끌어내리는 의식은 편안한 위안을 안겨준다. 이제 그 출입기자 만찬을 그만 하라는 비판의 소리도 들린다. 백악관의 권위를 깎아내린다는 것이다. 나는 그렇게 생각하지 않는다. 내가 태어난 뒤에 백악관을 거쳐간 대통령들을 보면 케네디, 레이건, 부시 등 자기 비하와 유머 능력을 갖춘 분들이 그렇지 않은 분들보다 훨씬 더 성공적이었다. 사람들은 자신이 인간이라는 점을 아는 지도자를 원한다.

본분을 잊지 말라

워런 버핏, 잭 웰치, 존 서마

자기가 만든 보도자료를 믿는 멘탈리티에 빠지는 사람들이 너무나 많다. 그런 사람들은 이런 생각을 하며 우쭐해한다. '좋아, 난 이렇게 훌륭한 사람이야. 난 정말 보통사람이 아니야!' 이런 사람들은 일이 잘못되면 제일 심한 타격을 받는다. 반면에 겸손한 사람들은 위기를 딛고 일어나기가 쉽다.

성공한 사람들은 오만에 빠질 위험이 크다. 오만은 겸손할 줄 모르는 자부심이다. 이 문제에 대해 마틴 소렐 경과 이야기를 나눈 적이 있는데, 그는 WPP 그룹 창업자 겸 CEO로서 엄청나게 성공한 사람이고, 2000년에 엘리자베스 여왕으로부터 작위를 받았다. 그런 사람이지만 스스로 오만에 빠지지 않도록 조심하고 있었고, 정상에 오른 사람들에게는 오만이 큰 문제가 될 수 있다는 말을 했다. "매사에 예스만 남발하는 중간간부들에 둘러싸여 지내다 보면 최고 자리에 오른 지도자들이 오만에 빠질 위험이 높아집니다. 큰 기업의 문화가 오만을 키우는 것이지요." 그는 이렇게 말했다. "최고 자리에 있는 지도자들이 겸손해지도록 도와주는 사람은 주위에 아무도 없습니다. 겸손은 중요한 덕목입니다. 물론 겸손하다는 게 말처럼 쉬운 일은 아니지요. 우리 모두가 성공하면 오만해지는 경우가 많습니다. 하지만 훌륭한 기업가들 중에서도 그렇지 않은 사례들이 있습니다. 워런 버핏도 그런 사람들 가운데 한 분입니다. 나는 그분의 겸손한 자세를 존경합니다. 금융 위기가 가져다 준 긍정적인 결과 가운데 하나는 분수를 잊고 지내던 사람들이 정신을 차리도록 만들어 놓았다는 것입니다."

오바마 대통령도 오만함 때문에 문제를 겪었다는 이야기가 있다. 취임 초기에 그에 대한 지지율은 높았다. 하지만 2009년 가을이 되자 지지율이 떨어지기 시작했고, 주제넘은 짓이 아니냐는 말을 들은 몇 가지 일을 했다. 시카고의 2016년 하계올림픽 유치 활동을 지원하기 위해 코펜하겐을 방문한 것이 한 예다. 표결에 영향을 미치겠다는 생각이었지만 사정을 아는 사람들은 기대하기 힘들다는 사실을 알고 있었다. 건강보험 개혁에 대한 집착과 그로 인해 국민 여론이 분열되고 있다는 사실을 제대로 보지 못한 것, 그리고 기업에 대한 정부 소유 지분을 늘리는 것 등이 이러한 예에 속한다. 오바마 대통령은 자기 확신이 지나쳐서 추락이 불가피할 것이라는 말들이 나오기 시작했다. 백악관의 한 보좌관은 이런 말을 했다. "대통령은 경제 문제에 있어서 나는 물론이고 다른 누구의 말도 듣지 않으려고 합니다. 자기가 다 안다는 식이지요." 건강보험 개혁과 관련해 백악관 초청 토론회에 참석했던 사람들도 비슷한 말들을 했다. "대통령은 의사들을 불러서 의견을 듣겠다고 했어요." 참석했던 한 의사는 이렇게 말했다. "그런데 자기 말만 하고는 가버렸습니다."

일을 하면서 만난 사람들 가운데 우수하고, 정말 기억에 남는 쪽은 겸손한 사람들이다. 예를 들어 워런 버핏은 세계 최대의 투자가로 불리고 엄청나게 성공한 사람이다. 그런데 인간적인 면에서 그는 '옆집에 사는 억만장자 아저씨' 같다. 그는 큰 부자들이 누리는 특전이나 허세와는 거리가 먼 사람이다. 그는 재물을 쌓는 데는 아무런 관심이 없다. 오마하에 1958년에 산 집에서 그대로 살며 평범한 차를 타고 다닌다. 그는 보통 사람 같은 외모를 하고 보통 사람들처럼 말한다. 그는 겉과 속이 같은 사람이다. 있는 그대로 보여준다.

겸손은 성공에 매우 긴요한 덕목이다. US 스틸의 CEO인 존 서마를 인터뷰하면서 나는 생사의 기로에 놓인, 빈사상태의 철강산업이 처한 어려움에 대한 이야기를 기대했다. 그 대신 나는 개인적인 성공에 대해 아주 귀한 영감을 얻게 되었다. 정상에 도달한 사람이 어떻게 처신해야 하는지에 대한 청사진으로 사람들이 본받을 만한 이야기였다. 어느 모로 봐도 크게 성공한 사람이지만, 그는 겸손하고 균형 잡힌 품성을 갖고 있으며 솔직하다. 그리고 어려움에 놓인 회사에 자신의 철학을 심어놓았다. 그는 자기 어머니의 가르침대로 다른 간부들에게도 절대로 "자만하지 않도록 조심하라"고 강조했다.

"한마디 덧붙이자면 말입니다." 그는 이렇게 말했다. "나는 한번도 자신을 대단히 성공한 사람이라고 생각해 본 적이 없습니다. 그저 매일매일 최선을 다할 뿐이지요. 그리고 무슨 일을 하든 열심히 매달립니다. 내가 중요시하는 덕목이 있다면 그건 살아가면서 가능한 한 균형을 취하려고 노력하는 것입니다. 겉으로 보이는 헛된 성공에 자만하지 않으려고 애를 쓰는데, 자칫하면 그렇게 되기 쉬워요. 그리고 일이 제대로 되지 않아도 크게 낙담하지 않습니다."

그는 미국으로 이민 온 자기 조부모가 물려준 성공에 대한 가르침을 회상하며 이렇게 말했다. "나는 사람들에게 지금부터 8번째 일자리 전에 일을 그만두었더라면 더 행복했을 것이라고 말합니다. 어차피 내가 기대했던 것보다 훨씬 더 많은 것을 이루며 살았으니까요. 조부모님은 중부 유럽에서 이민 오셨어요. 헤드라이트 불빛이 비치는 범위보다 훨씬 더 멀리 온 셈이지요. 매일 나는 당초 기대했던 것보다 더 많이 이루었구나 하는 생각을 합니다. 여기까지 오게 되어서 정말 기분이 좋습니다."

나는 존의 겸손한 태도에 매료되었다. 그는 내게 몇 년 전 피츠버그 교외의 노인 아파트에 사는 어머니를 찾아간 이야기를 들려주었다. "사무실이 있는 뉴욕에서 비행기로 간 다음 공항에서 자동차로 갔습니다." 그는 이렇게 회상했다. "오후 네 시 반경이었는데 어머니는 친구들과 함께 공동 거실에 앉아 카드놀이를 하며 잡담을 하고 계셨어요. 그런데 어머니가 손목시계를 보시더니 '일하러 갈 시간 아니니?' 하시는 것이었어요. 그때도 나는 CEO였는데 그 때문에 어머니께서 그런 말씀을 하신 겁니다. 그래서 나는 '아니, 괜찮아요, 어머니. 안 가도 돼요. 이곳에는 내가 오고 싶을 때 와도 됩니다. 걱정 안 하셔도 돼요'라고 해드렸어요. 집으로 돌아오는 길에 곰곰이 생각해 보니 어머니 말씀이 옳았습니다. 어머니는 '분수를 모르고 건방지게 굴면 안 된단다. 여기서 빈둥대지 말고 어서 사무실로 돌아가'라고 말씀하셨던 것입니다."

사소하지만 현실적으로 존이 분수를 지키는 한 가지 방법은 정기적으로 하키 게임에 출전하는 것이다. 나와 인터뷰하던 날 그는 이렇게 말했다. "오늘 아침 6시에 피츠버그 외곽에 있는 하키 링크에서 리그 경기를 했어요. 오랫동안 운동을 함께 해 온 동료들과 같이 뛰었습니다. 그 친구들은 내 직업이 뭔지 상관하지 않고, 나도 그 친구들이 생업으로 무슨 일을 하는지 상관하지 않습니다. 서로 격렬하게 경기를 합니다. 힘들어서 다리를 질질 끌지요. 그러고 나서 샤워를 하고 사무실로 출근합니다."

나는 현실감 있게 사는 사람들을 보면 마음이 끌린다. 그리고 항상 평범한 가운데서 사례를 찾으려고 한다. 예를 들어 보잉의 CEO인 짐 맥너니에게서도 큰 감명을 받았다. 직접 만난 적은 없었지만 그는 자기 일을 훌륭하게 수행하는 우수한 경영인이었다. 그러다 미국암협회 만찬 때 같은 테이블에 앉게 되었다. 그 자리에서 나는 그가 성공하게 된 진짜 비결이라고 생각되는 정말 멋진 인간적인 면모를 내 눈으로 직접 보게 되었다. 그는 자기 테이블에 남동생과 여동생 두 명, 매제 등 가족을 여러 명 데리고 와 같이 앉았다. 그들이 즐겁게 시간을 보내는 걸 지켜보면서 나 자신이 우애가 넘치는 가족모임에 와 있는 것 같은 기분이었다. 현실감과 유머감각이 넘치는 사람이었다. 앞으로 그가 인생과 업무에서 어떤 일을 겪게 되든 상관없이 나는 그를 멋진 사람이라고 생각할 것이다.

내 친구 스티브 밴 잰트는 슈퍼스타다. 그는 브루스 스프링스틴이 이끄는 E-스트리트 밴드의 창립 멤버로 활동해온 대단한 뮤지션이다. 영화 '소프라노'에서는 실비오 단테 역을 맡아 명실상부한 유명 연예인 반열에 올랐다. 상상하지 못할 정도로 성공했지만 그는 하나도 바뀐 게 없다. 그는 자신을 스타라고 생각하지 않는다. 당신은 누구냐고 물으면 그는 "뉴저지에서 온 리틀 스티브입니다"라고 대답한다. 현실감을 잃지 않는 사람이다 성공의 정점에 도달한 사람들의 이야기는 얼마든지 있다. 하지만 우리가 기억하는 것은 자신의 본모습을 망각하지 않는 사람들이다.

스티브 잡스도 임시 관리자일 뿐이다
후계자를 키워라

절대로 없어서는 안 될 사람이란 세상에 없다. 그런데도 많은 리더들이 자기는 '특별한 사람'이라는 신드롬에 빠져서 허우적거린다. 이런 사람들은 자기가 물러나면 모든 게 다 엉망이 될 것이라고 생각한다. 이런 현상은 자기 손으로 사업을 시작해서 큰 기업으로 성장시킨 사람들에게서 자주 일어난다. 최근의 예는 애플의 스티브 잡스에게서 볼 수 있다. 그가 아프다는 사실이 알려지자 모두들 회사가 엄청난 위기에 빠질 것처럼 생각했다. 사람들은 "만약 스티브가 물러나면 애플은 누가 이끌지요?"라고 물었다. 하지만 그것은 기우였다. 스티브 잡스가 혁신적이고 특별한 리더이기는 하지만, 모든 리더는 임시 관리자일 뿐이다.

2007년에 나는 비아콤과 CBS의 지배주주 겸 회장인 84세의 섬너 레드스톤과 인터뷰를 가졌다. "후계 구도는 어떻게 세우고 계십니까?"라는 질문에 그는 놀라운 답변을 내놓았다. "후계 구도는 죽은 사람들한테나 해당되는 말이오." 그는 이렇게 말을 이었다. "얼마 전 회의석상에서 존 말론(리버티 미디어 회장 겸 디스커버리 지주회사의 CEO)이 내게 '우리는 언젠가 죽지만 섬너 회장, 당신은 영원히 죽지 않을 것입니다. 그러니 후계 계획도 세울 필요가 없으실 겁니다'라는 말을 하더군요. 이게 내 대답입니다."

농담을 하는 것이겠지라고 생각했는데, 가만히 보니 농담이 아니었다. 남기고 싶은 유산이 어떤 것이냐고 재차 물었더니 그는 다소 짜증스럽다는 투로 이렇게 대답했다. "나는 유산을 남길 생각이 없소. 유산이란 죽은 사람이나 남기는 것이잖소. 이미 말했듯이 나는 그만둘 생각이 없어요!"

섬너 레드스톤 회장은 정말 영원히 살 생각인 것 같다. 인터뷰를 마치기 전에 그는 신비의 만병통치약이라며 모나비 아사이 주스를 내게 한 병 주었다. 하지만 현실적으로 제왕적 CEO의 시대는 끝났다. 승계 계획을 제대로 세우지 않거나 아예 세우지 않았다가 막강한 지위를 누리던 경영진이나 기업이 몰락하는 경우를 심심치 않게 보아 왔다.

시티그룹의 샌디 웨일은 승계 문제 때문에 어려움을 겪은 사람이다. 그는 자기 밑에서 오른팔 역할을 해온 제이미 다이먼에게 자신의 뒤를 이어 CEO를 맡길 생각이 없었다. 그래서 그는 다이먼을 몰아냈고, 그것 때문에 나중에 허약한 후계 후보군을 갖게 되는 힘겨운 딜레마에 직면하게 되었다. 회계부정과 관련해 검찰 조사를 받고 물러나야 할 처지가 되자 그는 후계자 선정을 서둘렀다. 오랜 세월 자신의 변호사로 활동해 온 척 프린스를 후계자로 선택했으나, 프린스는 전 세계 200개국에 걸쳐 수십만 명의 종업원을 거느린 거대 조직을 이끌어 본 경험이 전무한 사람이었다. 그는 샌디 웨일의 빈자리를 메우느라 힘겨운 시간을 보냈지만 직원들 사이에 인기도 없었다. 그는 측근 보좌진의 말도 듣지 않으려고 했다. 프린스 회장 밑에서 시티그룹의 자산은 사실상 여러 방면에서 해체의 길을 걸었다.

행크 그린버그도 AIG에서 진정한 의미의 승계작업에 투자를 하지 않았다. 2005년에 그가 갑작스레 물러나게 되었을 때 그를 이을 만한 마땅한 후계자가 없었다. AIG의 새 지도부는 2008년에 정부가 긴급구제금융에 나서기 전까지 엄청나게 어려운 시기를 보내야 했다. 한 소식통은 내게 이렇게 말했다. "그린버그 회장은 천재임에 틀림없지만 문제는 그가 혼자 힘으로 회사를 이끌어왔고, 전략도 그의 머릿속에 들어 있었다는 사실입니다. 그래서 그가 떠나자 사람들은 어찌할 바를 몰랐던 것입니다."

어떤 조직에서건 승계 계획은 CEO가 해야 할 핵심 업무 가운데 하나다. 승계 계획을 제대로 실행시키지 못한다는 것은 불안정, 오만, 허약한 리더십이라는 증거가 될 수 있다. 유에스 스틸의 CEO 존 서마는 나와 인터뷰하면서 아주 흥미로운 말을 했다. "성공한 리더라면 모든 일을 혼자서 다 하려고 하면 안 됩니다." 그리고 이렇게 말을 이었다. "나한테 이런 가르침을 준 사람은 매뉴팩처러스 하노버의 CEO였던 존 맥길리커디 회장입니다. 2009년 초에 그분이 돌아가셨을 때 나는 장례식에 갔습니다. 20년간 우리 회사 임원진에 계셨던 훌륭한 분이고 내게 변함없이 잘 대해 주셨습니다. 한번은 자기가 그 자리에 잠시 있는 것이라는 사실을 잊어버리는 지도자는 어려움에 처하게 된다는 말을 했습니다. 지도자는 올바른 일을 한 다음 그것을 다른 사람에게 넘겨주는 것이라고 했습니다. 우리 같은 사람에게 있어서 그 올바른 일이란 항상 회사를 위한 일입니다. 나는 유에스 스틸의 13대 CEO입니다만 항상 J.P. 모건, 프리크, 카네기, 저지 개리 회장 등 나의 전임자들이 한 일이 무엇인지 살펴봅니다. 왜냐하면 그분들도 모두 내가 지금 골몰하고 있는 것과 똑같은 문제들과 씨름했기 때문입니다. 지금도 크게 달라진 것은 없습니다. 내가 중요한 일에 집중해서, 다음에 어떤 사람이 언제 이 자리에 오든 문제가 안 되도록 회사 상황을 호전시켜 놓으면 내 임무를 다하는 것입니다. 나를 위해서가 아니라 회사를 위해서 그렇게 하는 것입니다."

빌 게이츠 집안의 소박함

빌 시니어에서 빌, 멜린다에 이르기까지 게이츠 집안의 가장 돋보이는 장점 가운데 하나는 소박함이다. 정말 진정으로 우러나는 소박함인데, 그것은 그들의 사람 됨됨이, 그리고 상상할 수 없을 정도의 부와 성공을 이룬 것과 상관없이 그들이 추구하고 있는 가치의 산물이다. 빌 게이츠 시니어와 인터뷰하면서 나는 이 소박함의 실체를 보았다. 아들이 어렸을 적에 엄청난 천재라는 사실을 알았느냐고 물었더니 그는 빙그레 웃으면서 이렇게 대답하는 것이었다. "아, 그 질문에 대한 답은 기본적으로 말해 노No입니다." 그러면서 그는 세 자녀가 각각 어떤 특성들을 타고났는지 말하고, 부인 메리와 함께 두 사람이 부모로서 아이들이 각자 어떻게 커가도록 격려해 주었는지 말해 주었다. 빌 시니어는 집안에 '스타'는 사실상 없었다고 했다. 누구도 다른 형제들보다 더 우수한 것처럼 행동하는 건 용납하지 않았다는 것이었다.

어쩌면 이러한 소박함에 뿌리를 내린 덕분에 게이츠 집안은 두 발을 땅에 붙이고 현실감 있는 생활을 이끌어가고, 또한 비교적 보통사람들처럼 정상적인 삶을 살 수 있게 되었는지 모른다. "부자라는 사실이 미치는 영향이 없을 수는 없을 것이오. 그래서 자기들이 하는 행동거지에 더 조심하는 것이지요." 빌 시니어는 이렇게 말을 이었다. "분명히 영향이 있고, 그래서 아들 부부 모두 그 점을 크게 의식합니다. 아들과 며느리 모두 다른 사람들의 눈에 거슬리지 않고, 요란스럽지 않게 행동하려고 대단히 노력합니다. 그런 점이 참 기특합니다. 아이들이 정말 너무도 행복하게 살면서도 사치스럽게 굴지 않으려고 스스로 조심하는 것을 보면 참으로 기특합니다. 한 가지 예로 부부는 제 아이들에게 모든 행동에는 제약이 따른다고 가르칩니다. 그리고 관용과 세상에 대한 따뜻한 마음을 가져야 한다고 가르치지요."

이것은 빌 게이츠가 어렸을 적에 아버지의 무릎에 앉아서 배운 바로 그 정신이다. 이 가족의 소박함은 다른 사람들에게 모범이 된다. 그중에서도 가장 중요한 것은 이들은 그 소박함의 정신을 말로만 그치지 않고 행동으로 실천해 보인다는 점이다.

내가 감사하는 열 가지 일

내가 하고 있는 일을 생각하면 가끔 꿈인가 생시인가 싶어서 스스로 꼬집어 본다. 나는 뉴욕증권거래소에서 15년째 방송을 계속하고 있다. 이토록 오랜 세월 내 프로그램을 진행하고, 그것도 다름 아닌 세계에서 가장 중요한 경제 기구 가운데 하나인 이곳에서 방송을 한다는 건 정말 믿기 힘든 행운이다. 나는 이 소중한 기회가 주어진 데 대해 겸허한 마음으로 감사한다.

나는 무슨 일에 회의가 들거나 걱정이 들 때면 잠시 일손을 멈추고 운동을 조금 한다. 그러면서 이렇게 자문한다. "내가 가장 감사하는 열 가지 일이 무엇이지?" 그러고는 머릿속으로 생각만 하는 게 아니라 그것을 내 블랙베리의 메모난에 적어나간다. 나는 남편에게 감사한다. 남편은 나를 사랑해 주고 매일 웃게 만든다. 부모님과 형제들에게 감사한다. 그들 때문에 나는 든든하다. 내 주위에 있는 사람들에게 감사한다. 나를 도와주는 보좌진과 프로듀서들은 내가 이 일을 꾸려나갈 수 있도록 해준다. 그들이 없다면 나는 절대로 이 일을 못한다. 그들은 내가 하는 일을 이해하고, 내가 방송에 잘 나오도록 만들어 준다. 내가 하고 있는 일에 감사하고, 이렇게 건강한 데 대해 감사한다. 이렇게 세어 나가자면 한이 없다. 내 블랙베리는 감사의 글로 가득 찬다! 이렇게 하면 나의 삶을 되돌아보게 된다. 자기가 하고 있는 일을 소중하게 생각하고, 그런 기회가 주어진 데 대해 감사하는 것은 나를 포함해 모든 사람이 성공하는 데 대단히 중요한 자세라고 생각한다.

여러분이 하는 일이 중요한 일이건 아니건 상관없이 놀라움과 감사의 마음을 갖는 게 중요하다. 취임식 무도회에 참석한 버락 오바마와 미셸 오바마 부부한테서도 그런 순간을 볼 수 있었다. 비욘세가 '앳 라스트' At Last를 부를 때 대통령 부부는 댄스 플로어로 나섰다. 오바마 대통령이 미셸 여사에게 몸을 기대며 무슨 말을 했는데 입 모양만 봐도 "이게 꿈이야, 생시야?"라고 말하는 것임을 알 수 있었다. 미셸도 "맞아요, 꿈만 같아요"라고 맞장구를 쳤다.

바로 그 순간, 두 사람은 여러분이나 나 같은 보통사람과 똑같이 주변 분위기를 보고 너무 황홀했던 것이다.

8

인내

스태미나를 길러라

오래 살고 젊게 죽는다

나는 2009년 봄에 구글에 관해 한 시간짜리 CNBC 특집을 계획하면서 우연히 폴 본드를 만나게 되었는데, 그는 그동안 내가 만난 가장 놀라운 사람들 가운데 한 명이다. 그는 애리조나주 노게일스에 있는 폴 본드 부트 컴퍼니의 설립자이고 소유주이다.

우리는 당시 구글의 광고 단어 검색 피처에 광고를 해서 도움을 받은 중소기업을 물색 중이었다. 가능하면 현지 기업이 좋겠다고 생각했는데 우리 프로듀서가 폴 본드 부트 컴퍼니를 찾아냈던 것이다. 구글에 일년 동안 광고를 해서 판매고가 급증한 회사였다.

처음에는 방송을 찍으러 노게일스까지 가야 하나 하고 약간 망설였다. 매일 경제난과 은행 스트레스 테스트 같은 굵직한 취재거리로 너무 바빴기 때문이다. 하지만 93세의 폴 본드를 만나고 나서 그러한 생각은 완전히 바뀌었다. 이 강건한 사람을 만난 게 너무 다행이라는 생각이 들었다. 그는 자신의 삶을 사랑하는 사람이고, 하루도 빠지지 않고 단숨에 일터로 달려서 출근했다. 얼마나 풍요로운 삶이고, 얼마나 멋진 이야기인가. 무엇이 그를 이처럼 활기차게 만드는지 궁금했다.

노게일스에 도착하자 나는 아름답게 설계된 거대한 작업장으로 안내되었다. 부츠 제조 회사의 중앙 작업장이었다. 폴 본드는 카우보이 부츠와 모자 차림으로 돌아다니고 있었다. 자기 나이의 절반밖에 들어 보이지 않을 만큼 활기에 넘치는 모습이었다. 나는 그의 스타일에 먼저 반했고, 그러고 나서 그의 됨됨이를 보고는 더 반했다.

그는 진정한 카우보이 정신을 가진 사람이었다. 그가 지나온 길은 미국 서부의 매력적인 삶의 초상을 그대로 보여주었다. "나는 뉴멕시코주 경계선에 있는 목장에서 자랐지요." 그는 이렇게 말했다. "말을 타고 학교에 다녔고, 고등학교 때는 말안장과 부츠 파는 가게에서 일했지요. 말채찍을 다듬고 부츠 뒷굽을 박는 게 내가 맡은 일이었습니다." 어린 시절을 회상하며 그는 껄껄 웃었다. 1930년대에는 로데오 기수가 되었다고 했다. "캘버리 말을 탔는데, 놈들이 날뛰면 내가 멋진 솜씨를 보여주었지요. 말을 꽤 잘 탔고, 나름대로 마술 승마도 개발했어요. 그리고 몇 년 동안 브롱코 말과 황소도 탔습니다. 하지만 내 진짜 관심은 부츠 만드는 데 있었답니다. 로데오 기수들은 좋은 수제품 부츠를 신고 싶어 했어요. 당시에는 대부분 공장제품뿐이었거든요. 그래서 나는 로데오를 하면서도 틈틈이 부츠를 만들었어요." 그는 로이 로저스를 포함해 당시 손꼽히던 유명 로데오 기수들과 지방에서 열리는 순회경기 출전자, 그리고 목장 일꾼들에게 부츠를 만들어 주었다.

2차 세계대전이 끝난 뒤에 그는 사업을 본격적으로 해볼 생각을 했다. "전쟁이 끝나고 나니 모든 사람들이 돈을 쥐고 있고, 부츠를 사고 싶어 했어요." 그는 당시 상황을 이렇게 설명했다. 그래서 그는 노게일스 시내에 부츠 가게를 열었고, 그게 지금까지 이어지고 있는 것이었다.

"이처럼 오랜 세월 동안 현장에서 일을 하고, 젊음을 유지할 수 있는 비결이 무엇인가요?" 라고 묻자 그는 껄껄 웃으며 이렇게 대답했다. "이제 젊다고 할 수는 없지만 일은 계속하고 있지요. 우리 고객들은 아주 재미있는 사람들입니다. 모험을 좋아하고, 무언가 색다르고. 특별한 것을 찾는 성공한 사람들이지요. 그리고 우리 부츠를 신는 카우보이들은 최대한 억센 부츠를 만들어 달라고 합니다. 아주 억센 카우보이 부츠를 만들면 기분이 좋지요. 아주 재미있습니다." 이 회사는 가족 기업 형태를 유지해 왔는데, 그의 아내 마거릿과 아들 조지도 전적으로 같이 일에 매달리고 있다. "내가 하기에 딱 좋은 일이지요." 그는 이렇게 말했다. "각자 자기가 맡은 일을 합니다. 아내 마거릿은 훌륭한 디자이너이고, 아들 조지는 기본적인 업무를 아주 잘해내고, 또한 새로운 시대에 맞는 광고와 홍보 업무를 담당합니다. 아들이 없으면 내 실력으로는 현대적인 홍보 업무를 절대로 감당 못합니다."

장수의 비결이 무엇이냐고 뻔한 질문을 던져 보았다. "일에 대한 관심이지요." 그는 눈을 번뜩이며 이렇게 대답했다. "아침에 일어나면 서둘러 일터로 나가고, 전날 마치지 못한 일을 마무리합니다. 새로운 구상도 하고, 이곳으로 내려와 한번 둘러봅니다. 뻔한 대답 같지만 무엇을 만들어 낸다는 도전이 바로 오래 사는 비결이지요."

그는 이렇게 덧붙였다. "중요한 것은 무슨 일에 책임을 진다는 것입니다. 나는 항상 책임감을 갖고 있었습니다. 끈기도 있었지요. 나는 물건 만드는 걸 좋아하는데, 뭐든지 시작하면 끝장을 봐야 하는 성격입니다. 성공한 사람들 중에서도 자기가 하는 일을 좋아하지 않는 사람들을 많이 보았어요. 그런 사람들은 불행합니다. 사람은 자기가 몸담고 하는 일을 좋아해야 합니다. 골프도 치고, 좋아하는 일이 많지만, 그 중에서도 제일 좋아하는 것은 부츠 만드는 일입니다. 그리고 매일 아침 일어나 일하러 나오는 걸 좋아합니다."

그의 말을 듣고 있으니 우리가 흔히 당연한 것으로 받아들이는 일들이 사실은 우리의 삶에서 가장 중요한 것이라는 생각이 들었다. 그것은 바로 자기가 좋아하는 일을 하고, 열심히 일하고, 행복하고, 좋은 사람이 되고, 몰두하고, 운동을 하는 것 등을 말한다. 그는 꽉 찬 삶을 산 사람이다. 그러면서도 끊임없이 새로운 것을 추구한다. 인터뷰를 마치고 떠나면서 나는 속으로 이런 생각을 했다. '내가 살고 싶은 게 바로 이런 삶이야.' 그것은 바로 오래 살고, 젊게 죽는 것이다.

페이스를 유지하라
잭 웰치 부부

성공하기 위해서는 완전히 녹초가 되도록 일을 해야 하는 가 하는 질문을 자주 받는다. 주위를 돌아보면 성공한 사람들은 대부분 생활에 균형이 별로 없는 것같이 보인다. 항상 바삐 움직인다. 남보다 앞서 가고 싶은 젊은이들은 일찍 일어나고, 늦게까지 일하는 새가 먹이를 잡는다는 것을 안다. 그래서 두 가지 다가 되겠다고 열심히 움직인다.

이런 문제를 놓고 잭 웰치와 이야기를 나눈 적이 있는데, 그가 워낙 유명한 워커홀릭이기 때문이다. 그는 균형이란 말을 싫어했다. "균형은 안 좋은 말입니다." 그는 이렇게 말했다. "하지만 내가 하고자 하는 말의 요점을 잘못 이해하면 안됩니다. 단순한 균형을 취하기보다는 일에 우선순위를 두자는 것입니다. 예를 들어 나는 그동안 일을 하면서 8월에 휴가를 가지 않는다거나, 한달 내내 골프를 한번도 치지 않은 적은 없습니다. 겨울에 아이들과 함께 스키 타러 가지 않은 적도 한번도 없고요. 일이 먼저일 때도 있고, 가족이 먼저일 때도 있습니다. 일을 할 때는 나의 모든 것을 100% 던져서 몰두합니다. 또한 애들과 스키를 탈 때는 100% 아이들에게 몰두하지요."

나는 일할 때건 놀 때건 무엇을 하든 열정적으로 하는 것을 좋아한다. 그러다 보면 무리하기가 쉽다. 그런 경향이 있다는 걸 알고 고쳐보려고 하지만 잘 안 된다. 최근에는 일이 너무 많아서 굳이 이렇게 살아야 하는가 하는 생각이 들기도 했다. 이제 아무 걱정 없이 편안하게 지내기는 글

렸구나 하는 생각이 들었다. 쉬는 날 "우리 나초 먹으러 갈까" 하며 친구를 불러내 놀던 초창기 시절이 생각나기도 했다. 걱정 없던 그 시절의 마리아는 어디로 갔단 말인가?

하루는 저녁에 일에 지쳐 녹초가 다 되어서 집에 들어가서는 가방을 거실 바닥에 내팽개치고 소파에 털썩 쓰러져 누우며 놀란 표정의 남편을 보고 이렇게 선언했다. "더 이상은 못해 먹겠어! 이제 일 그만 할 거야." 그리고 푹 자고 다음날 아침이 되면 나는 다시 일하러 나갔다.

하지만 너무 과로하면 결국 스스로를 망치게 된다는 것을 깨닫기 시작했다. 나는 실제 좌석보다 더 많은 좌석을 파는 항공사처럼 자신을 오버부킹하는 경향이 있었다. 그래서 하루는 내 보조원을 보고 이렇게 말했다. "이제부터 새롭게 살 거야. 앞으로 더블 부킹은 없어."

그녀는 웃으며 말했다. "오케이, 그러면 트리플 부킹도 없는 거죠?"

문제는 자신을 너무 혹사하다 보면 무언가를 잃게 된다는 것이다. 그건 여러분의 건강이 될 수도 있고, 인간관계가 될 수도 있다. 혹은 업무의 전문성을 잃게 될 수도 있다. 나는 2008년 9월에 찰리 로즈 쇼에 출연해 금융산업의 위기에 대해 이야기한 일을 계기로 이 교훈을 뼈저리게 깨달았다. 그날 나는 하루 종일 빽빽한 일정을 소화한 다음 그 인터뷰를 했다. 준비할 시간이 절대적으로 부족했고, 그게 그대로 드러났다. 한마디로 끔찍했다. 진행자인 찰리에게 돈을 줄 테니 그 테이프를 태워 버리라고 할 수만 있다면 그렇게 하고 싶은 심정이었다.

이튿날 아침에 나는 그 일 때문에 마음이 너무 무거웠다. "내 자신한테 너무 실망했어요." 남편을 보며 이렇게 말했다. "찰리 로즈 쇼를 완전히 망쳐놨어요. 정말 바보 같은 말만 늘어놓았어요. 누구보다도 내가 잘 아는 문제인데, 말을 한마디도 제대로 못했지 뭐야."

항상 차분하고 합리적인 목소리를 잃지 않는 남편은 이렇게 말했다.

"너무 자책하지 마. 과로한 거야. 이제 일을 좀 줄여야겠어. 당신은 슈퍼우먼이 아니잖아."

잭 웰치의 아내인 수지 웰치 여사는 나와 인터뷰하면서 자기가 슈퍼우먼이 아니라는 사실을 깨닫게 된 순간을 이렇게 이야기해 주었다. "아이 넷을 둔 워킹 맘 시절이었는데 하와이에서 열리는 보험업계 경영인 회의에 와서 연설해 달라는 부탁을 받았습니다." 그녀는 이렇게 말했다. "아이 둘을 데리고 갔는데, 그것 때문에 일을 완전히 망치고 말았어요."

수지는 웃으면서 그때 일을 이렇게 털어놓았다. "아이들을 훌라 댄싱 교실에 집어넣고는 홀을 가득 메운 경영인들 앞에서 연설을 하고 있는데, 아이들이 훌라 스커트를 입은 채로 강연장 안으로 뛰어들어 온 거예요. 그러고는 곧바로 연단 위로 뛰어 올라왔어요. 그 순간 아, 이제는 무언가 바꿔야 할 때가 되었구나 하는 생각이 들었습니다."

수지는 그 진실의 순간을 계기로 자기는 무슨 일이든 다 할 수 있다는 전제를 다시 따져 보게 되었다. 누구에게나 한계가 있다. 2009년 2월에 당시 오바마 대통령의 수석경제보좌관이던 래리 서머스는 백악관에서 열린 재정책임 관련 회의석상에서 졸았다가 구설수에 올랐다. 연단에 앉아서 졸다니! 나는 그의 입장을 이해한다. 잠이 부족하면 어쩔 도리가 없는 것이다.

보상이 없으면 동기도 없다

동기가 무엇인가?라는 간단한 질문에 답할 수 있다면 여러분은 성공으로 나아가는 열쇠를 쥔 것이다. 곰곰이 생각해 보자. 부자가 되거나 높은 지위를 얻고 싶다는 등의 외적인 동기를 말하는 게 아니다. 장기적인 목표만 말하는 것도 아니다. 장기적인 목표는 중요하지만 반드시 그것 때문에 우리가 아침에 잠자리에서 일어나는 것은 아니다. 일하는 순간에 보람을 느껴야 한다. 내 경우에는 새로운 것을 알게 된다는 기대감이 바로 그 동기이다. 나는 인터뷰를 준비할 때 행복하다. 왜냐하면 인터뷰는 내가 원하는 사람을 불러내 그 사람의 머릿속으로 들어가 볼 수 있게 해 주기 때문이다. 나는 지금도 듣고 배우는 데서 스릴을 느낀다.

동기는 강력한 개인적 열망에서 우러나온다. 다시 말해 열심히 공부하고 일하면 여러분은 무언가를 이룰 수가 있다. 아메리칸 드림이라는 게 바로 이런 것이다. 우리는 간혹 노력과 성공의 상관관계를 무시하고 아이들을 과소평가한다. 내 친구가 자기 아들이 다니는 고등학교 교실에서 있었던 이야기를 들려주었다. 여교사는 아이들에게 가르침을 주겠다고 했지만, 실제로는 동기를 뭉개뜨리는 결과를 낳았다. 시험을 치렀는데 친구 아들을 포함해 열심히 공부한 아이들은 점수가 잘 나왔고, 공부를 안 한 아이들은 점수가 형편없었다. 많은 아이들이 점수가 형편없는 것을 보고 화가 난 교사는 다음 시험 때는 '점수 재분배'를 하겠다고 공언했다. 제일 낮은 점수를 학급 학생 모두에게 적용하겠다는 말이었다. 교사는 이렇게 말했다. "학급 전체 점수를 끌어내리지 않으려면 모두들 열심히 하는 게 좋을 거야."

당연한 일이지만 그럼에도 불구하고 열심히 공부한 학생들이 있는가 하면, 그렇지 않은 아이들이 있었다. 그 여교사는 학급 학생 모두에게 낙제점을 주었다. 하지만 학생들이 배운 교훈은 그녀가 예상했던 결과가 아니었다. 다음 번 시험 때는 아무도 공부를 하지 않았던 것이다. 힘들게 공부할 필요가 어디 있담? 개인적인 노력과 솔선수범이 아무런 결과를 가져다 주지 않는다면 동기가 있을 수 없다.

자기가 하는 일과 이루는 것 사이에 관계가 있다는 사실을 알아야 동기도 생각해 볼 수 있다. 매일매일 하는 일의 동기가 무엇인지 스스로 자문해 보도록 하자. 매일 아침 무엇 때문에 나는 잠자리에서 일어나는가? 그리고 연간 단위로 자신의 동기가 무엇인지 생각해 본다. 새로운 기술을 배우기 위해? 아니면 더 높은 자리로 승진하기 위해서? 장기적으로 여러분의 동기는 무엇인가? 앞으로 10년 뒤에 어떤 위치에 가 있고 싶은가?

승리에서 배운다

개리 카스파로프

오래된 격언 가운데 실수를 통해 배운다는 말이 있다. 하지만 개리 카스파로프는 그 말을 완전히 다른 각도에서 내게 각인시켜 주었다. 체스를 통해 배우는 게 무엇이냐는 질문을 그에게 던져 보았다. 오랫동안 세계 챔피언 자리를 유지하면서 어떤 교훈을 배웠을까? 그런데 전혀 예상 밖의 대답을 내놓는 것이었다. "대부분의 사람들은 자기가 저지른 실수를 분석하면서 '이건 이렇게 했어야 하고, 저건 저렇게 했어야 했는데' 라는 말을 합니다. 하지만 나는 항상 이긴 게임을 분석하며 내가 잘한 거야. 그런데 좀 더 잘할 수는 없었을까 하고 스스로에게 묻습니다." 그의 말을 들으며 나는 느낀 바가 많았다. 실패한 일에 대한 생각에만 골몰할 수도 있다. 그렇게 하면 자신의 능력보다는 자신의 약점이 더 부각된다. 개리처럼 긍정적인 생각을 하면 스스로 동기 부여가 되고 자신의 관심을 한곳에 집중시킬 수가 있다. 나는 그가 보여준 통찰력이 엄청나게 값진 것이라고 생각했다. 그것은 진정한 투사의 정신자세였다. 승리를 분석하고, 거기서 다음 '시합'에 사용할 교훈을 찾아내는 것이다

푹 자라
평정심의 달인들

마틴 소렐 경은 자신이 좋아하는 일을 하고, 스스로 균형을 유지한다면 마음에 스트레스를 받지 않을 수 있다는 말을 내게 해준 적이 있다. 마틴 경이 한 말은 가정과 직장, 사회 사이에 균형을 유지하라는 뜻이었다. "이 세 가지 사이에 균형을 유지하는 사람은 극소수입니다." 그는 자기도 항상 그 균형을 지키지 못한다는 점을 인정했다. 열심히 일할 때는 가족이나 사회를 희생시킬 때도 있었다는 말이다. 하지만 그는 스스로 돌이켜봐서 이 균형이 무너진다고 생각되면 균형을 되찾기 위해 모든 노력을 다한다고 했다.

계속해서 스트레스를 받지 않고도 성공할 수 있다면 그것은 대단히 매력적이고, 생산적인 일이다. 스트레스는 끔찍한 마음의 상태이며, 사람을 죽음으로 몰아넣을 수도 있다는 것을 우리는 안다. 스트레스는 아무것도 하고 싶지 않게 만들 수도 있다. 끊임없는 스트레스에 시달리지 않고 살 수 있다면, 생각만 해도 흐뭇한 일이다.

S. (램) 라마도라이는 내 프로에 몇 차례 출연한 적이 있고, 내가 진행한 시리즈 프로 '혁신 비즈니스'에도 참여했다. 그리고 타타 컨설턴시 서비스의 CEO 겸 대표이사로 정보기술서비스 분야의 리더 중 한 사람이며 인도의 기술 도약을 이끈 사람이다. 그는 세상에 거저 이루어지는 것은 없다는 말을 한다. 경제적으로 어려운 시기에 어떻게 해서 안정적인 사업을 이끌어갈 수 있었느냐고 물었더니 그는 이렇게 대답했다. "내 성공의 바탕은 냉정을 유지하는 것입니다. 나는 열린 자세로 새로운 아이디어와 의견을 받아들입니다. 항상 인내심을 가지고 듣고 배우지요. 힘든 시기일수록 다양한 입장을 받아들이는 게 더 중요합니다. 또 중요한 것

은 민첩함입니다. 그래야 한 가지 문제에 발목 잡혀 허우적거리지 않고 다른 문제로 옮겨갈 수 있습니다. 어려운 시기에는 견실한 성장기에 할 수 없는 일을 할 수가 있습니다. 한발 뒤로 물러서서 '내가 제대로 하고 있는 건가?'라는 식으로 근본적인 의문을 던져 보는 것이지요."

나는 민첩함과 집중에 대해 그가 한 말이 마음에 든다. 지금과 같은 상황에서는 산만해지기가 쉽다. 너무도 많은 정보가 우리 앞에 쏟아져 나오고 시장은 급변하고 있다. 시장이 요동칠 때 내가 진행하는 클로징 벨 마지막 시간은 매일 혼돈 그 자체다. 소음 때문에 정신이 없고, 소음에 중독되었다는 사람들도 있다. 클로징 벨을 진행할 때 나는 중심을 단단히 잡고 판단을 내려야 하며, 진행되는 사태에 즉각즉각 대응해야 한다. 하지만 나는 말을 하기 전에 머리로 먼저 생각을 정리해 봐야 한다는 점을 항상 명심하고 있다. 시장이 요동친다고 나까지 미쳐 날뛰면 안 되는 것이다.

스포츠 코치와 투자금융가 일을 병행하고 있는 조 모글리아는 내게 이런 말을 했다. "두 가지 일 모두 스트레스 속에서 자신을 어떻게 다스리는가가 매우 중요합니다. 코치와 투자금융 두 가지 모두 자기가 맡은 팀이 경쟁팀을 상대로 일관된 전략을 구사할 수 있도록 해야 합니다. 두 가지 일 모두 자기가 맡은 팀원의 마음에 파고들어 이들이 공동의 목표를 향해 나아갈 수 있도록 한데 엮을 수 있는 능력이 있어야 합니다."

디팩 초프라는 저작과 가르침을 통해 동양철학을 서양에 전파하는 데 핵심적인 역할을 한 인물이다. 50권에 달하는 저서를 펴낸 왕성한 저술가이기도 하다. 초프라 박사는 살아가면서 스트레스를 줄이고 인내심을 키우기 위해서는 아주 독특한 방법으로 자신을 돌봐야 한다고 내게 말했다. 그와 저녁을 같이하면서 그 독특한 방법을 직접 눈으로 확인할 수 있었다. 그의 강인한 정신력과 집중력은 놀라웠다. 자리에 앉자 그는 "와인

한잔 하시겠습니까?"라고 물었고, 나는 "예, 그러겠습니다"라고 대답했다. 그런데 자기 잔은 주문하지 않는 것을 보고 왜 그러느냐고 물었더니 "나는 술을 마시지 않습니다"라고 대답하는 것이었다. 그러면서 이렇게 덧붙였다. "알코올이 들어가면 밤잠을 제대로 못 자는데, 잠을 제대로 자야 건강을 유지할 수가 있습니다."

나는 내 앞에 놓인 와인 잔을 쳐다보았다. 갑자기 마시고 싶은 생각이 사라져 버렸다. 그는 그저 웃기만 했다. 그는 추호도 남을 판단하거나 위압적인 사람이 아니고, 그저 관찰자일 뿐이었다. 그리고 수면이 건강과 안정을 유지하는 데 특효약이라고 했다. 그는 저녁 내내 그 말을 몇 번이나 했다. "집중력을 키울 수 있는 방법 한 가지만 소개해 보라면 말이지요." 그는 이렇게 말했다. "하루에 여덟 시간씩 자라고 권하고 싶군요." 스탠퍼드 장수센터의 로라 카스텐슨 박사는 많은 사람들이 몸을 튼튼하게 유지하려고 애를 쓰는데, 실제로 중요한 것은 마음을 닦는 것이라는 말을 내게 해주었다. 마음을 맑게 유지하는 게 심장혈관 활동에 매우 중요하다고 하면서 일에 몰두하고, 자신이 좋아하는 일을 하는 것이야말로 장수의 비결이라고 카스텐슨 박사는 말했다.

기내 승무원처럼 행동하라
위기의 리더십

한 번은 디너 파티에 갔는데 큰 증권회사에서 주식거래를 책임지고 있는 어떤 남자와 나란히 앉게 되었다. 그 남자는 힘든 시기에 자신이 처한 입장을 '비행기 승무원과 마찬가지'라고 했다. 나는 그 말에 웃음을 지어 보이며 무슨 뜻이냐고 물어보았다. 그는 이렇게 설명했다. "비행기가 이상 기류를 만나 흔들리면 승객들은 비행기가 추락할까 봐 겁을 먹습니다. 그러면 나는 미소를 지어 보이며 승객들을 안심시켜서 흥분하는 사람이 없도록 해야 합니다. 나는 매일 주식매매 데스크를 돌며 이렇게 안심시킵니다. '걱정하지 맙시다. 이런 일 때문에 우리가 월급 받고 사는 것 아닙니까. 아무 문제 없어요. 자 일합시다.' 그리고 나서는 내 방으로 돌아와 문을 걸어 잠그고 '오, 하느님 맙소사, 어째서 이런 일이 일어난단 말입니까!' 라고 한탄합니다. 하지만 팀원들 앞에서는 절대로 걱정하는 모습을 보이지 않습니다."

이게 바로 리더십이다. 그러다 보면 심리적 효과도 얻을 수 있다. 침착하게 이야기하다 보면 자기도 마음이 침착해지는 것이다. 타이거 우즈가 감정을 다스릴 줄 아는 사람이 승리자가 된다고 하는 말을 들은 적이 있다. 역사학자 도리스 케언스 굿윈에게 사람들이 계속해서 에이브러햄 링컨에게서 영감을 구하는 이유가 무엇이냐고 물어보았더니, 그녀는 "링컨이 위기 때 보여준 감정을 자제하는 힘과 침착함 때문일 것입니다"라고 했다.

2008년 금융위기 초기에는 사람들의 공포감이 더 큰 공포를 불러왔다. 그해 9월과 10월이 되자 사람들이 느끼는 긴박감과 걱정, 두려움은 말로 표현하기 어려울 정도였다. 몇 주 동안 계속해서 매주 금요일마다 주요 금융 회사들의 대표와 정부 관리들이 뉴욕 연방준비제도이사회에서 만났다. 모두들 죽느냐 사느냐의 갈림길에 서 있었다. 나는 일요일 저녁이면 아시아 시장 개장에 앞서 정부 관리들이 보내는 보도자료가 나오기를 기다렸다. 이번 주에는 또 어떤 거물 기업이 쓰러진다는 뉴스가 나올지 가슴을 졸이며 기다렸다.

그 시기에 나는 그날의 헤드라인을 가지고 하는 풍자 코미디 프로 콜버트 리포트에 출연했다. 스티븐 콜버트는 그의 브랜드 마크인 신랄한 풍자를 통해 시장의 히스테리를 이렇게 표현했다. "세상에, 무슨 일이 벌어지는 거요?" 그는 눈알을 굴리며 내게 이렇게 물었다. "길거리에서 카니발 축제가 벌어지고 있어요? 가진 것을 몽땅 날린 좀비족 주식중개인들이 밤의 지배자가 된 건가요? 이 사태가 끝날 때까지 뒤집어쓰고 숨어나 쉴 수 있게 종이 가방에 몽땅 투자해야 하나요?"

그가 너무나 정확하게 당시 사람들 사이에 퍼져 있는 분위기를 포착해서 나타냈기 때문에 나는 웃음을 터뜨렸다. 나는 상황이 암울해질수록 가급적이면 침착함을 유지하려고 애를 썼다. 사방이 분노로 가득찬 가운데 뉴욕증권거래소 플로어에서 매일 프로그램을 진행하면서 나는 난기류를 만난 가운데서도 침착함을 잃지 않는 승무원 역할을 하려고 노력했다.

수지 웰치 여사의 10-10-10

단련은 지구력의 초석이 된다. 단련은 여러분이 하는 일에 따라 여러 행태를 지닌다. 내 경우에 단련은 준비를 갖추고 시장에서 벌어지는 일을 정확하게 파악하고, 초대 출연자들에게 어떤 것을 물어 봐야 할지 정확하게 아는 것이다. 단련의 또 다른 형태는 매일 TV에 출연하며 내 모습이 잘 나오도록 준비하는 것이다. 그러기 위해서는 너무 늦게 잠자리에 들어서도 안 되고, 좋아하는 고 칼로리 파스타를 먹고 싶은 대로 마구 먹어서도 안 된다. 그렇게 하면 얼굴과 히프에 금방 표시가 난다. 비주얼 미디어에 나오려면 비록 죽기보다 더 어려운 일이라 하더라도 자신의 외모에 신경을 써야 한다. 우리 방송국의 이른 아침 모닝쇼 진행자들도 마찬가지다. 새벽 3시에 일어나 아침 7시면 두 눈을 말짱하게 뜨고 말끔한 모습으로 카메라 앞에 앉기 위해서는 엄청난 단련이 필요하다. 시청자들은 잠옷 바람으로 쇼를 즐길 수가 있지만 진행자들은 그럴 수가 없는 것이다.

  단련은 또한 장단기 계획을 세워 놓는 것을 의미한다. 이는 수지 웰치 여사의 2009년도 저서 '텐-텐-텐:인생이 달라지는 선택의 법칙' 10-10-10:A Life-Transforming Idea에 소개된 아이디어이기도 하다. 그녀는 내게 이렇게 말했다. "결정을 즉흥적으로 내리면 여러분이 삶을 사는 게 아니라, 삶이 여러분을 끌고 가는 게 됩니다." 그녀는 모든 결정과 상황에 다음과 같은 세 가지 질문을 갖고 대처하라고 권한다. '이 일이 앞으로 10분 뒤에 내게 어떤 영향을 미칠까? 이 일이 앞으로 10개월 뒤에 내게 어떤 영향을 미칠까? 앞으로 10년 뒤에 이 일이 내게 어떤 영향을 미칠까?' 기본적으로 말해 10-10-10 법칙은 수지 여사가 과거 여러 가지 힘든 결정을 내려야 할 시절에 처음 개발한 인생 경영 도구이다. 그녀는 하는 일이 부담스러울 정도로 너무 많았고, 그래서 장단기적으로 고려할 사항에 균형을 취할 방법이 필요했다. 항상 이리 뛰고 저리 뛰고 하며 아슬아슬하게 살고 싶지도 않고, 장기적인 고민 때문에 옴짝달싹 못하며 지내고 싶지도 않았다. 이 책에서 수지 여사는 10-10-10 법칙을 도입해서 일의 능률과 만족감을 높인 많은 사람들의 이야기를 소개하고 있다. 나도 해보니 정말 효과가 있었다. 이 방법에 대해 읽어 본 다음부터는 중요한 결정을 내리거나 보도를 준비할 때 나도 모르게 10-10-10을 따져 보게 되어서 나도 놀랐다. 특히 나 같은 리포터들은 방송하는 순간만 지나면 그뿐이라는 생각을 하기가 쉽다. 모두들 '특종'만 생각하는 나머지 서둘러 판단을 내리려 드는 것이다. 나는 힘들더라도 더 깊이 있는 보도를 하지, 쉬운 길을 택했다가 나중에 내 이름에 손상을 입힐 짓은 하지 않으려고 한다. 그날그날 일어나는 일을 보도하면서도 마음속으로는 장기적인 안목을 유지하려고 노력한다.

프랜시스 포드 코폴라 감독의 프로정신

하루는 사무실에서 방송 준비 노트를 하고 있다가 프랜시스 포드 코폴라 감독의 사무실에서 걸려온 전화를 한 통 받았다. "코폴라 감독께서 다음주 뉴욕에 들르실 때 당신을 만나고 싶어 하십니다." 비서는 아주 상냥하고 또박또박한 목소리로 말했다.

나는 일부러 능청스럽게 물었다. "누구, 나와 말인가요?" 나는 지금도 스타라면 사족을 못 쓰기는 하지만 그래도 냉정을 유지한 채 왜 나를 만나고 싶어 하는지 이유를 물어보았다.

"감독께서 무슨 작업을 하시는데 당신과 상의를 하고 싶어 하십니다." 그녀는 알 듯 모를 듯한 말을 했다. "감독께서는 네 시간쯤 시간을 내주셨으면 하십니다."

궁금해서 미칠 지경이었다. 낮에는 네 시간씩이나 낼 수가 없다고 말하자 그녀는 그래도 좋다며 노부에다 저녁 약속을 잡았다. 트리베카에 있는 멋진 레스토랑인데 로버트 드니로가 주인이다.

약속시간에 맞춰 레스토랑에 도착해서 보니 그 사람 혼자서 기다리고 있었다. 나는 황홀할 정도로 흥분이 되었다. 너무 신이 났다. 프랜시스 포드 코폴라 감독이 도대체 나와 무슨 의논을 하겠다는 것인지 도저히 짐작할 수가 없었다. 보통 저녁 때가 되면 나는 너무 지쳐서 업무차 디너를 하거나 행사에 참석할 일이 있더라도 가급적 짧게 끝내려고 한다. 하지만 우리 시대 최고의 감독 중 한 명인 그와 함께 네 시간을 보내는 거야 기꺼이 감수할 태세가 되어 있었다.

프랜시스 감독은 상냥하고 편안한 사람이었다. 나는 그런 성품이 그를 성공으로 이끌었다고 생각한다. 그는 곧장 본론으로 들어갔다. "마리아, 나는 지금 '메갈로폴리스' Megalopolis라는 제목의 영화 제작을 기획 중인

데 주인공 중 한 명이 당신의 이야기를 바탕으로 하고 있습니다. 그래서 당신에 대해 좀 더 자세히 알고 싶어서 시간을 함께 보내고자 한 것입니다." 나는 그만 입이 딱 벌어져서는 "세상에, 그게 참말이에요?"라며 숨이 깜빡 넘어갈 듯이 소리치고 말았다.

그는 영화에 대해 이야기해 주었다. 주인공 와우 볼티모어(얼마나 멋진 이름인가!)는 뉴욕증권거래소에서 활약하는 방송 리포터이다. 와우는 나처럼 출신 배경은 보잘것없지만 한 단계씩 올라가 지금의 위치까지 올라온 사람이다. 프랜시스 감독은 와우를 실감나게 그려내기 위해 나를 제대로 알고 싶어 했다. 그는 내 인생에 대해 심문하듯 꼬치꼬치 캐물었고, 우리 가족과 식사도 하고, 내가 진행하는 프로의 초대손님으로 증권거래소도 방문했다. 나는 그가 섬세한 관찰력으로 구석구석 놓치지 않고 훑어본다는 것을 알 수 있었다.

프랜시스 감독은 세세한 일까지 빠뜨리지 않고 챙겼다. 힘든 과정이었고, 나는 그것을 보며 큰 호기심이 생겼다. 나는 실제 비즈니스 세계에서 일하기 때문에 취재를 철저히 하는 것은 당연한 일이다. 하지만 픽션을 만드는 것은 사정이 다를 것이라고 생각했다. 나를 바탕으로 어떤 인물을 대충 그려낸 다음 배경 스토리를 창작해서 덧붙이면 될 것 아닌가 하는 생각을 했던 것이다. 그런데 프랜시스 감독은 자신이 만들어내는 인물에 완전히 몰입했다. 실제 인물에 대한 그처럼 철두철미한 자세가 그를 그토록 훌륭한 이야기꾼으로 만든 것이다.

나는 프랜시스 감독이 그 영화 컨셉트를 만드느라 여러 해 동안 작업을 했고, 시나리오를 200편 이상 만들고 버리고 했다는 사실을 알고 놀랐다. 그토록 세세한 일까지 챙기면서 완벽주의를 추구하는 사람을 나는 별로 보지 못했다. 뉴욕시에 대한 서사적인 묘사를 스크린에 옮겨 담는 작업인데, 그는 정말 좋아서 그 일을 했다. 나를 그린 인물, 내가 차지하는 많은 영화 전체로 볼 때 아주 작은 일부분에 지나지 않지만, 그럼에도 불구하고 그는 그걸 중심 줄거리인 것처럼 다루었다. 프랜시스 감독과 시간을 함께 보내면서 나는 일하는 자세를 다시 생각하게 되었다. 그가 더 깊이 있게 침잠하라는 영감을 내게 불어넣어 준 것이다.

프랜시스 감독은 나의 삶에 대해 한참 조사를 하고 난 다음 한번 더 만나자고 했다. "마리아." 그는 미안하다는 투로 이렇게 말을 꺼냈다. "지금까지 당신이 어떤 사람인지, 그리고 어떻게 일을 하는지 지켜보았어요. 그러고 나서 보니 와우 볼티모어는 당신과는 전혀 딴판인 사람입니다."

"오, 저런." 나는 낙담해서 이렇게 말했다.

그는 곧바로 이렇게 덧붙였다. "와우 볼티모어는 사탄입니다." 그는 정상에 이르기 위해 수단과 방법을 가리지 않고, 욕망에 눈먼 여성에 대한 설명을 늘어놓았다.

"내가 그런 여자라고 생각했단 말씀인가요?" 나는 놀라서 이렇게 물었다. 그는 그런 건 절대로 아니라며 와우란 인물은 한마디로 가상의 인물일 뿐이라고 했다.

나는 그에게 솔직하게 말해 주어서 고맙다고 했다. 그는 나를 이용하려고 한 것은 아니고, 자기가 하는 작업 때문에 내가 곤란에 처하는 것도 원치 않았다. 그는 내게 대본에서 해당되는 부분을 읽어보라고 부탁하기까지 했다. 정식으로 출연 제의를 한 것은 아니고, 그냥 친절의 표시였을 뿐이다. 나는 배우가 아니며, 앞으로도 배우가 될 생각은 추호도 없다. 그런데도 몇몇 가십 칼럼니스트들이 그 일을 가지고 '마리아가 월스트리트를 떠나 더 큰 스크린으로 갈 것인가?'라고 써대며 나를 놀렸다. 천만에. 하지만 우리 시대 최고의 감독 중 한 명 앞에서 대본을 읽는다는 건 정말 신나는 일이었다. 다름 아닌 내가!

메갈로폴리스는 아직도 기획 단계에 있으며, 어쩌면 작품으로 빛을 보지 못할지도 모른다. 여러 해 동안 프랜시스 감독은 비평가들로부터 제작비가 너무 많이 들고, 편집하기 힘들 정도로 방대한 프로젝트에 몰두해서 스스로 자신의 성공을 방해한다는 욕을 많이 먹었다. 하지만 내가 보기에 프랜시스 감독은 보기 힘든 수준의 인내심을 소유한 사람이다. 그는 가능한 한 많은 정보를 듣고 받아들인다. 나는 그의 이러한 성품이 어린 시절 앓은 소아마비 때문에 생겼을 것이라는 추측을 한다. 그는 침대에 누워 보내는 시간이 많았고, 혼자서 노는 방법을 찾아야 했다. 그리고 영화에 몰두하면서 병을 잊고 지낼 수가 있다는 사실을 알았다. 그런 경험이 그를 놀라운 장인으로 만들었던 것이다. 그는 정말 놀라운 재능을 가진 사람이다.

세상에 이 사람이 노인네였대!
워런 버핏의 묘비명

외종조부이신 찰스 매나가라치나는 나의 우상이셨다. 할아버지는 2004년에 104살의 나이로 돌아가셨다. 할아버지의 장수 비결은 하루도 일을 쉬신 적이 없다는 것이라고 생각한다. 100살을 넘기고도 마찬가지셨는데 돌아가시기 직전까지도 정원에서 풀을 뽑으셨다. 매일 무슨 일이든 하시고, 무슨 일이든 성취하셨다. 그것이 그분을 살아 있게 했던 것이다.

내 명함정리기 롤로덱스에는 젊은 사람 못지않은 열정과 에너지를 가진 70대, 80대, 그보다 더 나이 든 사람들이 가득하다. 나는 그런 분들을 좋아한다. 가끔 나는 팔순 노인 50명을 한 방에 모아놓으면 세상에 못 할 일이 없을 것이란 생각을 해보곤 한다.

2009년 4월에 전직 대통령인 조지 H. W. 부시(41대)가 텍사스 A & M 대에 있는 자신의 기념도서관에서 자신이 주최하는 경제리더십 포럼에 패널로 참석해 달라고 나를 초청했다. 생각을 일깨워 주는 활발한 토론이 펼쳐진 멋진 행사였다. 하지만 가장 큰 감명을 받은 것은 포럼 시작 전에 조지 부시와 바버라 부시 부부가 사는 아파트를 방문한 일이었다. 우리 일행이 현관문으로 들어서자 부시 대통령은 자리에서 벌떡 일어나더니 달려나와 우리를 맞았다. 84세에 그는 신체적으로나 지적으로 모두 활력이 넘쳤다. 80세 때 대통령은 비행기에서 낙하산을 메고 뛰어내려 헤드라인을 장식했다. 그는 85세 생일 때도 한번 더 뛰어내릴 계획이라고 했다. (말로만 그친 게 아니었다. 2009년 6월 12일에 전직 대통령 부시는 골든나이트 부대원인 마이크 엘리엇 하사와 함께 뛰어내렸다.)

그 다음 바버라 여사가 방안에 들어오는데 쾌활하고 건강이 넘쳐 보였다. 큰 심장수술을 받은 지 5주밖에 지나지 않았다는 게 도저히 믿어지지가 않았다.

"여사님, 기분은 어떠신가요?" 이렇게 묻자 여사는 쓸데없는 걸 묻는다는 투로 껄껄 웃으며 "좋아요"라고 대답했다. 그러고는 "그건 아무것도 아니랍니다. 잘 아시잖아요. 수술 바로 다음날 강아지 산책을 시켜도 될 거라고 의사들이 말했어요. 그래서 그렇게 했지요." 그녀의 유머 감각 또한 완벽하게 작동하고 있었다.

워런 버핏은 자기 묘비명에 이렇게 쓰고 싶다고 말한 적이 있다. "세상에, 이 사람이 노인네였대!" 아무런 미련 없이 사는 비결은 나이 들어서도 젊게 사는 것일지 모른다. 젊게 죽어가는 것이다. 성공을 지속시키는 핵심적인 요소는 신체적, 정신적인 활력이다. 그 활력을 유지시키도록 하라.

9

목표 의식

가장 중요한 게 무엇인지 재점검하라

프레디 맥 CFO 데이비드 켈러먼의 죽음

2009년 4월 22일 아침에 일어나니 프레디 맥의 재무책임자CFO인 데이비드 켈러먼이 자살했다는 가슴 아픈 뉴스가 전해졌다. 향년 44세였다. 뉴욕증권거래소에 나가서 방송을 하는 내내 그에 대한 생각이 머릿속에서 떠나지 않았다. 많은 사람들이 같은 생각이었다. 그의 자살은 우리 모두를 우울하게 만들었다. 그를 직접 만난 적은 한번도 없었지만 아주 행복한 생활을 해온 사람임에 틀림없었다. 멋진 가족에다 자기가 좋아하는 일을 한 사람이었다. 그런데 무엇이 그 행복한 삶을 바꾸어 놓았던 것일까? 깊은 사정을 다 알 수는 없겠지만, 그가 엄청난 스트레스에 시달렸던 사실만은 분명하다. 재무부에서 프레디 맥의 사무실을 압수수색한 이후 몇 달 동안 그는 수십억 달러의 손실을 입고 정부의 조사를 받고 있는 회사를 정상화시키기 위해 매달렸다. 친구들의 말에 따르면 체중이 크게 줄었고, 자살 직전에는 회사의 인력담당 중역이 너무 무리하지 말라며 잠시 쉬는 게 좋겠다는 의견을 전달했다고 한다.

데이비드 켈러먼이 택한 행위를 변호할 수는 없겠지만, 사람들이 업무나 직책에 몰두한 나머지 방향감각을 상실하거나 자신의 몰락을 감당하지 못하는 경우에 일어나는 위험한 소용돌이를 나는 알고 있다. 데이비드 켈러먼이 힘든 금융위기 기간 중에 자살을 택한 유일한 사람은 아니다. 다른 사람들도 있다. 나는 죽음을 택한 본인과 유가족들에게 위로의 마음을 전한다.

어디를 가든 사람들은 지친 모습이다. 데이비드 켈러먼 같은 이들은 그걸 감당하지 못한 것이고, 다른 이들은 이때를 자신의 삶을 되돌아보고, 자신의 목표를 재점검해 보는 기회로 이용하는 차이가 있을 뿐이다. 그런 사람들은 실제로 이렇게 말하며 여유를 가지려고 한다. '햐! 이것 봐라. 여기서 중요한 게 과연 뭐지?'

어려운 시기에는 여러분의 삶에서 핵심적인 목표가 무엇인지 찾아서 그걸 받아들이는 게 스스로를 지키는 길이다. 역경에도 흔들리지 않는 게 여러분의 진정한 목표다. 그 목표는 여러분이 무엇을 갖고 있는지, 다른 사람이 여러분에 대해 어떻게 생각하는지, 그리고 여러분이 그날그날 이루는 성공이나 실패에 좌우되지 않는다. 유명한 홀로코스트 생존자로 '삶의 의미를 찾아서' Man's Search for Meaning의 저자인 빅터 프랑클은 목표를 가진 사람은 자신의 존재 이유를 알 뿐만 아니라 살아가는 과정에서 어떤 역경이든 감당해낼 수 있다고 했다.

쉬는 기회를 활용하라

펩시코 CEO 인드라 누이

남부에 있는 한 대학에서 학생들 앞에서 강연을 한 다음 공항으로 가는 길이었다. 운전기사는 젊은 남자였는데 졸업을 눈앞에 둔 4학년 학생이었다. 그와 이런저런 이야기를 나누게 되었는데, 시간이 아까운 듯 내게 궁금한 걸 모조리 묻는 것이었다. 여행도 하고 싶고, 여러 나라 말도 배우고 싶고, 재미있는 일도 해보고 싶고, 열심히 공부도 해보고 싶다고 했다. 하지만 하나같이 희망사항에 지나지 않았다. 왜냐하면 일자리를 구하는 게 급선무라고 했기 때문이다. 그렇지만 "경쟁이 치열해 쉽지가 않습니다"라고 그는 말했다.

그의 말을 들으면서 나는 이 젊은이 나이가 얼마쯤 되었을까, 그리고 세월이 참 빠르다는 생각을 하고 있었다. 우리 모두 언젠가는 해보고 싶은 그런 꿈들을 가지고 있다. 하지만 우리들 가운데 그런 꿈을 실제로 실현시키려고 해본 사람이 과연 얼마나 될까? 나는 펩시코의 CEO인 인드라 누이가 나보다 한 시간 앞서 같은 학생들에게 들려준 이야기가 생각났다. 일자리를 구하며 보내는 시간은 정말 힘들지만 그게 기회가 될 수도 있다는 것이었다. 보수도 많고 번듯한 일자리를 구하는 데 집착하지 말고, 자신보다 못한 사람들을 진정으로 돕는 기회로 활용해 보라는 것이었다.

"경제가 어렵죠." 나는 이렇게 말했다. "그러니 지금 당장 일자리를 구하는 대신, 이 기회를 이용해 색다른 일을 해보는 게 어때요? 앞으로 열두 달 동안 세계로 나가 삶이 어떤 것인지 한번 경험해 보는 것이지요. 왜냐하면 나중에는 그런 경험을 절대로 하지 못할 테니까요. 일단 취업 전선에 뛰어들고 나면 한 달 동안 하와이 여행을 한다거나 유럽으로 배낭여행을 떠나지는 못할 거예요. 지금이 바로 적기예요. 아니면 여러 가지 일을 해보는 것도 괜찮겠지요. 자기가 좋아하는 일인지 아닌지 궁금했던 일들을 해보는 겁니다. 그렇게 하면 가장 중요한 열두 달이 될 거예요. 그런 과정을 통해 당신이 정말로 좋아하는 일이 무엇인지 알게 될 겁니다."

단언컨대 그 청년은 나에게서 이런 말을 듣고 놀랐을 것이다. 하지만 나는 그가 내 말을 진지하게 받아들였으면 좋겠다. 너무도 많은 학생들이 졸업하고 나서 어떻게 하나를 놓고 쓸데없는 걱정을 한다. 어려운 경제 상황을 학생들 손으로 어떻게 해볼 도리는 없다. 학생들이 컨트롤할 수 있는 것은 자신의 행동뿐이다. 다시 말하지만, 졸업한 다음 해부터 곧바로 돈벌이에 혈안이 되지 않는다면, 여러분이 할 일은 얼마든지 있다.

사촌 동생 조너선은 2009년에 대학을 졸업했는데 "계속 달려야죠"라는 말을 하는 것이었다. 나는 그의 젊은 패기를 보고 웃으면서 "나는 네가 잠시 멈추고 장미꽃 향을 맡았으면 좋겠구나"라고 해주었다. 그는 내 말에 웃었지만 나는 진지하게 한 말이었다. "가끔 뒤를 돌아보면 나도 지난 20년이 어떻게 지나갔는지 모르겠구나." 나는 이렇게 말을 이었다. "그러니 조너선, 지금이야말로 들판으로 나가 이런저런 일을 해보면서 네가 진정으로 좋아하는 일이 무엇인지 한번 알아볼 기회야. 너도 나처럼 앞으로 20년이 지난 다음에 뒤를 돌아보며 세월이 어떻게 지나갔는지 모르겠다는 말을 하고 싶지는 않겠지?"

의미있는 삶과 성공한 삶
디팩 초프라의 충고

사람들은 정상에 있건, 아니면 성공하기 위해 노력 중이건 상관없이 기를 쓰고 삶의 의미를 찾으려고 한다. 그들은 만족을 찾고 싶어 하지만 성공과 의미있는 삶을 모두 충족시키는 게 가능할지에 대해서는 자신을 못한다. 이에 대한 답을 구하고자 나는 영적인 지도자 디팩 초프라 박사를 찾았다.

우리 프로에 출연해서 그가 들려 준 통찰력은 흥미진진했다. 그는 자기 경험에 비추어 볼 때 기업인들은 가능한 한 최고의 인간이 되고 싶어 한다고 했다. 그것도 자기 자신뿐만이 아니라 다른 사람이 필요로 하는 것도 함께 채워 주고 싶어 한다는 것이었다. 그는 이렇게 말했다. "켈로그 비즈니스 스쿨 세미나에서는 리더라면 자기가 영향을 미치는 모든 사람들을 생각해야만 한다는 말을 합니다. 여러분이 이끄는 기업을 성공으로 이끌고 싶다면 함께 일하는 팀에 관심을 쏟아야 합니다. 함께 일하는 사람 모두가 함께 가도록 해야 합니다. 여러분이 고용한 종업원들이 건강하고, 창의력을 발휘하고, 삶의 의미를 찾도록 해주어야 합니다. 회사 생활에서뿐만 아니라 개인 생활에서도 그렇게 되도록 해주어야 합니다. 개인적인 삶과 업무와 관련된 삶을 구분해서는 안 됩니다."

나는 원칙적으로 그의 말에 동의하면서도 내가 아는 많은 사람들이 갖고 있는 우려를 이야기해 주었다. 그것은 바로 미친 듯이 돌아가는 현실 세계에서 경제적인 번영과 삶의 의미를 충족시키는 것이 항상 양립 가능한 목표는 아닌 것 같다는 우려였다.

디팩 박사는 내 말에 동의하지 않았다. "모든 종류의 욕구를 다 고려해야 합니다. 생존, 안전, 물질적 풍요, 성공, 사랑과 소유, 자기 만족과 자궁심, 더 높은 가치 등이 있겠지요. 사람들에게 이렇게 물어봐야 합니다. '무엇을 원하십니까? 여러분은 누구입니까? 어떻게 하면 여러분의 삶이 더 충만해질 수 있습니까?' 그런 다음 팀원들로부터 창의적인 생각들을 모아서 비전을 만들고, 그 비전을 실현하기 위한 실천 방안을 만들도록 해야 합니다."

그는 이렇게 말을 이었다. "하지만 원칙은 하나밖에 없습니다. 남보다 뛰어나기 위해 노력하되 성공은 염두에 두지 않는 것입니다. 뛰어나도록 하는 데 집중하면 성공은 따라오게 됩니다." 나는 그가 하는 말이 아주 의미 깊고 옳은 말이라고 생각했다. 나도 일을 하면서 '성공하고 말겠다'는 목표를 세운 적은 한번도 없었다. 그저 꿈을 좇았을 뿐이고, 내가 이루고 싶은 것을 따라 했을 뿐이다. 그렇게 하면 어떻게 될 것이라고 구체적인 생각을 해본 적이 없다. 하지만 매일 TV에 나오지 않더라도 좋아하는 일을 잘하고, 내가 세운 목표를 이루어 나간다면 마음속으로는 스스로 성공한 사람이라고 부를 수 있을 것이라고 생각했다. 만족을 느낀다면 진정한 성공을 이룬 것이다.

감사하라

진정한 로커 조이 레이먼이 남기고 간 것

CNBC로 옮겨 자리를 잡기 시작하던 무렵인 1990년대 말에 나는 조이 레이먼이라는 남자로부터 이메일을 수시로 받았다. 그는 투자와 주식시장과 관련해 아주 날카로운 분석을 보내왔고, 내가 방송에서 한 말에 대한 코멘트도 해주었다. 한동안 나는 그 이메일을 그냥 무시했다. 내가 아는 레이먼이라는 이름의 남자는 록그룹 레이먼즈에서 활동하는 펑크 로커뿐이었는데, 이메일을 보내는 남자가 그 조이 레이먼이라고는 생각지 않았다. 내 음악적 취향은 아이팟에 프랭크 시내트라, 셜리 배시 노래를 담아 다닐 정도로 아주 구식인 편이다. 그러다 하루는 이메일에 담긴 내용이 너무 지적이고 해박해서 답장을 보냈다. 그런데 세상에, 이메일을 보내는 주인공이 진짜 조이 레이먼이었다. 그 사람이 정말 돈에 대해 아주 해박한 지식을 갖고 있었던 것이다. 우리는 수시로 이메일로 대화를 나누고, 전화 통화도 여러 차례 했다. 그렇게 여러 해 동안 친분을 나누던 어느 날 조이가 내게 전화를 걸어와서는 "당신을 주제로 노래를 한 곡 만들었어요"라고 하는 것이었다. 그러고는 이렇게 말했다. "자정에 CBGBs로 와서 내가 부르는 걸 한번 들어 보실래요?"

나는 웃으며 이렇게 대답했다. "조이, 그 말 들으니 정말 기분이 좋군요. 하지만 나는 새벽 네 시에 일어나야 하는 사람입니다. 자정에 내가 있어야 할 곳은 침대밖에 없어요."

조이는 그래도 물러서지 않았다. 그래서 결국 나는 우리 카메라 크루가 가서 공연을 찍어오겠다고 약속했다. 너무도 황홀했다. 장발을 휘날리는 로커가 나와 주식시장을 주제로 한 노래를 부르고 있었다. 이런 가사였다.

월스트리트에서 무슨 일이 벌어지는지
주식시장에서 무슨 일이 벌어지는지
나는 알고 싶다
스쿼크 박스에서 무슨 일이 벌어지는지
내 주식에 무슨 일이 벌어지는지
나는 알고 싶다

나는 매일 TV에서 당신을 본다
　　당신의 두 눈을 보면 모든 게 OK
　　나는 매일 낮 그녀를 본다
　　나는 매일 밤 그녀를 본다
　　하지만 그녀는 내가 바라볼 수 없는 사람
　　마리아 바르티로모, 마리아 바르티로모, 마리아 바르티로모

그는 진정한 로커였다. 하지만 조이는 한번도 자기가 아프다는 말을 내게 한 적이 없었고, 그게 그의 마지막 공연 중 하나가 될 줄은 꿈에도 몰랐다. 그는 2001년에 림프종으로 숨을 거두었다.

그의 사망 소식을 듣고 나는 엄청나게 후회가 되었다. 그때 딱 한번만이라도 가서 밤새 그의 공연을 지켜보았더라면 얼마나 좋았을까. 그때서야 깨달았다. 기대하지 않았던 선물이 우리 앞에 나타나면 잠시라도 시간을 내어서 감사할 줄 알아야 한다. 선물을 보내온 그 사람이 내일이면 우리 곁에 없을 수도 있기 때문이다. 그때부터 나는 내 주위에 있는 사람들에게 좀 더 신경을 쓰고, 시청자들의 소리도 더 신경 써서 들으며, 보통 사람들이 일방적으로 보내오는 통찰력이 담긴 코멘트들에 대해서도 더 감사하며 살고 있다.

가족의 힘

마틴 소렐 부자父子

우리는 동료와 업계 사람들 사이에 네트워킹을 만들고 지지 기반을 구축하는 게 중요하다는 말을 항상 한다.

하지만 운이 좋다면 여러분은 이미 가장 든든한 후원 조직, 다시 말해 가족을 갖고 있다. 내가 인터뷰한 수많은 사람들이 가족이라는 후원 조직이 성공의 열쇠가 되었다는 말을 했다. 가족은 어떤 일이 있어도 여러분을 지지하는 사람들이다. 내 친구 한 명은 자기 엄마가 자기만 보면 천재라고 한다며 웃었다. "우리 엄마니까 당연히 그렇게 생각하실 수 있는 거지"라고 그는 말했다. 하지만 그 말을 할 때 그의 두 눈은 자신감으로 반짝였다. 엄마의 무조건적인 지지가 그에게 내적인 자신감을 가져다 준 것이다. 그런 자신감은 다른 곳에서는 얻을 수 없는 것이고, 그 친구도 그렇다는 사실을 알고 있다. 그의 엄마는 그가 하는 사업에도 망설임 없이 참견을 하고, 매사에 거침없는 의견을 내놓는다.

나는 가족이 나를 키운 온상이라는 생각을 늘 해왔다. 어렸을 적에는 그렇게 생각하지 않은 적도 있었지만, 어쨌든 그런 가족이 있다는 점에서 나는 행운아다. 아직도 생생하게 기억나는데 십대 때 이런 일을 겪은 적이 있다. 남자친구와 헤어지고 나서 지하실에 처박혀 울고 있는데 엄마가 그 사실을 알게 되었다. 나는 엄마한테 속상한 마음을 다 털어놓았고, 엄마는 있는 말 없는 말로 나를 위로해 주셨다. 그래도 마음이 가라앉지 않고, 자존심이 너무 상했다. 나는 엄마께 다른 사람한테는 절대로 말하지 말라고 부탁했고, 엄마도 "걱정 마라, 말하지 않으마"라고 다짐을 했다. 그런데 엄마는 이층으로 올라가시더니 불과 몇 초도 안 되어서 아빠, 동생들한테 내 이야기를 다 하는 것이었다. 어이가 없었다. 엄마가 어떻게 저럴 수가 있어? 지금도 그날 일을 생각하면 저절로 웃음이 난다. 왜냐하면 그게 우리 가족이었기 때문이다. 우리는 한 몸이었고, 항상 그랬다. '내 문제'라는 것은 없었다. 모든 게 '우리 문제'였던 것이다. 그런 사실은 내가 성공하는 데 있어서 매우 중요한 요소였다. 내가 비틀거리면 가족이 나를 붙들어 줄 것이라는 걸 알기에 나는 성공할 것이라고 자신했다. 엄마와 아빠, 그리고 동생들 이름을 부르면 활력과 자신감이 내 몸속으로 흘러들어 오는 것 같은 기분이 느껴진다. 내가 잘되면 그들도 행복해하고, 내가 힘들 때는 그들이 나를 부축해 준다. 그리고 그들은 항상 나를 웃게 만든다.

마틴 소렐 경도 1989년에 돌아가신 자기 아버지와의 관계에 대해 우리 가족과 비슷한 이야기를 들려 주었다. "아버지와는 엄청나게 가까운 사이였지요." 그는 이렇게 말했다. "아버지는 나의 제일 친한 친구였고, 최고의 어드바이저였습니다. 절대 과장이 아니라 나는 아버지와 하루에 서너 번씩 이야기를 나누었어요. 1987년에 J. 월터 톰슨, 1989년에 오길비 그룹을 상대로 소위 적대적 기업인수 작업을 하던 와중에도 그랬어요. 엄청나게 바쁜 시기였는데 말입니다. 친구이자 아버지, 어드바이저, 카운슬러로 아버지는 나와 이야기를 나누었습니다." 나는 마틴 경의 말에 큰 감동을 받았다. 돌아가신 아버지가 얼마나 그리울까 하는 생각이 들었다. 마틴 경은 가족이 있었기 때문에 그처럼 자신 있게 사업을 확장시켜 나갈 수 있었을 것이다. 너무도 많은 경영인들이 내게 비슷한 이야기를 해주었다. 가족으로부터 얻는 정서적인 지원은 성공에 있어서 대단히 중요한 요소다.

아무리 바쁘더라도 시간을 내서 여러분의 어머니, 아버지께 안부 전화를 하라. 가족으로부터 힘을 얻는 것이야말로 성공의 첫번째 법칙이다.

가장 중요한 게 무엇인지 생각하라
타임 워너 CEO 제리 레빈의 변신

제리 레빈은 1997년에 세계에서 가장 막강한 미디어 그룹을 이끌었다. 타임 워너의 CEO인 그는 과감한 혁신주의자이면서도 하루 24시간 일주일 7일을 일하는 전통적인 의미에서의 워커홀릭이라는 말을 듣는 사람이었다. 하지만 그의 삶은 충격적인 비극을 맞게 된다. 뉴욕시 공립 고교 교사로 있던 31세의 아들 조너선이 이 학교 졸업생의 손에 강도를 당한 뒤 피살된 것이다.

제리는 이 비극을 이겨내려고 더욱더 일에 몰두했다. 당시 상황을 그는 내게 이렇게 털어놓았다. "나야말로 세상에서 가장 중요한 일이 무엇인지에 대해 관심을 전혀 기울이지 않는 사람이었습니다. 아들의 죽음은 아마도 내 인생에서 가장 큰 사건이었습니다. 그걸 모르고, 그걸 회피하기 위해서 나는 더욱더 일에만 몰두했던 것입니다. 자신의 감정에다 철의 장막을 쳤던 셈이지요. 사람들이 내가 한 어리석은 짓을 보고 교훈을 얻었으면 합니다. 사실은 우리의 비즈니스 문화가 그렇게 하도록 부추겼던 것입니다. 남성 호르몬 테스토스테론을 복용한 슈퍼맨 같은 사람이 되어야 협상을 잘하고 성공한 사람이 된다는 문화를 말하는 것입니다. 감정적으로 나약한 모습을 보이면 안 된다는 것이지요. 내가 그 비극적인 일을 제대로 받아들이고 이해하려고 하지 않은 것은 엄청난 잘못입니다."

많은 사람이 그를 슈퍼맨이라고 생각했다. 아들이 죽고 난 3년 뒤에 그는 생애 최대의 도박을 감행했다. 2000년에 AOL과 1060억 달러 규모의 합병을 단행한 것이다. 합병은 대재앙으로 끝났고, 그는 회사에서 쫓겨났다. 자기가 쌓아온 모든 업적이 무너져내리는 시점에 가서야 그는 비로소 정신을 차리고, 무엇이 자신에게 중요한 일인지 깨달았다. 그 전에는 내게 이런 말을 했다. "내가 맺고 있는 모든 관계는 타임 워너의 운명에 달려 있어요. 심지어 나 자신과의 관계도 그렇습니다. 타임 워너의 사업과 관련이 없는 일에는 아무런 관심도 없어요."

그는 아들의 죽음과 자신과도 맞바꿀 수 없는 것으로 여겼던 사업에서의 실패라는 말로 이루 다 할 수 없는 손실에 직면하게 되었다. 그런 상황에서 그가 택할 수 있는 길은 여러 가지가 있었다. 정상의 자리로 돌아가기 위해 다시 싸울 수도 있었을 것이다. 하지만 그 대신 그는 극적인 반전을 택했다. 완전히 다른 인생행로를 택한 것이다. 그는 한때 할리우드의 에이전트였던 아내 로리 앤 레빈과 함께 캘리포니아주 샌타모니카로 가서 정신 휴양 전문시설인 문뷰 생추어리 요양원을 시작했다.

문뷰 요양원에서 그는 자기처럼 막다른 길로 내몰린 다른 경영인들이 내적인 가치를 찾고, 의미 있는 삶을 살 수 있도록 도움을 주고 있다. 그 사람들이 기업과 사회에서 어떤 지위에 있었건 상관하지 않는다. 요즈음 성공에 대해 이야기를 나누어 보면 그는 불과 몇 년 전까지 미디어 제국을 이끌었던 그 사람과는 전혀 딴 사람이 되어 있다. 그는 내게 이렇게 말했다. "내가 제일 권하는 것은 매일 조용한 명상의 마음 상태를 유지하라는 것입니다. 경영인의 생활 템포로는 거의 불가능한 일 같지만 이것은 여러분이 할 수 있는 일 가운데 가장 중요한 일입니다. 이건 애널리스트 미팅을 준비하는 것 못지않게 중요한 일입니다."

십 년 전에 이런 말을 들었으면 그는 코웃음을 쳤을 것이다. 끔찍한 개인적 비극이 그를 일깨운 것이다. 이제 그는 다른 경영인들에게 자기처럼 늦지 않도록 이러한 교훈을 가르치는 일을 하고 있다.

일의 우선순위를 조정하라

삶이 우리를 속일 때

살다 보면 커브볼이 날아오는 것처럼 엉뚱한 일이 일어나 눈 깜짝할 새 여러분의 우선순위를 바꿔 놓는다. 그게 인생이다. 나는 몇 년 전 엄마가 편찮으시면서 이런 사실을 실감했다. 서부로 하이킹을 하는 도중에 엄마에게 전화를 걸어 정형외과 진찰 결과가 어떻게 나왔는지 물어보았다. 엄마는 그때 무릎관절 치환 수술을 받기로 되어 있었다.

엄마는 흥분해서 이렇게 불평을 늘어놓으셨다. "도대체 무슨 곡절인지 모르겠구나. 무릎 수술을 받겠다는데, 글쎄, 무릎은 나중에 하고 폐 X레이부터 찍자는 게 아니니. 찍으라니 찍기는 했다만 도대체 폐가 무릎하고 무슨 상관이 있는지 모르겠다. 그런데 이제 다른 검사를 또 하자는구나."

예감이 좋지 않았다. 나는 담당 의사에게 직접 전화를 걸었다. "선생님, 우리 엄마한테 무슨 문제가 있는 거죠?" 나는 조바심을 내며 이렇게 물었다.

그는 심각한 어조로 대답했다. "폐에서 작은 혹이 하나 발견됐습니다. 정밀검사를 해봐야겠어요. 최악의 경우 폐암일 수도 있습니다."

도저히 믿겨지지가 않았다. "엄마는 평생 담배라고는 입에 댄 적이 없으세요. 그리고 아주 건강하시고요. 지금도 매일 일을 하세요." 하지만 이렇게 말을 하면서도 엄마가 여러 해 동안 담배연기가 자욱한 장외경마 도박장OTB에서 일했다는 생각을 떠올렸다. 간접흡연을 하신 것이다.

나는 즉각 비상체제에 돌입했다. 아는 의사에게 모두 전화를 걸어 엄마 이야기를 했다. 이튿날 집에 도착하니 진찰결과가 나와 있었다. 폐암 초기였고 곧바로 수술 날짜가 잡혔다.

만사를 제쳐놓고 엄마한테 매달렸다. 수술을 받고 회복하는 내내 엄마 생각뿐이었다. 그때 나는 몇 가지 일을 동시에 진행하느라 아주 바빴다. 그런데 갑자기 누군가가 플러그를 확 뽑아 버린 것만 같았다. 갑자기 모든 게 딱 멈춰서고 엄마 생각만 나는 것이었다.

수술은 성공적으로 되었고 암은 재발하지 않았다. 무릎 수술은 최근에 와서야 받았다. 하지만 요즘에도 나는 가끔씩 일이 과중하고, 잠시도 시간을 내기 힘들 때면 그때 일을 생각한다. 그 위급한 순간에 나는 일의 우선순위를 즉각 바꾸어서 가장 우선적으로 해야 할 일에 매달렸던 것이다. 그리고 엄마가 무릎이 안 좋다고 불평을 하시면 무릎한테 고마워해야 한다고 했다. 결과적으로 무릎 검사 때문에 폐 CT 촬영까지 받게 된 것이기 때문이다. 그러니 무릎에 감사해야 하는 것 아니냐고.

중요한 건 사랑이야!

온라인 매칭 사이트 E-하모니의 CEO인 그레그 월도프는 경제가 급전직하로 내려앉을 때 자기 사업은 오히려 번창했다고 했다. 이유는? 사람들이 사랑에 투자했기 때문이라는 것이었다. "경제적 어려움이 사람들로 하여금 정신이 들게 해서 우선순위를 장기적인 관점에서 재조정하게 만든 것입니다"라고 그는 말했다.

그의 말을 들으며 나는 중요한 사실 하나를 깨닫게 되었다. 성공을 향해 나아가는 것은 유쾌한 일이지만 그것은 자칫 여러분을 위험한 도전으로 내몰 수도 있다. 사랑, 가족, 우정 같은 것이 균형을 이루면 여러분에게 보다 균형된 시각으로 완충 효과를 만들어 주게 된다. 내가 인터뷰한 성공한 사람들 가운데 많은 이들이 사랑을 없어서는 안 될 중요한 요소로 들었다. 잭 웰치는 내게 60대 후반에 수지를 만나 인생이 바뀌었고, 영혼의 동반자라는 소중한 선물을 알아 볼 수 있도록 눈이 번쩍 뜨이게 되었다고 했다.

아침에 웃으면서 일어나라
조 플루메리의 보이스 메시지

결혼할 때 남편에게서 들은 아주 감동적인 이야기를 하나 소개하겠다. 남편은 이렇게 말했다. "당신과 결혼해야겠다는 마음을 굳힌 게 언젠지 알아? 그건 당신이 아침에 눈을 뜨면서 깔깔 웃은 날이었어. 내가 '왜 웃어?'라고 물었더니 당신은 이렇게 대답했지. '아이스크림 콘 먹는 꿈을 꾸었어요.' 그 말을 듣고 나는 이렇게 달콤하고 천진난만한 꿈을 꾸고, 아침에 웃으면서 눈을 뜨는 사람과 평생을 함께하고 싶다는 생각을 굳혔어."

행복은 전염된다. 모든 사람들은 행복해하고, 긍정적이고, 낙관적인 생명력을 발산하는 사람들 곁에 있고 싶어 한다. 윌리스 그룹의 CEO인 조 플루메리는 내가 진행하는 프로에 여러 번 출연한 사람이다. 보험업계 돌아가는 이야기를 듣고 싶을 때 그는 훌륭한 취재원이 되어 준다. "나를 당신 할머니라고 생각하고 편안하게 이야기해 주세요"라고 부탁하면 그는 정말 그렇게 한다.

하루는 AIG가 위기에 휘말렸을 때 그의 핸드폰으로 전화를 걸었더니 보이스 메시지가 나왔다. 그런데 그건 내가 지금까지 들어본 메시지 중에서 제일 행복한 메시지였다. "하이, 저는 조예요. 오늘도 멋진 하루 되시기 바랄게요. 즐겁게 보내세요." 웃음이 절로 나왔다. 그 메시지만 듣고도 기분이 한결 좋아졌다. 그래서 나도 이렇게 메시지를 남겼다. "조, 마리아 바르티로모예요. 이 통화를 끝내는 즉시 나도 보이스 메시지를 바꿀 거예요. 당신 게 업비트인데, 나도 그렇게 할 거예요. 시간 나면 연락 주세요. 멋진 하루 보내세요."

나는 그날 바로 내 보이스 메시지를 이렇게 바꾸었다. "하이, 저는 마리아 바르티로모예요. 전화해 주셔서 정말 감사드려요. 지금은 전화를 받을 수 없군요. 메시지를 남겨 주시면 곧바로 전화 드릴게요. 멋진 하루 보내세요. 그리고 웃는 거 잊지 마세요."

의미 있는 일에 동참하라
나눔을 실천하는 사람들

엘리 브로드와 이디스 브로드 부부는 남 앞에 나서지 않고 조용하게 지내며, 스포트라이트에서 비켜서 있는 사람들이다. 개인적으로 만나 보면 두 사람은 엄청난 부와 영향력을 가지고 있음에도 불구하고 보통 사람들처럼 편안한 느낌을 준다. 엘리 브로드는 그야말로 무일푼에서 자수성가한 아주 흥미로운 남자다. 부모가 모두 리투아니아 이민자인 그는 맨손으로 큰 기업 두 개를 일으켰다. 하지만 1999년에 선아메리카를 30억 달러에 AIG에 매각한 뒤 그는 아내 이디스와 함께 나눔의 사업에 뛰어들었다. 그때부터 두 사람에게는 유쾌한 삶이 시작되었다. 그들은 엘리브로드 재단을 설립하고 자기들이 가진 돈을 보람있게 쓸 방법을 찾아 나섰다. 이후 재단은 예술 분야에 주요한 후원자가 되었지만, 두 사람이 진짜 열정을 쏟는 쪽은 교육 분야이다.

"미국이 처한 모든 문제를 들여다보고 나서 앞으로 미국이 경쟁력 있는 국가가 되기 위해선 지금보다 더 좋은 교육을 받는 인구가 훨씬 더 많아져야 한다는 사실을 깨달았습니다." 두 사람은 내게 이렇게 말했다. "미국의 공립학교 교육제도 K-12는 13년 전 세계 1위에서 지금은 19위로 내려앉았습니다. 이것은 우리나라는 물론 우리의 민주주의를 위해서도 안 좋은 일이라고 생각했어요. 우리가 도울 수 있는 일이 무엇이겠습니까?"

부부 모두 무작정 돈을 쏟아붓는 것에는 관심이 없었다. 두 사람이 하는 사업은 아주 실질적이고, 모든 게 장기적인 성공을 향해 과녁이 맞추어져 있다. 두 사람은 주관심을 특히 도시 빈민지역 학교의 운영에 두고 있다. 그곳 학교 책임자들이 사실상 대규모 복합기업의 CEO나 다를 바 없는데 교육이 제대로 안 되어 있다는 사실을 알고 그들은 브로드 학교 운영 아카데미를 설립했다. 이곳에서는 10개월짜리 학교 운영 교육 프로그램을 통해 현직 CEO들과 군, 업계, 비영리 단체, 정부, 교육계 경력을 가진 전직 고위 간부들을 상대로 도시 빈민지역 공립학교 운영 교육을 시킨다.

두 사람은 또한 MBA와 로스쿨을 마친 우수한 인재들이 도시 빈민지역 학교 운영에 관여하려 들지 않는다는 사실을 알았다. 엘리는 내게 이렇게 말했다. "우리도 티치 포 아메리카Teach for America가 교육에 기여한 것만큼 할 수 있을지 학교 경영 분야에서 시도를 한번 해보자고 나섰습니다." 그래서 두 사람은 수년간의 실무경력을 가진 비즈니스 스쿨 및 로스쿨 졸업생들을 상대로 2년 단위 프로그램인 '도시 빈민 지역 교육을 위한 브로드 레지던시'를 설립했다. 그곳에서 교육을 수료한 사람들은 학교 운영을 책임지는 자리에 배치했다.

많은 인도주의 단체들이 후원금을 줄이고 있는 데 반해 이 부부는 계속해서 많은 후원금을 내놓고, 전국적으로 학생들의 개성을 존중하는 진보적인 교육 활동을 벌이고 있다. 두 사람은 자기들이 살아온 중에서 지금이 가장 행복한 때라고 말한다. 그들은 정말 즐거운 마음으로 그처럼 중요한 유산을 만들어가고 있는 것이다.

인도주의적인 활동을 하는 데는 굳이 은퇴할 때까지 기다릴 필요가 없다. 나는 사업을 활발하게 하는 중에도 좋은 일을 하는 사람들을 보고 깊은 감동을 받은 적이 적지 않다. 2008년 스위스 다보스에서 열린 세계경제포럼 때 나는 세계 각국에서 모인 많은 청중들 앞에서 보노, 마이클 델, 그리고 빌 게이츠 세 명과 인터뷰를 진행했다.

보노는 록스타이지만 음악활동보다는 활발한 자선활동으로 더 유명하다. 이번에는 아프리카의 에이즈 퇴치를 위해 기업들과의 파트너십을 추구하는 새로운 프로젝트 '프로젝트 레드'에 대해 설명했다. 트레이드 마크인 선글라스를 낀 채 앉아 차분한 목소리로 이야기하는 모습을 보면 그가 대단한 록스타라는 사실을 잊어버릴 정도였다. "유명 가수가 되면 많은 돈이 따라옵니다." 그는 이렇게 말했다. "저는 제 돈을 좋은 일에 쓰고 싶습니다." 보노와 함께 앉은 옆의 두 명도 나름대로 자기 분야에서 슈퍼스타들이었다. 세 사람은 기업 기부라는 코드를 풀기 위해 열띤 의견을 나누었다. 간단한 개념이 소개되었다. 델 컴퓨터나 마이크로소프트 소프트웨어 프로그램을 구입하면 저절로 프로젝트 레드로 기부가 이루어진다는 것이다. "간단합니다." 마이클 델이 이렇게 말했다. "컴퓨터를 한 대 사면 다른 사람의 목숨을 구하게 되는 것입니다."

"혁신은 우리의 친구입니다." 빌 게이츠가 덧붙였다. "하지만 부유한 소비자뿐만 아니라 20억에 달하는 극빈층을 생각하는 혁신이라야 합니다."

보노의 천재성은 소비와 기부를 강력하게 통합하는 능력에 있다. "가장 중요한 것은 관계입니다." 그는 이렇게 말했다. "제품을 구입하는 단순한 소비행위가 HIV 에이즈 진단을 받는 게 사형선고가 아니라는 확신을 심어주는 행위가 되는 것입니다. 돈을 더 들일 필요도 없어요."

보노를 비롯해 그와 파트너 관계를 맺은 모든 사람들에게 있어서 그러한 행위는 자본주의적인 원칙을 따르느냐 아니면 박애주의를 따르느냐라는 선택의 문제가 아니다. 이 둘이 아무런 차이가 없이 똑같은 것이다.

이와 비슷한 목적 의식을 가진 영향력 있는 여성들 모임도 있다. '여성들을 위한 소중한 디너'라는 이름이 붙은 만찬에 초대받은 적이 있는데 라니아 요르단 왕비, 펩시코 CEO 인드라 누이, 웬디 머독 여사가 공동 주최하는 모임이었다. 300명 가까운 유명 여성들이 한데 모여 세계 각국의 산모사망을 주제로 의견을 나누었다. 참석자 가운데는 엘런 존슨설리프 라이베리아 대통령, 바브라 스트라이샌드, 패션 디자이너 다이앤 폰 퍼스텐버그, 모델 크리스티 터링턴, 마사 스튜어트, 모델 타이라 뱅크스, 티나 브라운, 아이슬란드 퍼스트레이디인 도리트 무사예프 여사 등이 포함되어 있었다. 고든 브라운 영국 총리의 부인인 세라 브라운 여사는 참석한 여성들 앞에서 감동적인 기조연설을 했다.

그 만찬에서 특히 좋았던 것은 여성들 사이에 조성된 동지애를 맛볼 수 있었다는 점이다. 그들에게서 변화를 일으켜 보자는 강력한 결의를 엿볼 수 있었다. 모임의 주제는 돈을 모아서 출산을 도와줄 의사가 없고, 깨끗한 물 같은 기본적인 자원이 부족해 산모사망을 당할 처지에 놓인 각국의 여성들을 돕자는 것이었다. 그날 저녁 모임의 목적은 우리들 각자가 바늘 끝만큼이라도 할 수 있는 데까지 해보자는 다짐을 확인하는 것이었다. 웬디 머독은 이렇게 말했다. "성공한 여성들이 산모사망을 종식시키자는 십자군 기치 아래 한자리에 이렇게 많이 모였다는 사실 자체가 놀랍습니다." 그리고 참석자들은 한 사람 한 사람 일어나서 각자 자기 능력과 활용 가능한 자원에 따라 도움을 주겠다는 서약을 했다. 나는 수많은 여성들이 겪고 있는 심각한 문제들에 대해 보도하겠다고 서약했다. 다이앤 폰 퍼스텐버그는 새로운 디자인을 만들어 판매금 일부를 이 특별한 펀드에 기부하겠다고 서약했다. 그런 중요한 목적을 가진 일에 동참하게 되어 정말 기분이 좋았다.

나는 행복한가?
행복과 성공의 공존

디팩 초프라는 성공과 행복에 대한 나의 생각을 바꾸어 놓았다. "요즘 전 세계적으로 웰빙이 제일 큰 트렌드입니다." 그는 이렇게 말했다. "개인의 웰빙이건 생태적인 환경의 웰빙이건, 아니면 월스트리트의 웰빙이건 관계없이 말입니다."

그는 갤럽이 하는 일에 학문적인 어드바이스를 해준다고 했는데, 갤럽과 함께 세계 각국의 행복지수를 작성하고 있었다. "미국은 한참 뒤처져 있습니다." 그는 이렇게 말했다. "25개 나라 가운데서 16위나 17위쯤 됩니다. 세계에서 제일 행복한 나라는 나이지리아, 멕시코, 푸에르토리코, 부탄 같은 나라입니다."

"왜 그렇죠?" 나는 좀처럼 믿을 수가 없어서 이렇게 물었다. 하지만 그는 아주 간단하게 설명했다. "그 사람들은 행복을 측정하는 방법이 다르기 때문입니다. 심지어 쿠바도 미국보다 한참 앞섰어요. 쿠바에 가 본 적이 있는데 거리를 걸어 다녀 보니 거리의 가수들, 공원에서 사랑을 나누는 연인들, 손주들과 함께 노는 노인들이 보였습니다. 나를 안내하는 정부 관리에게 이렇게 물었습니다. '사람들이 어떻게 해서 저렇게 행복한가요?' 그랬더니 그 사람은 이렇게 대답했어요. '무엇을 살 돈이 없으니 관계에만 관심을 쏟기 때문입니다. 우리는 소비사회가 아니라 관계사회입니다.' 그 말을 듣는 순간 이런 생각이 머리를 스쳤습니다. '소비자! 통찰력과 직관력, 그리고 창의력과 상상력을 가진 인간을 묘사하는데 이 얼마나 추악한 단어인가.' 미국은 돈을 제일 많이 가지고 있지만 세계에서 제일 건강한 나라는 아닙니다. 최고의 기술을 갖고 있지만 그래도 세계에서 제일 건강한 나라는 아닙니다. 제일 행복하지도 않습니다. 제일 많은 무기를 갖고 있지만, 제일 불안정한 나라입니다. 이런 것들은 엉터리 신神입니다. 행복의 진정한 의미는 내적인 평화와 창의적인 정신, 만족감, 의미 있는 관계에서 나옵니다."

그의 말을 들으니 가슴이 뭉클했다. 갑자기 어떻게 하면 행복해질 수 있는지를 배우는 게 너무도 시급하다는 생각이 들었다. 어떻게 하면 미국에서 그런 가르침을 가르칠 수 있겠느냐고 물었다.

이번에도 그의 대답은 간단했다. 자기는 기업의 지도자들과 이야기를 나눌 때 일단 자리에 앉으라고 한 다음 눈을 감고, 다음과 같은 두 가지 질문에 답해 보라고 한다고 했다. "여러분은 누구입니까? 여러분이 원하는 게 무엇입니까?"

그들이 내놓는 답이라는 게 아주 의미심장하다. "그 사람들은 절대로 '나는 이 다국적 기업의 CEO이고, 돈을 더 많이 벌고 싶습니다' 라고 답하지 않습니다." 그는 이렇게 말을 이었다. "그들은 보통 이렇게 대답합니다. '나는 아이들의 아버지이고, 내 말에 책임을 질 줄 아는 사람입니다. 나는 다른 사람들을 행복하게 해주고 싶습니다. 나는 평화와 조화, 웃음, 그리고 사랑을 원합니다.' 자 결국 모두들 원하는 게 바로 이것입니다. 그런데 어떻게 된 영문인지 사람들은 돈이 많으면 이런 것들을 얻을 수 있다는 잘못된 생각을 하고 있습니다."

행복은 일과 공존할 수 있다. 아니, 그렇게 되어야 한다. 워런 버핏은 내게 이런 말을 했다. "나는 나를 행복하게 만들어 줄 회사를 시작했어요. 내가 좋아하는, 나를 행복하게 만들어 주지 않을 사업을 왜 시작한단 말입니까?" 그는 성공을 행복과 바꾸어야 한다면 그런 성공은 무의미하다는 입장을 확고하게 갖고 있었다. "나는 매일 탭댄스를 추며 출근합니다." 그는 이렇게 말했다. "그렇게 해서 사무실에 도착할 때쯤이면 기분이 엄청나게 좋아요."

10

끈질김

일어나서 앞으로 나아가라

성공도 실패도 금방 지나간다

우리 부부는 얼마 전에 결혼 10주년을 맞았다. 지금 행복한 결혼 생활을 하고 있지만 우리도 처음에는 두 사람의 관계가 너무 꼬여서 결혼까지 못 갈 뻔했다. 남편 조노와 함께하기로 한 것이야말로 내 인생에서 제일 중요한 컴백이라고 나는 단언한다.

우리는 1989년에 처음 만났다. 내가 뉴욕대를 갓 졸업하고 CNN에서 일할 때였다. 한 친구가 그리니치 빌리지에 있는 허름한 집에서 열리는 파티에 나를 초대했다. 그 친구의 사촌이 주최하는 파티였다. 그 사촌과 조노는 제일 친한 친구 사이였는데, 둘의 생일이 하루 차이여서 두 사람 생일파티를 같이 열기로 한 것이었다. 조노와 나는 첫눈에 서로 반했고, 그는 파티 바로 다음날 내게 데이트를 신청했다. 우리는 저녁 7시 30분에 맨해튼에 있는 한 레스토랑에서 만나기로 했다. 데이트하는 날 나는 퇴근 후 맨해튼에 있는 직장에서 곧바로 브루클린으로 서둘러서 갔다. 그때 나는 부모님과 함께 살았다. 외출 준비를 마치고 자동차에 오르니 그때 벌써 약속시간이 반 시간이나 지나 있었다. 길은 끔찍하게 막혔고, 시간은 자꾸 가고, 나는 초조해 죽을 것 같았다. 아무래도 일을 망칠 것 같았다. 한 시간은 족히 늦을 것 같아 레스토랑으로 전화를 걸었다. "바에 혼자 앉아서 기다리는 남자가 보이세요?"라고 물었더니 바텐더가 수화기를 조노에게 건네 주었고 나는 사과부터 했다. "지금 교통체증 때문에 갇혀 있어요. 그래도 기다리실 거예요?"

"물론이죠, 당신 보려고 나왔는데." 그는 부드러운 목소리로 말했다. "당신이 올 때까지 여기서 기다리겠어요."

그 말을 듣고 안심은 되었지만, 그가 긴 시간 동안 무엇을 하며 기다릴지 알 수 없는 노릇이었다. 나중에 그는 그때 바에서 나를 기다리며 스카치 위스키를 세 잔이나 마셨다고 했다. 만나고 보니 파티에서 만난 그 멋진 청년은 거의 한마디도 하지 않았다. 불편한 기분으로 식사를 하고 있자니 정말 재미없는 남자라는 생각이 들었다. 그날 밤 집에 돌아와서 엄마한테 이렇게 말했다. "더 이상 안 만날 거야. 인간미라고는 손톱만큼도 없는 남자야." 조노는 자기 친구들에게 내가 너무 무례하다고 했다. 그러면서 "더 이상 안 만나"라는 말을 했다는 것이다.

일 년이 그냥 지났고 우리는 그날 이후 만나서 이야기한 적이 없었다. 그냥 한번 만나고 끝난 첫 데이트들 가운데 하나였을 뿐이다. 하루는 소형주 관련 프로를 제작하고 있는데 사무실 동료 한 명이 이렇게 말했다. "조노 스타인버그한테 전화를 한번 해보지 그래. 잡지 '인디비주얼 인베스터' Individual Investor를 내는 사람인데, 별명이 소형주의 황제야."

그래서 나는 조노에게 전화를 걸었고 "오랜만입니다"로 시작해서 예의를 갖춰 이런저런 인사치레를 했다. 그런 다음에 나는 한번 찾아가서 제작 중인 프로와 관련해 인터뷰를 해도 좋겠느냐고 물었다. 그는 좋다고 했고, 우리는 인터뷰 약속을 잡았다. 당시 나는 야근조에서 일했는데, 남보다 더 잘하려고 죽자사자 일할 때였다. 소형주 프로는 내가 직접 기획해서 만드는 프로였다. 그런데 조노와 약속시간을 잡은 바로 다음날 나는 승진이 되어서 업무가 바뀌어 버렸다. 소형주 관련 프로는 내가 더 이상 맡지 않게 된 것이다. 그래서 나는 그에게 다시 전화를 걸어 이렇게 말했다. "나쁜 소식과 좋은 소식이 있는데 어느 쪽을 먼저 들으시겠어요?"

"좋은 소식부터 해주세요." 그는 고분고분한 투로 이렇게 대답했다.

"좋은 소식은 내가 승진을 해서 업무가 바뀌었다는 것입니다. 그래서 기분이 좋고요. 당장 내일부터 새 업무를 하게 됩니다. 나쁜 소식은 나와의 인터뷰 약속을 취소해야 한다는 거예요. 하지만 제작은 예정대로 진행되기 때문에 내 동료인 크리스 헌팅턴이 대신 가서 인터뷰를 할 거예요."

조노는 한동안 말이 없더니 이렇게 말했다. "없었던 일로 합시다. 그 인터뷰는 안 하겠어요." 그는 다소 언짢은 투로 말했다.

"왜 그래요?" 나는 무슨 영문인지 이해가 안 되었다. "그냥 하지 않겠어요." 그는 이렇게 대답했다. 나는 전화를 끊고 나서 이렇게 생각했다. '웃기는 남자네.' 조노는 전화를 끊고 이렇게 생각했다. '웃기는 여자 아냐.'

그걸로 모든 게 끝날 뻔했다. 하지만 그런 일이 있었음에도 불구하고, 그때부터 그는 나를 좋아하게 되었다. 이틀 뒤에 그가 전화를 걸어와 자기 아버지 사울 스타인버그의 이름으로 하는 자선행사에 같이 가자고 초대해서 나는 너무도 놀랐다.

'일이 도대체 어떻게 돌아가는 거야?' 이렇게 생각하며, 옷을 차려입고 그를 따라 갔다. 그날 저녁에 나는 조노에게 빠져 버렸다. 그는 자기 가족들과 너무도 따뜻하게 지냈고, 점잖게 행동했으며, 게다가 재미있었다. 우리는 연인 사이가 되었고, 몇 년 뒤에 결혼했다.

조노와 내가 결혼까지 가게 된 것은 우연히 그렇게 된 게 아니다. 우리 두 사람 모두 좋지 않은 첫인상에 얽매이지 않고 서로 상대의 입장에서 생각해 보기로 했기 때문에 결실을 보게 된 것이다.

끈질김은 다시 돌아올 수 있는 능력을 가리키며, 비록 오늘은 거리가 피로 물들어 있더라도 내일은 더 나을 것이라는 확신을 갖는 것에서부터 시작된다. 자신이 끈기가 있다는 사실을 확인하게 되는 유일한 기회는 시험에 처할 때이다. 하지만 끈질김을 갖게 해주는 품성은 스스로 키울 수가 있다.

나는 내가 낙관적인 유전인자를 타고났다고 생각하는 편이다. 그래서 어떤 상황에 처하더라도 더 강해진 모습으로 되돌아올 것이라고 믿는다. 나는 그런 믿음을 가진 가정에서 자라났다.

끈질김은 피해의식에 젖는 것과 정반대되는 것이다. 운명의 주인은 자기 자신이라는 믿음을 갖고, 운명의 결과도 자기 손으로 만들어 나가겠다는 것이다. 끈질김은 절망의 순간에도 가능성을 볼 수 있는 능력이다. 다시 말해 이렇게 말하는 능력이다. "전체적으로 보면 지금의 어려움은 아무것도 아니야. 나는 이 고통에서 무엇인가를 배워 앞으로 나아갈 거야."

금융 분야에서 일하다 일자리를 잃은 내 친구는 이런 말을 했다. "좋은 뉴스가 뭔지 알아? 내 나이 이제 서른아홉이라는 거야. 나는 앞으로 세 번 더 성공했다가 까먹을 수 있어. 그리고 마지막으로 한 번 더 일어설 거야."

지난해 여름에 레이크 타호에서 골프를 쳤다. 내 캐디는 그 클럽에서 프로로 활동하던 사람인데 감원 때문에 지금은 돈벌이로 캐디 일을 하고 있었다. 그는 아주 즐거운 생각으로 그 일을 하고 있었다. "인생에서는 모든 게 잠시 지나가는 겁니다. 하루는 프로 골퍼였다가, 그 다음 날은 캐디가 되는 거지요. 그리고 그 다음 날은 다시 프로가 될 수 있는 것입니다." 골프 코스에서 배운 이 얼마나 멋진 지혜인가!

끈질김의 열쇠는 성공이란 헛된 것이라는 사실을 아는 데 있다. 지위라는 것도 그것에 너무 몰입되어 버리면 그것 없이는 살아갈 수 없게 된다. 일자리를 잃는다는 것은 너무 가슴 아픈 일이지만, 그것 역시 일시적인 일일 뿐이다. 좋은 시절을 영원히 지속시킬 수 없는 것과 마찬가지로 나쁜 시절 역시 영원히 지속되지는 않는다.

실패에서 배운다

허드슨강에 추락한 비행기에 탔던 승객들만큼 극적인 순간을 경험한 사람들도 많지 않을 것이다. 기장이 "충격 대비!"라고 말한 직후에 비행기는 강에 추락했다. 기장이 한 말이 무슨 뜻인지 생각해 볼 겨를도 없었고, 어떤 행동을 취할지 생각할 겨를도 없었다. 그냥 강물 위로 떨어진 것이다. 물론 생존자들이 기장의 훌륭한 조종 실력 덕분에 살아난 것만은 아니고, 비행기가 추락하고 난 다음 승객들이 잘 대처했기 때문일 것이다. 승객들은 좌석에 가만히 앉아 울고만 있을 수는 없었고, 왜 이런 일이 일어났느냐고 한탄만 하고 있을 수도 없었다. 신속하게 행동에 나서야만 했다. 나는 사고 비행기에 탔던 어느 여승객의 이야기에 정말 큰 감동을 받았다. 그녀는 생후 6개월 난 아이를 안고 있었다. 아기를 꼭 껴안은 채 날개 위에 올라 서 있었다. 구명정이 다가갔고, 구명정에 탄 남자가 두 팔을 내밀며 이렇게 외쳤다. "아기를 이쪽으로 던져요." 그녀는 겁에 질려서 소중한 아기를 물 위로 던질 엄두가 나지 않았다. 하지만 머뭇거릴 시간이 없었고 아기를 던져서 안전하게 구조되도록 했다.

위기를 당해 용기가 생기는 경우가 많은 건 사실이지만, 꼭 위기를 당해야만 그렇게 되는 것은 아니다. 회사가 망하면 여러분은 행동을 취해야 한다. 하지만 자기가 탄 비행기가 추락해야만 행동에 나서는 게 아니라, 그 전에 행동에 나선다면 몇 천 배는 더 잘하는 일이 된다. 사정이 좋을 때 변화를 주도하기란 어려운 일이지만, 그렇다고 자신의 운명을 우연에 맡기는 것은 어리석은 짓이다.

위기를 당해야 움직이는 멘탈리티는 우리 문화에 광범위하게 퍼져 있다. 예를 들어 우리는 국내의 인프라 대부분이 무너져 내리고 있다는 사실을 알면서도 다리가 무너지는 사고가 나야만 제대로 관심을 기울인다. 다리가 무너질 때까지 기다리면 안 된다. 그러면 때가 너무 늦어서 돌이키기 힘든 피해를 입게 되기 때문이다.

위기 속에 기회가 있다
제이미 다이먼, 잭 웰치, 조 토리

제이미 다이먼은 금융위기 때 상처 하나 입지 않고 살아남은 몇 안 되는 사람이라는 말을 해주자 웃었다. "상처를 하나도 안 입은 건 아닙니다." 그는 이렇게 말했다. "얻어맞고 멍이 들었지만 쓰러지지 않고 버티고 서 있는 것이지요." 그의 솔직함이 맘에 들었다. 어려운 시기였다. 그렇게 많은 회사들이 나가떨어지는 가운데 그는 JP 모건 체이스를 어떻게 그렇게 탄탄하게 이끌 수 있었는지 궁금했다. 제이미는 고집이 세고 자기 속마음을 거침없이 말하는 사람으로 유명하다. 그는 흔히 말하는 얌전한 경영인이 아니다. 그는 비전을 갖고 있으면서도 큰 기업이 처할 수 있는 위험성, 그리고 권한을 손에 쥔 사람이 빠지기 쉬운 오만함에 대해 항상 경고하는 사람이다. 그의 성공에 열쇠가 된 것은 철저히 상식에 기초한 태도이다. 그는 시티그룹의 샌디 웨일 회장 밑에서 2인자 노릇을 한 것에서부터 시작해 뱅크 원의 CEO, 그리고 마침내 JP 모건의 CEO에까지 오른 사람이다.

성공한 사람들의 경우 그들의 성장 배경을 보면 많은 것을 알 수 있다. 제이미의 할아버지는 터키에서 이민 온 그리스인이다. 그 할아버지는 주식중개인으로 성공한 다음 제이미의 아버지를 사업에 불러들여서 사업 요령을 가르쳤다. 제이미는 학교에 다니면서 가족 회사에서 밑바닥부터 일을 배웠다. 그러다가 2007년과 2008년 사이에 회사 사정이 어렵게 되자 맞부딪쳐서 그 어려움을 이겨냈다.

위기를 이겨낸 경험은 내적인 강인함을 키워준다. 한번의 어려움을 이겨내면 다음에 어려움이 닥쳐 와도 이겨낼 수 있다는 자신감이 생긴다. 잭 웰치는 이렇게 말했다. "나이 든다는 것은 어려움을 이겨내 왔다는 사실을 가리킵니다. 1981년과 1982년에 기업을 경영한 사람이라면 힘든 시기를 겪었을 것입니다. 나 역시 마찬가지였으니까요. 일본이 세계의 주도권을 쥐고 있었고, 실업률은 13%에 달했고, 인플레는 두 자릿수를 기록했지요. 우리는 금방 쓰러질 것 같았고, 이미 끝장이 난 것 같은 기분이 들었어요. 하지만 우리는 쓰러지지 않았습니다. 지금 같은 어려움은 전에도 겪어 봤기 때문에 쓰러지지 않을 것입니다. 우리는 이겨낼 것입니다." 경험의 소리는 우리가 다시 일어서는 데 말할 수 없이 소중한 자산이다. 스스로 충분한 경험이 없다면 어려움이 닥칠 때 반드시 경험이 많은 사람들을 주위에 두도록 해야 한다.

잭 웰치도 끈질김은 자신에 대해 냉정한 평가를 내릴 수 있는 능력과 관계가 있다고 강조했다. 그는 일자리를 잃은 사람들에게 스스로 자신의 재능을 평가해 보라는 충고를 해준다고 했다. "이렇게 자문해 보기 바랍니다. '내가 왜 일자리를 잃게 되었지? 여기서 배운 경험을 가지고 다른 데 가서 쓸 수 있는 게 무엇이지? 내가 잘하는 게 무엇이지? 내가 무얼 잘못했지? 내가 할 수 있는 일이 또 뭐가 있지?' 모두 다 지극히 개인적인 질문이지만 이를 통해 본격적인 자기 평가와 변화를 통한 배움을 이룰 수가 있습니다. 집에 틀어박혀 손가락을 빨고 있으면 안 됩니다. 패배감에 사로잡혀 있어서는 이길 수가 없기 때문입니다."

조 토리 감독은 끈질김에 관한 한 누구에게도 뒤지지 않는 사람이다. 그는 뉴욕양키스 감독이었을 때 허우적거리던 팀을 다시 일으켜 세워서 월드시리즈 타이틀을 네 번이나 거머쥐었다. 지금은 L.A. 다저스 감독으로서 팀의 경쟁력을 살려내 서부 내셔널리그 우승을 2년 연속 차지하도록 만들었다. 2009년에 다저스는 필라델피아 필리스에 1승 4패로 패해 월드시리즈 우승을 놓고 뉴욕양키스와 맞붙을 기회를 놓쳤다. 필리스는 뉴욕양키스에 2승 4패로 패했다.

양키스가 통산 27번째 월드시리즈 우승을 차지하고 나서 2주일 뒤에 나는 조 감독과 마주 앉아 이야기할 기회를 가졌다. 조 감독이 자기가 세운 자선재단인 조 토리 세이프 앳 홈Joe Torre Safe at Home의 제7차 연례 대회에 참석한 자리에서였다.

그와 처음 만난 것은 3년 전 내가 영광스럽게도 양키스의 홈게임 때 시구를 하러 갔을 때였다. 다시 만나자 우리는 자연스럽게 야구 이야기를 했고, 나는 월드시리즈 진출을 아깝게 놓친 소감이 어떠냐고 물었다.

"성공이란 웃기는 것입니다." 그는 이렇게 말했다. "우리 모두 성공하고 싶어 하지요. 하지만 일단 성공을 하게 되면 그것을 또다시 해야 합니다. 그것 때문에 부담을 느끼게 되는 것이지요. 양키스 선수들은 그 일을 감당할 만한 실력이 됩니다. 무슨 일을 한번 하고 나면 모두가 야단법석을 떨고, 여러분은 그것 때문에 자부심을 갖게 되지요. 그건 다른 사람은 맛보지 못하는 기분입니다. 그런 기분은 그 성공을 다시 이루었을 때 비로소 당당하게 맛보게 됩니다. 하지만 그 성공의 길이 험난하다는 건 잘 아실 것입니다. 많은 것을 감당해 내야 하지요. 언론도 1996년에 처음 감독직을 맡았을 때보다는 나를 훨씬 더 가혹하게 다룹니다."

시리즈 기간 중에 양키스 선수들이 뛰는 것을 보면 기분이 어떠냐고 물어보았다. "아마도 선수들의 머릿속을 훤히 꿰뚫고 계시지요?" 나는 이렇게 말했다.

"잘 알지요." 그는 이렇게 말하며 입을 열었다. "아시다시피 앤디 페티트 투수를 놓고 이런저런 말들이 있었지요. 얼마 쉬지도 못한 그를 6차전 때 꼭 던지게 해야 하나 등등 말이 많았습니다. 나는 그가 집중력이 뛰어난 선수라는 것을 잘 아는데, 결국은 그가 던져서 승리를 이끌어냈지 않습니까? 그건 몸 상태와는 상관이 없어요. 무엇인가를 하겠다는 의지가 중요한 것입니다. 나는 그런 점을 확고하게 믿는 사람입니다."

나는 그가 하는 말에 깊은 인상을 받았다. 그것은 비즈니스, 교육을 비롯해 모든 분야에 적용될 수 있는 말이었다. 선수들에게 승리에 대한 그런 집념을 어떻게 불어넣느냐고 물어보았다. 노련한 양키스팀을 이끌었던 그는 양키스 선수들이 "승리를 두려워하지 않았기 때문에 여러 차례 성공할 수 있었다"고 했다. 2009년도 양키스의 월드시리즈 우승에 대해 그는 이렇게 말했다. "한 번으로는 절대적으로 부족합니다. 네 번도 만족할 수 없기는 마찬가지입니다. 그들은 승리를 절실하게 원했습니다. 뉴욕 팬들도 마찬가지라고 생각합니다." 자기가 이끌었던 팀에 대한 강한 자부심이 느껴지는 말이었다. 그리고 그는 승리에 대한 이러한 집념을 서부로 가져가서 다저스팀에 승리를 안겨 줄 방법이 무엇일까 하고 고심하는 것 같았다.

조 감독은 개인적인 면에서도 끈질김을 보여준 사람이다. 그가 세운 재단이 바로 그것을 말해준다. 그는 2002년에 아내 앨리와 함께 조 토리 세이프 앳 홈 재단을 설립했다. 가정 폭력이 그와 그의 가정에 미친 영향 때문에 세운 것이었다. 브루클린에서 다섯 아이 중 막내로 자란 그는 아버지가 무서워 집 밖으로 나가 지낸 때가 많았다. 그의 아버지는 수시로 엄마를 때렸다. "아버지는 폭력적인 가장이었어요." 그는 이렇게 말했다. "나는 아주 예민한 아이였어요. 직접 얻어맞지는 않았지만 어른이 되어서도 그 상처를 안고 살았습니다. 그런 일은 우리 집에서만 일어나는 줄 알았기 때문에 누구한테도 말하지 않았어요."

그가 침묵을 깨고 자신의 개인적인 이야기를 사람들에게 공개하자 많은 사람들이 그가 엄청난 용기를 낸 것이라고 생각했다. "이건 사람들이 입 밖에 내고 싶어 하지 않는 일이지요." 그는 이렇게 말했다. "많은 사람들이 그저 문을 걸어잠그고 '차라리 바깥에 나가지 말자'는 생각을 합니다. 우리는 가정폭력이 여성들에게만 해당되는 문제라고 생각합니다. 그래서 남자가 그런 일을 당했다고 말하면 사람들이 별로 관심을 가져 주지 않습니다. 남자들에 대해서도 더 많은 관심을 가져야 한다고 나는 생각합니다. 문제를 제대로 알기 위해서는 사람들의 관심이 필요합니다."

조 토리 세이프 앳 홈 재단은 (그의 어머니 이름을 따서) 마가레츠 플레이스를 세웠다. 어린아이들이 그곳에 가면 혼자가 아니라는 생각을 갖도록 해주는 학교 내 안전교실이다. "우리는 아이들에게 대처하는 기술을 가르쳐 주려고 합니다." 그는 이렇게 말했다. "그렇게 하면 아이들이 집에 가서 '아빠가 하시는 짓이 좋지 않은 거라고 조 토리가 말했어요'라고 말할 수 있게 되지 않겠어요. 그게 아니면 적어도 가정폭력이 아이 자신이 잘못해서 당하는 게 아니라는 건 알게 해줄 수 있을 것입니다. 그리고 아이들에게 자기 혼자가 아니라는 것을 가르쳐 줍니다. 정말 가슴 아픈 이야기들이 많습니다. 길거리 깡패들과 어울려 지내던 꼬마가 있었는데 마가레츠 플레이스에 서너 차례 들어오고 나서는 대학에 진학하기로 했어요. 마가레츠 플레이스에서는 아이들에게 자신이 얼마나 소중한 존재인지 알도록 해주려고 합니다. 사람들이 집에서 당한 폭력을 자기도 되풀이하게 되는 데는 자긍심 부족이 큰 역할을 하기 때문입니다."

스포츠에서와 마찬가지로 삶에서도 조 토리 감독은 아무리 쓰디쓴 패배를 당하더라도 다시 일어서서 무엇인가를 해낼 수 있다는 것을 보여주고 있다. 그는 자기 스스로 그것을 보여주었고, 자기가 세운 재단을 통해 수많은 아이들이 그것을 해낼 수 있도록 도와주고 있다. 챔피언이 된다고 해서 매 경기 이기는 것은 아니다. 매번 이기겠다는 의지와 패배하더라도 다시 일어서겠다는 끈질김이 바로 챔피언의 자세이다.

실패에서 성공을 낚는 사람들
피터 티엘, 로이드 블랭크페인, 리 아이아코카, 캐시 아일랜드

최근에 나는 페이팔PayPal 설립자이고 회장을 지낸 피터 티엘이 주최하는 디너 토론회에 프린스턴대와 MIT의 교수들과 함께 참가했다. 티엘 회장은 현재 사모펀드 투자가로 페이스북 이사로 있다. 그는 이런 질문을 제기했다. "어떤 경우에 사람이나 일이 성공했다고 말할 수 있습니까?"

토론에 참가한 교수들은 모두 장래에 성공 여부를 가늠해 볼 수 있는 가장 중요한 척도는 실패를 어떻게 다루느냐에 달려 있다는 컨센서스에 도달했다. 언뜻 들으면 의아하다는 생각이 들 수도 있겠지만, 나는 개인적인 경력이나 기업에서 큰 성공을 거둔 사람들로부터 이런 말을 자주 듣는다. 예를 들어 골드만 삭스 CEO인 로이드 블랭크페인이 포함된 패널의 사회를 보면서 나는 그가 그 험난했던 2008년의 월스트리트를 겪은 사람답지 않게 너무도 여유 있고 느긋한 태도를 보여 놀란 적이 있다. 골드만 삭스가 그토록 큰 성공을 거두게 된 비결이 무엇이냐고 물었더니 그는 웃으면서 이렇게 대답했다. "큰 위험에 처했기 때문입니다." 그러고는 이렇게 덧붙였다. "위기를 헛되게 쓰면 안 됩니다. 정신을 바짝 차리고 위기의 핵심을 정확히 꿰뚫어 보아야 합니다."

리 아이아코카는 자신의 직장생활에서 가장 의미있는 사건은 1980년대 초 크라이슬러가 부도 직전으로 내몰린 것이라고 했다. 회사를 살리기 위해 머리를 짜내며 보냈던 당시만큼 활력이 넘치고 집중력을 발휘했던 적은 없었다고 했다. 연방정부에 구제금융을 요청한 것을 두고 많은 비난을 받기는 했지만, 자신은 그것을 단기 투자라고 생각했지 베일아웃이라고 생각한 적이 한번도 없었다고 했다. 정부 대출금을 약속보다 3년 일찍, 그것도 이자까지 쳐서 모두 갚은 날은 그의 인생에서 가장 자랑스러운 날이었다.

이제 84세가 된 그에게 2009년에 그토록 자신이 살리려고 애썼던 크라이슬러가 부도난 것에 대해 어떻게 생각하느냐고 물어보았다. "지켜보기 고통스러운 일이었습니다." 그는 이렇게 말했다. "내 생애에서 가장 힘들고 보람 있는 14년을 크라이슬러에서 보냈습니다. 회사를 구하고 키우기 위해 싸웠어요. 하지만 나는 지금도 낙관적인 생각을 하고 있습니다. 회복하기 위한 과정은 창자를 쥐어 짤 듯 고통스럽겠지만 나는 여전히 자동차 회사들이 과거에 그랬던 것처럼 자신의 모든 능력을 다 짜내어서 지금까지보다 더 강한 모습으로 다시 돌아올 것이라고 자신합니다. 위기에는 여러 기회가 있습니다. 그 중의 하나가 바로 위기가 사람들에게 성공을 위해 함께 힘을 모으도록 동기를 부여해 준다는 것입니다."

아직도 정정한 모습의 그를 보면 그 말이 헛된 낙관은 아니라는 것을 확실히 알 수 있다. 그는 부도 위기의 크라이슬러를 살려 놓음으로써 이미 한 차례 불가능을 가능케 한 바 있다. 그는 위기에 놓인 지금의 자동차 산업도 비슷한 회복의 길을 걷게 될 것이라고 믿고 있다.

모델 출신으로 현재 여성 의류 및 라이프스타일 브랜드를 운영하며 연간 매출 10억 달러를 올리고 있는 캐시 아일랜드는 "실패는 내게 많은 도움을 주었습니다"라는 말을 했다. 하도 실패를 많이 해봐서 실패에 대한 두려움이 없어졌다고 했다. 실패를 겪어내는 법을 알게 되었다는 것이다. "지금의 사업을 시작하기 전에 숱한 실패를 겪었습니다. 모델을 한 경력 때문에 사람들이 CEO로서 내가 하는 말에 진지하게 귀를 기울여 주지 않았습니다." 그녀는 이렇게 털어놓았다. "하지만 나는 그런 사람들의 태도를 무시했습니다. 나는 사업을 시작하려는 여성들에게 부정적인 목소리는 무시하라는 말을 해줍니다."

인내, 비전, 침착함, 자신감은 성공하는 사람들의 공통적인 자질이다. 하지만 굴복하지 않는 성공 이야기에서 가장 중요한 것은 세상에 영원히 지속되는 위기란 없다는 사실을 간파하는 능력이다. 내 경우 증권거래소에서 클로징 벨을 진행하는 일이 바로 그러한 예에 해당된다. 거래가 이루어지는 피크타임 때 증권거래소는 시끌벅적하고 혼란스럽다. 나는 2008년 9월과 10월의 일을 결코 잊지 못할 것이다. 엄청난 투매가 이루어지는 가운데 종이쪽지가 휘날리고, 사람들은 미친 듯이 이리저리 뛰어다니고, 시황판의 수치는 수직으로 떨어지고 있었다. 하지만 오후 4시 정각이 되자 클로징 벨이 울려퍼졌고 순간 모든 게 멈춰섰다. 마치 누군가가 스위치를 내려 버린 것처럼 플로어엔 정적이 감돌았다. 4시 30분이 되자 거의 텅텅 비었고 청소하는 사람들만 말없이 빗자루를 밀고 다녔다. 5시가 되자 불빛이 희미하게 사라지면서 플로어는 깨끗하게 비었다. 평화스럽기까지 했다. 건물을 빠져나가기 위해 플로어를 가로지르면서 나는 그토록 미친 듯한 혼란에 빠져 있던 곳에 어쩌면 한순간에 이런 정적이 찾아올 수 있는 것일까 놀랍기만 했다. 아무리 엄청난 혼란에 빠져 있더라도 정적이 바로 코앞에서 우리를 기다리고 있다는 사실을 일깨워 주는 변화였다. 그런 생각이 바로 나를 지탱해 주는 힘이다.

끝까지 싸운다

행크 그린버그와 AIG

행크 그린버그 앞에서는 누구라도 두 손 들 수밖에 없다. 아무도 그를 막을 사람은 없다. 그가 최근 5년 동안 겪은 일을 똑같이 겪는다면 웬만한 사람이면 모두 타월을 던지고 항복했을 것이다. 첫째는 앞에서도 소개했듯이 2005년에 당시 뉴욕 검찰총장이던 엘리엇 스피처가 회계부정 혐의로 그를 기소했다. 기소가 되자 그가 일으켜 세운 회사인 AIG의 이사회는 그를 회장 겸 CEO에서 몰아냈다. 범죄 혐의가 벗겨질 때쯤 이미 그는 피해를 입을 만큼 입었고, 그에 대한 사람들의 인식은 확고하게 굳어져 있었다. 그러다 그가 떠난 사이에 취해진 업무상 실책들로 인해 AIG는 2008년에 파산하고 말았다.

이런 사태에 대해 그는 어떤 생각을 갖고 있을까. "아직 끝난 게 아닙니다." 2009년 봄에 나와 이야기하면서 그는 확신을 갖고 이렇게 말했다. 그는 아직도 노력 중이며, 자기가 몸담았던 기업의 꼬인 실타래를 풀려고 애쓰고 있다. 그는 부당하게 받은 비난에서 벗어나는 데 많은 시간을 허비하지 않는다. "그런 비난을 받으면 쌓아온 인격이 손상당한다는 점에서 고통스러운 일입니다." 그는 이렇게 말했다. "하지만, 나는 얼굴이 아주 두꺼운 사람입니다."

그는 이제 자신의 명성을 되찾기 위해 애쓰지 않는다. 자기를 알고, 평생 자기와 비즈니스를 해온 사람들은 자기가 아무런 잘못도 저지르지 않았다는 사실을 안다고 생각하기 때문이다. 그보다는 자신이 밀려난 다음 AIG에서 취해진 엄청나게 잘못된 결정들을 바로잡기 위해 노력하고 있다. 그는 자기가 계속해서 회사를 이끌었더라면 회사가 무너지지 않았을 것이라고 생각한다. "회사 경영을 맡은 사람들이 글로벌 기업을 운영할 줄 전혀 모르는 사람들이었어요." 그는 이렇게 말했다. "그들은 회사를 살리는 게 아니라 회사에서 집단학살을 저질렀어요. 절대로 일어나서는 안 될 일이 AIG에서 벌어진 것입니다. 나는 평생 모은 저축과 연금 펀드 수억 달러를 날린 수천 만 명의 고객들을 위해 싸울 것입니다. 부당하게 당한 그 사람들을 위해 나는 싸울 것입니다."

나는 그의 정신을 존경한다. 그와 같은 입장에 놓인 84세 노인이라면 대부분 소일거리를 챙겨들고 집으로 돌아갔을 것이다. 그는 그렇게 하지 않았다. "희망이 다할 때까지 나는 끝까지 싸울 것입니다." 그는 결연한 의지를 보이며 이렇게 말했다. "인간적으로 할 수 있는 일을 다할 때까지 나는 포기하지 않을 것입니다. 나는 파이터입니다. 그게 바로 나라는 사람입니다. 그게 바뀔 수는 없어요."

분노에 몸을 내맡기지 말라

리먼 브러더스가 파산하면서 친구가 일자리를 잃게 되어 나는 핸드폰으로 전화를 걸어 이렇게 위로해 주었다. "소식 들었어, 안됐다. 내가 네 생각 한다는 것 잊지 마. 잘되기를 빌게."

그녀는 이렇게 대답했다. "마리아, 나는 지금 햄프턴스에 앉아 울면서 와인을 마시고 있어. 하지만 너는 알지? 나는 이겨내고 말 거야."

그녀는 분노나 적개심을 나타내지 않았다. 자기가 부당한 일을 당했다고 불평하지도 분개하지도 않았다. 나는 그걸 보고 안심이 되었다. 너무도 많은 분노가 난무하는 시절이었기 때문이었다. 모두들 미칠 듯이 화가 나서 터지기 일보 직전이었다. 하지만 경제는 다시 회복될 것이라는 점을 생각하면, 지금 고통을 당한 사람들도 회복이 될 것이라는 점을 생각하면, 나는 분노가 삶의 동력이 되어서는 안 된다고 확신한다. 분노를 나타내면 기분은 좋아질지 모르지만, 그리고 그것 때문에 행동에 나설 수도 있겠지만, 분노로 해결할 수 있는 문제는 세상에 없다. 대부분의 경우 분노는 아무런 실익도 없는 화풀이에 그칠 뿐이다.

금융업계의 정직성 결핍은 마땅히 사람들의 원성을 샀다. 특히 회사가 곤란을 겪게 된 데 책임이 있는 자들에게 엄청난 액수의 보너스가 지급된 것에 대해 사람들은 분노했다. 정치인들은 물에서 피냄새를 맡은 것처럼 의회에서 보너스 문제를 집중적으로 파고들었다. 결국 분노가 의사일정을 지배했고, 그것은 바람직한 현상이 아니었다. 의회는 감정을 제쳐놓고 정말로 중요한 일에 몰두하는 대신, 흥분과 감정에 치우쳐 일을 처리했다. 어떻게 하는 것이 국가경제를 제대로 세우는 데 필요한 방법인가를 놓고 치열하게 고민하기보다는 일반 국민을 상대로 열변을 토하는 게 훨씬 더 쉬운 일이다.

정부 지원금을 받는 금융회사들의 보너스 지급 실태를 조사 중인 앤드루 쿠오모 뉴욕주 검찰총장에게 이렇게 물어보았다. "정치인들과 언론이 계급투쟁의 불꽃을 부추기는 것처럼 하는 데 대한 우려는 없으십니까? 보너스 문제에 대한 사람들의 분노와 '비즈니스는 나쁜 것'이라는 인식이 금융시스템을 뜯어고치고, 신용이 다시 살아 움직이도록 하는 것과 같은 더 중요할지 모르는 문제들에 대한 관심을 흐린다는 생각은 하지 않으십니까?"

"중요한 지적입니다." 그는 이렇게 대답했다. "월스트리트가 흥청망청 돈잔치를 벌이는 데 대해 사람들이 분노하는 것은 당연합니다. 우리가 그런 문제를 바로잡기 위해 나서는 것은 필요한 일입니다. 하지만 사람들의 이러한 분노가 비생산적인 분풀이로 흐르지 않도록 아주 신중하게 접근해야 합니다. 나는 월스트리트가 인센티브 보상 철학에 대해 장기적이고 냉철한 반성을 해야 한다고 생각합니다. 하지만 나도 보너스가 무조건 나쁘다고는 생각지 않습니다. 월스트리트 앞에 놓인 과제는 단기적인 효과만 노리는 게 아니라, 장기적으로 기업의 건전성을 키우는 데 도움이 되는 인센티브제를 도입하는 것입니다"

회복으로 나아가는 첫 단계는 심각하게 손상된 시스템에 대한 사람들의 신뢰를 다시 회복하는 것이다. 앤드루 검찰총장의 말을 빌리면 이런 것이다. "사람들은 상어가 죽었다는 것을 확인하기 전에는 물로 돌아가지 않습니다." 그는 사람들의 분노를 이해한다. 그리고 신뢰가 먼저 회복되어야 한다는 그의 말에 나도 동의한다. 하지만 우리가 계속해서 유리창을 깨는 데 몰두하고 있으면 이런 신뢰 회복 과정은 진행되지 않는다. 신뢰 회복에는 깊은 반성과 관심, 시간이 필요하다. 콜린 파월은 일관된 태도가 성공의 주요한 열쇠가 된 사람인데, 자주 다음과 같은 말을 하고 이를 몸소 실천했다. "처음에는 분노하고, 그러고 나서 그것을 극복하라."

우리는 모두 살아가면서 분노와 절망, 공포를 나타내고 싶은 시기를 만난다. 인간인 이상 어쩔 수 없는 일이다. 분노를 발산하고 나면 잠깐은 위안을 얻기도 하지만 성공에 가장 중요한 열쇠는 이런 원초적인 감정을 자제하는 것이다. 러셀 시몬스는 조용하고 사려 깊은 사람으로 힙합을 음악의 주류 자리로 끌어들인 사람이다. 그는 자기가 추구하는 것은 사람들의 태도를 변화시키는 것이라는 말을 했다. 그는 힙합을 시의 한 형태로 본다며 이렇게 말했다. "자신의 내면을 들여다보는 사람은 두려움도 적고, 분노도 적습니다."

다시 돌아오는 사람들

마이크 밀켄, 존 체임버스

나는 12년 전에 마이크 밀켄을 처음 만났다. 남편이 시아버지 사업을 통해 그를 알고 있었는데, 레이크 타호에 있는 자기 집으로 우리를 초대한 것이다. 밀켄 재단이 전립선암 치료약

개발에 몰두하고 있는 의료 전문가들을 위한 휴양시설을 그곳에 갖고 있었다. 나는 대단히 유능하고 자부심 강한 이런 전문가들을 한데 모아서 암 연구라는 하나의 목적을 향해 힘을 합쳐 나아가도록 만든 그의 능력에 깊은 인상을 받았다. 사실 그것은 대단한 일이었다.

그날 이후 나는 그와 아주 가깝게 지내게 되어서 밀켄 연구소 글로벌 콘퍼런스에도 여러 번 참석했다. 그의 싱크탱크인 이 연구소는 경제를 주제로 한 논의의 흐름을 보건과 교육 문제 같은 분야를 다루는 긍정적인 방향으로 바꾸어 놓았다. 특히 보건분야에서 그가 그동안 보여준 인도주의적인 노력은 정말 인상적이다. 63세의 마이크 밀켄은 선행을 통해 자신을 다시 일으켜 세우는 데 성공한 대표적인 사람이다. 좋은 일을 함으로써 다시 돌아온 것이다.

1990년에 그는 유가증권 거래 관련 불법행위로 기소되어서 10년형과 벌금 2억 달러를 선고받았다. 선고공판 때 그는 눈물을 흘리며 자신의 죄로 피해를 입은 사람들에게 사죄했다. 하지만 아무리 진정으로 사죄를 했다고 해도, 말만으로는 복귀의 명분이 되지 못한다. 행동으로 보여주어야만 하는 것이다. 그가 과거에 누렸던 명성과 지위를 다시 회복하기란 불가능할 것 같아 보였다. 하지만 그는 암 연구 분야에서 짧은 기간에 다른 많은 사람이 이룬 것보다 훨씬 더 많은 진전을 이루어 냈다.

그는 불과 22개월만 복역하고 풀려났다. 감옥에서 가석방되는 달에 그는 진전된 전립선암 진단을 받았다. 암은 림프절까지 퍼져 있었다. 그의 복귀는 이처럼 개인적인 위기라는 토대 위에서 이루어졌다. 그는 자기가 세운 재단을 통해 엄청난 돈과 열정을 쏟아부어 의약 연구에 모든 걸 걸었다. 포천 매거진은 그를 '의약계를 바꾼 사람'이라고 불렀다.

시스코 시스템의 CEO인 존 체임버스는 마이크 밀켄과는 전혀 다른 경로로 복귀에 성공한 사람이지만 복귀의 기본 틀은 비슷하다. 엄청난 성공을 이룬 뒤 끔찍한 추락을 맛보았고, 이어서 긴 능선을 오르듯 천천히 성공의 길을 다시 올라온 것이다. 닷컴 붐이 정점에 달했던 시절 그는 기술계의 가장 빛나는 스타들 가운데 한 명이었다. 시스코 주가가 주당 80달러로 치솟으면서 그는 칭송을 한몸에 받았다. 그러다 버블이 터지며 시스코의 주가는 주당 14달러까지 추락했다. 그의 평판은 보디가드를 고용해야 할 정도로 험악해졌다.

당시 상황에 대해 그는 이렇게 말했다. "닷컴 붕괴 때 제일 힘들었던 일은 사람들이 나의 성실성에 대해 의심하는 것이었습니다." 그로부터 여러 해가 지났어도 그에게서는 당시 겪었던 고통의 그림자가 느껴졌다. 그리고 그는 회사를 살리고 자신의 성실성을 입증해 보이기 위해 복귀를 향한 긴 장정을 시작했다. 현재 그가 이끄는 시스코는 번창하고 있으며, 그는 성실성과 함께 강력한 글로벌 마인드를 갖춘 지도자라는 평판을 듣고 있다.

밀켄과 체임버스 같은 사람들은 자신이 처한 어려운 상황을 호전시키기 위해 쉬지 않고 열심히 일해 복귀에 성공했다. 그들은 도덕적인 면에서, 지적인 면에서, 그리고 전략적인 면에서 한번 좌절을 겪었지만, 그 때문에 남은 삶을 포기하지는 않았다.

매일 묘비명을 써라
어떤 사람으로 기억될 것인가

나의 멘토 중 한분은 내게 이런 말을 했다. "자기 묘비명에 어떤 문구를 쓸지 생각해 보도록 해요." 그때 나는 너무 젊었기 때문에 묘비명이란 말이 별로 절실하게 와닿지 않았다. 하지만 나는 그가 무슨 말을 하는지는 알아들었다. '어떻게 기억되고 싶으냐? 세상에 태어나 어떤 흔적을 남기고 싶으냐?' 는 정도의 말일 것이라고 생각했다. 빌 게이츠 생각을 해본다. 나는 그가 컴퓨터 혁명을 주도한 사람으로서보다는 질병 치료를 위해 1000억 달러를 내놓은 사람으로 기억될 가능성이 더 높을 것이라고 생각한다. 그도 처음부터 그렇게 되겠다고 계획했던 것은 아니었겠지만, 젊은 시절에 생각했던 것과는 다른 길을 걷게 된 것이다.

평생 엄청난 성공을 거두며 승승장구하던 사람이 하루아침에 바닥으로 내려앉는 경우들을 숱하게 보게 되는 요즘 같은 시기에는 어떤 유산을 남길 것인가 하는 것은 정신이 번쩍 들게 하는 문제이다. 예를 들어 행크 그린버그는 막강한 제국을 건설한 사람으로 기억될 것인가, 아니면 AIG를 몰락시킨 사람으로 기억될 것인가? 나는 그가 무한한 용기를 지닌 사람으로 기억될 것이라고 생각한다. 그는 두 개의 전쟁에서 미국을 위해 싸웠고, 또한 우리 시대 가장 큰 기업을 일으켜 세웠고, 끊임없이 새로운 것을 추구하고 있다. 그는 믿을 수 없을 정도로 용기있는 사람이다. 빌 클린턴은 어떤 유산으로 기억될 것인가? 그의 묘비명 첫머리에는 모니카 르윈스키 이야기가 쓰여질 것인가, 아니면 재정흑자 달성, 그리고 주식시장과 경제 호황, 평화를 유지시켰다는 업적이 기록될 것인가?

답하기가 쉽지 않을 것이다. 다른 사람이 평가하는 잣대를 우리 입맛대로 바꿀 수는 없다. 장담할 수 있는 일이 아니다. 하지만 스스로 느끼기에 만족하고 행복한 방식으로 살 수는 있다. 그게 진정한 성공이다.

■ 감사의 말

혼자 힘으로 성공하는 사람은 없다

내가 성공에 대해 배운 가장 큰 교훈 가운데 하나는 성공은 혼자 힘으로 이룰 수 있는 게 아니라는 사실이다. 지금까지 동료, 친구, 가족, 그리고 지지를 보내준 여러 사람들의 도움 없이 진정한 성공을 거둔 사람은 본 적이 없다.

이 책이 바로 협력의 가치를 보여주는 생생한 증거물이다. 다음에 적는 많은 분들의 도움에 진심으로 감사드린다. CNBC에서 나와 함께 일하는 동료들 모두에게 감사한다. 이 책을 함께 쓴 캐서린 휘트니는 너무도 성실하게 집필의 전 과정을 깔끔하게 마무리해 주었다. 그리고 웨인 카박, 존 매허니, 밥 딜런슈나이더, 조앤 아바글리아노, 크리스티나 지오카, 켄 선샤인, 제시 데리스, 앤 핀을 비롯해 많은 사람들에게 감사드린다.

내가 거의 매일 방송을 진행하는 뉴욕증권거래소에서 일하는 모든 사람들에게 감사드린다. 그분들 덕분에 나는 15년 동안 무사히 방송을 진행할 수 있었다. 특히 딕 그라소 회장과 리치 애더모니스, 던컨 네이데라우어를 비롯해 플로어에서 일하는 모든 친구들에게 감사드린다.

매일 내가 하는 일을 도와주고 격려해 준 사람들에게 특별한 감사를 드린다. 잭 웰치 회장의 리더십과 우정, 제프 이멜트 회장의 식견과 격려, 밥 라이트의 비전, 그리고 내가 하고 싶은 일을 할 수 있도록 도와준 제프 주커와 마크 호프먼에게 특별한 감사를 드린다. 마크, CNBC를 멋진 곳으로 만들어 주어서 고마워요! 제레미 핑크, 톰 클렌데닌, 브라이언 스틸, 수전 카라코워를 비롯해 cnbc.com과 유럽, 아시아, 중동, 아프리카의 CNBC에서 일하는 모든 분들께 감사드린다. 아울러 뉴욕증권거래소와 인베스터 미디어에서 일하는 팀원들에게 감사드린다. 특히 한팅왕, 알렉스 크리펜, 조엘 프랭클린, 케이티 크래머에게 감사드린다.

룰루 창의 뛰어난 재능과 성실성에 감사드린다. 항상 나를 도와주는 데보라 니키퍼와 마이클 하우드에게 감사드린다. 재능과 근면함으로 나를 도와주는 마기 마틴에게도 감사드린다. 로자리와 다실바, 고마워요. 그리고 치로 스코티, 항상 나를 도와줘서 고마워요.

나와 인터뷰하면서 자기가 생각하는 성공에 대한 비결과 아이디어를 들려준 성공한 많은 분들께 정말 깊은 감사를 드린다. 그리고 내가 성공하는 데 토대가 되어 준 나의 가족, 친지들에게 감사드린다. 마지막으로 우리 남편 조노, 모든 것에 감사해요.

■ 옮긴이의 말

불확실한 현실에서 다시 생각하는 진정한 성공의 의미

이기동 (전前 서울신문 논설위원)

I

이 책은 부富의 성장과 거품의 붕괴가 반복되는 불안한 현실에서 진정한 성공의 의미에 대해 쓴 일종의 경영 철학서라 할 수 있다. 하지만 방송 기자로 활약하는 저자가 직접 겪은 현장 이야기가 더해지면서 생생한 경영 현장 기록서가 되었다. 저자는 미국의 경제 전문 채널인 CNBC 방송에서 16년 동안 활동해 온 금융, 경제 전문 기자이며 유명 앵커이다. 저자는 기자생활을 통해 많은 거대 기업과 리더들의 성장과 좌절을 지켜보았고, 그를 통해 얻은 교훈들을 일반적인 현실에 적용해 보자는 고민에서 이 책을 쓴다고 밝히고 있다. 진정한 성공, 측정할 수 없고, 셀 수 없으며, 만질 수 없는 성공의 의미는 무엇인가? 지위나 명함에 새겨지지 않는 성공, 더 구체적으로 말해 최악의 일을 당해서도 성공적인 삶이라고 할 수 있는 그런 삶이 과연 있기나 하는가? 이러한 물음에 대한 답을 찾기 위해 책을 썼다는 말이다.

책에는 저자가 직접 만나 인터뷰를 하고, 친분을 맺은 2백명 가까운 리더들의 이야기가 등장한다. 버락 오바마, 힐러리 클린턴, 콘돌리자 라이스, 세라 페일린 같은 유명 정치인의 이름도 들어 있지만 저자가 경제 전문 기자이다 보니 대부분이 성공한 CEO들의 이야기이다. 모두들 저자와 인터뷰 하고 가까이 지내는 사람들이다. 그렇다면 워런 버핏과 잭 웰치, 빌 게이츠, 스티브 잡스, 그리고 제프 이멜트, 에릭 슈미트 같은 사람들이 갖고 있는 공통점은 무엇일까? 저자는 이들이 비즈니스 세계에 국한해서가 아니라 인류의 미래에 대해, 삶이란 과연 무엇인가에 대해, 그리고 진정한 성공의 의미에 대해 영감이 넘치는 진지한 생각과 지혜를 보여주었다고 말한다. 이들의 삶에 대한 자세와 경영 철학을 통해 얻어낸 결론이 바로 성공을 지켜 주는 10가지 원칙이다. 자각, 비전, 용기, 비전, 겸손, 인내 등은 언뜻 보면 누구나 상식적으로 쉽게 생각하고 수긍할 수 있는 원칙들이기도 하다. 하지만 이 원칙들이 저자가 취재 현장에서 직접 이야기를 나누고, 가까이서 지켜본 사람들의 생생한 일화들로 설명되기 때문에 구체적이고 재미있게 읽히는 이야기가 되었다.

그동안 십년 넘게 우리는 닷컴 버블과 유가油價 버블, 주택가격 버블, 금융 버블 등 수차례의 버블 붕괴를 지켜보았다. 하지만 매번 충격을 받으면서도 사람들은 제대로 교훈을 얻지 못했고, 교훈을 얻더라도 모두 일회성에 그치고 말았다. 위기의 근원이 무엇인지 제대로 파악하지 못했던 것이다. 사람들에게 냉정을 찾으라고 말해 줄 소수 의견자는 보이지 않았고, 그런 말에는 누구도 귀를 기울이려 하지 않았다.

마치 롤러코스터를 타는 것처럼 심한 기복으로 점철된 세월이 이어졌다. 국내외를 막론하고 새로운 부자들이 수없이 탄생했는가 하면 신화처럼 성장을 거듭하던 많은 기업과 부자들이 하루 아침에 바람처럼 사라졌다. 막강한 이윤 창출 기관 역할을 해왔던 금융 서비스업은 마치 풍선에 바람이 빠지듯 몰락의 길을 걸었다. 버블의 붕괴는 진정한 성공이란 무엇인가에 대한 가치 토대가 마련되어 있지 않다면 모든 것이 한순간에 날아가 버릴 수 있다는 냉혹한 사실을 환기시켜 주었다. 모두가 두려움에 떨었고 자포자기의 분위기에 휩싸였다.

저자는 바로 이런 호된 현실 속에서 그동안 자신들이 해온 행위들을 반성하고 교훈을 얻으려는 사람들의 노력이 시작됐다는 사실을 포착했다. 성공이란 한번 왔다고 해서 그대로 머물러 있지만은 않으며, 그게 바로 인생이라는 것을 깨닫기 시작한 것이다. 사람들은 성공의 의미를 보다 구체적이고 절실한 방향에서 재음미하기 시작했다. 인생에 있어서 정말 중요한 것은 무엇인가? 그저 한번 왔다 가는 성취가 아니라 지속적이고 일생 동안 추구해야 할 성공이란 과연 무엇인가? 삶의 굴곡과 관계없고 직업이나 지위의 높고 낮음에 관계없는, 그리고 은행잔고와 관계없이 영원히 적용시킬 수 있는 성공의 의미란 과연 무엇인가?

II

이런 요소들을 뽑아내 재음미하는 데 그친다면 보통의 성공학 서적들과 별반 다른 책이 되지 못했을 것이다. 저자는 이러한 성공의 요소들을 현실의 문제에 적용시켜서 해결의 실마리를 찾는다. 예를 들어 고액 보너스 문제도 정직의 차원에서 제기한다. 미국은 기회의 땅이기는 하지만, 그 기회가 돈을 챙겨서 도망가는 기회를 말하는 것은 아니다. 보수라는 게 능력과 업적에 따라 주어지는 게 아니라면 도대체 뭐란 말인가? 범죄를 저지른 자에게도 보너스를 주어야 하는가? 탐욕은 좋은 것인가? 물론 그렇지 않다. 그래서 비즈니스 스쿨도 이제는 변해야 한다고 지적한다. 지금까지는 학생들에게 자기가 정말 좋아하는 일, 잘하는 일, 국가와 세계에 유익한 일을 하라고 가르치는 게 아니라 어떻게든 돈만 많이 벌면 된다고 가르쳐 왔다. 비즈니스 스쿨을 졸업한 똑똑한 MBA 학위 소지자들이 제조업, 보건의료, 테크놀로지 등 경제의 토대가 되는 다양한 분야에서 일자리를 구하는 게 아니라 큰돈을 벌기 위해 투자금융과 사모펀드 회사들로 모여들었다. 모두들 사랑이 아니라 돈만 좇은 것이다.

저자가 추출해 낸 진정한 성공의 10가지 요소들을 구체적으로 따져 나가다 보면 한 가지 분명한 사실이 떠오른다. 그것은 바로 이들 요소 가운데 어느 것 하나도 외부 상황에 좌우되는 게 없다는 점이다. 진정한 성공은 우리 안에서 만들어진다. 이는 자기 인생은 자기 자신이 책임져야 한다는 원칙이기도 하다. 그렇지 않으면 다른 누군가가 끼어들어서 그 책임을 대신 진다. 잭 웰치는 이것을 두고 "자기 운명은 자기가 지배하라. 그렇지 않으면 남이 지배한다"고 입버릇처럼 말한다. 저자는 이렇게 자문한다. "만약 내일 아침 눈을 떴을 때 세상 사람들이 나를 성공한 사람으로 생각하게 만드는 여러 외적인 요소들이 모두 사라지고 없다면 어떻게 할 것인가? 그런데도 불구하고 거울에 비친 내 자신의 모습을 보며 '마리아, 너 성공한 거 맞지? 라고 말할 수 있을까?'

그렇다. 이 책을 읽고 나면 성공의 진정한 의미는 돈이 아니라 좋아하는 일, 보람 있는 일을 하는 데 있다는 저자의 말에 공감하게 될 것이다. 그리고 그런 보람과 만족은 돈으로 살 수 있는 게 아니다. 이 책은 우리가 이런 삶의 의미, 진정한 성공의 의미를 다시 생각해 보는 데 하나의 단초 역할을 해준다. 많은 종업원과 그 가족들의 생계를 책임진 CEO는 물론이고, 사회에 첫발을 내디딜 준비로 땀 흘리는 젊은이들, 그리고 성공과 행복의 사다리를 한 단계씩 성실하게 올라가는 모든 사람들에게 읽어 보기를 권하는 이유가 바로 여기에 있다.

찾아보기

9/11테러 10, 13, 37

ㄱ
가족 235~237
감사 205, 206
개리 카스파로프 63, 64, 215
게르하르트 슈뢰더 163
게리 베이글리 181
겸손 26, 187~206
경마도박장 OTB 15, 16, 179
경험 178~181
고액 보수와 보너스 146~148, 192~194
고이즈미 준이치로 163
고정관념 57
골드만 삭스 42, 260
골디 혼 48, 49
구글 39, 40, 85~88, 208
그들만의 리그 21
그라민 뱅크 96, 97
그레그 월도프 241
글로리아 마카파갈 아로요 163
금융 위기 및 붕괴 40~43, 58, 65~68, 81, 109, 123~125, 127, 132, 133, 136, 141, 154, 219, 255
긍정적인 마음가짐 101~103
기득권 104, 105
끈질김 249~253

ㄴ
넬 멜리노 76, 77
넬 미노 146, 147
노던 록 18
노스탤지어 마비현상 167~169
노엘 티치 35

누리엘 루비니 43, 44, 133, 134
뉴욕 케이스 181
뉴욕대 20, 21
뉴욕양키스 116, 117, 257, 258
뉴욕증권거래소 10~15, 57, 90~93, 143~145, 179, 205, 262

ㄷ
다른 세상에 대한 비전 70~74
다이앤 폰 퍼스텐버그 246
단타이론 82
닷컴 버블과 붕괴 67, 93, 133, 136, 166, 268
댄 스나이더 182
데니 친 156
데니스 스완슨 46, 47
데리 키넌 31
데이비드 닐먼 153, 154
데이비드 켈러먼 228
데이비드 파버 136
데이비드 M. 워커 81
도리스 케이스 굿윈 219
드미트리 메드베데프 158~164
디터 제체 163
디팩 초프라 217, 218, 232, 233, 247, 248
딕 그라소 13, 90~92, 143, 145

ㄹ
라니아 왕비 75, 246
란자이 굴라티 81, 82
래리 서머스 213
래리 페이지 39, 87
러셀 시몬스 266
러시아 출장 158~164
렉스 매너 14~16, 146
로라 카스텐슨 180, 218
로리 앤 레빈 239
로버트 먼델 163
로버트 호마츠 111
로살리아 마리아 모레알레(외할머니) 114, 115
로이드 데이비스 163
로이드 블랭크페인 260
로저 생크 83

로저 에일스 34
론 마이어 45, 98~100
론 인새너 125~128
루 답스 31, 37, 38
루디 줄라아니 13
루디야드 키플링 '만일' 26
리 아이아코카 260, 261
리먼 브러더스 18, 125, 264
리뷰 리브레스쿠 64

ㅁ

마샤 스튜어트 246
마이크 밀켄 78, 79, 266, 267
마이크로소프트 38, 68~74, 84, 130, 131
마이클 델 174, 245
마이클 스타인하르트 65, 66
마이클 폴런 78
마저리 맨들 95
마크 샤피로 181~184
마크 에코 167
마크 H. 모리얼 58
마티 립튼 168
마틴 루터 킹 주니어 76
마틴 소렐 54, 55, 197, 216, 235~237
매들린 올브라이트 175
메레디스 휘트니 57, 58
메리 하트 48, 49
메릴 린치 18, 184, 185
멘토 172, 173
멜린다 게이츠 68~74, 204
모리스 행크 그린버그 117~122, 143, 144, 202, 203, 263, 264
모트 주커먼 155
모하메드 엘 에리언 180
모험 37~40, 133, 134
모험정신 84, 85
목표 의식 227~231
묘비명 268, 269
무하마드 유누스 96, 97
문제해결 76~80
미셸 오바마 74, 75, 196~198, 206

ㅂ

바버라 부시 226
바브라 스트라이샌드 243
밥 피사니 12
방글라데시 96, 97
배려 150~153
배리 본즈 167
배움 174~176
백악관 출입기자 만찬 194~196
버니 매도프 154~156, 189
버락 오바마 62, 196~198, 206
버지니아공대 총기 난사 64
베어 스턴스 18
벤 버냉키 110, 111
벤저민프랭클린 69, 136~138
변형효과 76
보노 245
블라디미르 푸틴 159, 174
블랙스톤 그룹 42
비전 61~62, 80
비크람 팬딧 163
빅터 프랑클 229
빈센트 바르티로모(아버지) 14, 15, 146, 147, 171, 172
빌 게이츠 38, 68~74, 130, 131, 245, 269
빌 게이츠 시니어 68~74, 130, 131, 204
빌 브라우더 160
빌 샌클리 55
빌 앤드 멜린다 게이츠 재단 70~74, 269
빌 클린턴 269
빌 포드 51

ㅅ

사기 154~156
사랑 241
사우스웨스트 에어라인 50, 101
사울 스타인버그 136, 151, 252
샌드라 데이 오코너 175
샌디 웨일 202, 255
섬너 레드스톤 201, 202
성공의 잣대 40~45
성공한 삶 232, 233
세계경제포럼 163, 174, 244, 245

세계무역센터 10, 11, 13, 14
세라브라운 246
세라 페일린 102, 103, 107~109
세르게이 브린 39, 40, 87, 159
셀리 라자러스 129, 130
소냐 소토마이어 58, 59
소액 대출 96, 97
소크래틱 아츠 83
수지 웰치 211~213, 220, 221, 241
스트래트퍼드 셔먼 35
스트레스 216, 217
스티브 밴 잰트 200
스티브 잡스 201
스티븐 레인문트 41, 42
스티븐 브레이어 175
스티븐 스필버그 45
스티븐 콜버트 219
스티븐 파블류카 123, 124
시어도어 루즈벨트 81
시티그룹 18, 192, 202
식스 플래그스 테마파크 181~183
신뢰 109, 110

◎
아마르 바이드 84
아메리트레이드 185
아스펜 연구소 174~176
아이린 로젠펠드 95, 96, 173
안토니오 페레스 168
앤드루 쿠오모 265
앨런 그린스펀 149
앨런 스탠퍼드 155
에릭 슈미트 39, 40, 85~88
엔론 150
엘리 브로드 243, 244
엘리엇 스피처 143~145, 263
엘비라 나비율리나 163
영감 74~76
오만 188, 196, 197
오프라 윈프리 45, 46, 47, 59, 170
용기 113~115
우르슐라 번스 45, 46, 47
우선순위 211~213, 239~241

워런 버핏 45, 70, 189, 197, 198, 226, 248
워초비아 18
월터 아이작슨 175
웨이크 포리스트 40~42
웬디 머독 246
유가 버블 67
유에스에어웨이 63, 64, 254
이니셔티브 23, 24, 89~112
이디스 브로드 243, 244
이레인 차오 179
인내 207~210
인도주의 244, 245
인드라 누이 41, 230, 246

㊈
자각 29~34
자기 검증 142, 143
잭 보글 139
잭 웰치 35, 36, 50, 87, 90, 101, 150~153, 171~173, 188, 211~213, 241, 256
잭 윈돌프 148
잰 홉킨스 31
적응 157~166
정직 24, 137, 135~140, 142, 149
제너럴 모터스 18
제너럴 일렉트릭 65, 124, 169~171
제록스 45~46
제리 레빈 237~239
제이미 다이먼 202, 255
제임스 베이커 175
제트블루 에어웨이 153, 154
제프 이멜트 65, 123~125
제프리 스킬링 150
조 모글리아 183~185, 217
조 토리 257~260
조 플루머리 242
조노 스타인버그 151, 169, 212, 242, 250
조세핀 바르티로모(어머니) 14, 15, 114, 115
조이 레이먼 233~235
조지 파타키 13
조지 H.W. 부시 226
조지 W. 부시 196
존 말론 201

존 매케인 102, 107, 108
존 맥길리커디 203
존 서마 198~200, 203
존 조그비 145
존 체임버스 267, 268
존 테인 192~194
존 패트릭 셴리 20
존 화이트헤드 144, 145
주택가격 버블 67
지혜 65~68
짐 로저스 67, 176, 177
짐 맥너니 200
짐 콜린스 188

ㅊ

찰스 다윈 165, 180
찰스 매나가라치나 225
찰스 슈워브 139~141
척 프린스 202
첼시 (설리)설렌버거 63, 64

ㅋ

카르민 바르티로모(할아버지) 14, 15, 189
칼리 피오리나 45
캐시 아일랜드 261, 262
캐시 플로 150
캔터 피츠제럴드 14
켄 랭곤 145
켄 레이 150
코닥 168, 169
코퍼리트 라이브러리 147
콘돌리자 라이스 52, 53, 175
콜린 파월 266
크라이슬러 18, 261
크리스 가드너 56, 57
클로징 벨 (CNBC) 18, 158, 159, 169, 175, 217, 262
키티 필그림 31, 32, 33, 36

ㅌ

탐욕 134, 146~148, 154~156

테리 키넌 31
토머스 프리드먼 133

ㅍ

파멜라 토머스 그레이엄 191
패니 메이 18, 192
페이스 27, 211~213, 239~241
평생직장 178~181
폰지 사기극 154
폴 본드 208~210
폴 앨런 85, 130
폴 코너 99
프랜시스 포드 코폴라 222~225
프레드 스미스 79, 80
프레디 맥 18, 192, 228
프로정신 222~225
프로젝트 레드 245, 246
피자플레이스닷컴 136
피터 스터트번트 34
피터 티엘 260

ㅎ

행복 242, 247, 248
행크 폴슨 132
허브 켈러허 48, 50, 101
혁신 83~85, 162
혁신 비즈니스(CNBC) 83, 216
호기심 68~70
후계자 201~203
힐러리 클린턴 20, 23, 38
AIG 18, 117, 125, 263, 264
C.V.스타 121
CNBC 18, 33, 34, 38, 125
CNN 30~34, 106, 107
G-20 정상회의 74, 75, 176, 177
J.P. 모건 203, 255
MBA 서약 139~142
S.(램)라마도라이 216, 217
W. 랜들 존스 80
WPP그룹 54~56

옮긴이 **이기동**은 서울신문에서 초대 모스크바특파원과 국제부차장, 정책뉴스부차장, 국제부장, 논설위원을 지냈다. 베를린장벽 붕괴와 소련연방 해체를 비롯한 동유럽 변혁의 과정을 현장에서 취재했다. 경북 성주에서 태어나 경북고등과 경북대 철학과, 서울대대학원을 졸업하고, 관훈클럽 신영연구기금 지원으로 미국 미시간대에서 저널리즘을 공부했다. 〈인터뷰의 여왕 바버라 월터스 회고록·내 인생의 오디세이〉 〈마지막 여행〉 〈루머〉 〈미하일 고르바초프 최후의 자서전-선택〉을 우리말로 옮겼으며 저서로 〈기본을 지키는 미디어 글쓰기〉가 있다.

성공을 지켜주는 10가지 원칙(개정판)

초판 1쇄 발행 | 2010년 6월 18일
개정판 1쇄 발행 | 2014년 6월 30일

지은이 | 마리아 바르티로모 ∣ 캐서린 휘트니
옮긴이 | 이기동
펴낸이 | 이기동
편집주간 | 권기숙
마케팅 | 유민호 이동호
주소 | 서울특별시 성동구 아차산로 7길 15-1 효정빌딩 4층
이메일 | previewbooks@naver.com
블로그 | http://blog.naver.com/previewbooks

전화 | 02)3409-4210
팩스 | 02)3409-4201
등록번호 | 제206-93-29887호

교열 | 이민정
편집디자인 | 에테르
인쇄 | 상지사 P&B

ISBN 978-89-97201-16-7 13320

잘못된 책은 구입하신 서점에서 바꿔드립니다.
책값은 뒷표지에 있습니다.